2023년 하반기 기출복원 모의고사

〈쿠폰번호〉

도서 동형 온라인 기출복원 모의고사(2회 수록)	APMH-00000-A10C2
도서 동형 온라인 모의고사(4회 수록)	APMI-00000-86D03

〈문항 수 및 시험시간〉

삼성 온라인 GSAT		
영역	문항 수	시험시간
수리	20문항	30분
추리	30문항	30분

삼성 온라인 GSAT

2023년 하반기 기출복원 모의고사

문항 수 : 50문항
시험시간 : 60분

제1영역 수리

01 2020년에 전교생이 200명인 어느 고등학교는 매년 2020년 전체 인원의 5%씩 감소한다고 한다. 5년 후 전교생의 수는 1년 후 전교생의 수보다 얼마나 줄어들겠는가?

① 20명
② 30명
③ 40명
④ 50명
⑤ 60명

02 A～H 8명의 후보 선수 중 4명을 뽑을 때, 다음 중 A, B, C를 포함하여 뽑을 확률은?

① $\frac{1}{14}$
② $\frac{1}{5}$
③ $\frac{3}{8}$
④ $\frac{1}{2}$
⑤ $\frac{3}{5}$

03 다음은 2020 ~ 2022년 S사의 데스크탑 PC와 노트북 판매량에 대한 자료이다. 전년 대비 2022년의 판매량 증감률을 바르게 짝지은 것은?

〈2020 ~ 2022년 데스크탑 PC 및 노트북 판매량〉

(단위 : 천 대)

구분	2020년	2021년	2022년
데스크탑 PC	5,500	5,000	4,700
노트북	1,800	2,000	2,400

	데스크탑 PC	노트북
①	6%	20%
②	6%	10%
③	−6%	20%
④	−6%	10%
⑤	−6%	5%

04 다음은 S전자 공장에서 만든 부품의 수와 불량품의 수를 기록한 표이다. 전년 대비 부품 수의 차이와 불량품 수의 차이 사이에 일정한 비례관계가 성립할 때, A와 B에 들어갈 수치를 올바르게 나열한 것은?

〈연도별 부품 수 및 불량품 수〉

(단위 : 개)

구분	2017년	2018년	2019년	2020년	2021년	2022년
부품 수	120	170	270	420	620	(A)
불량품 수	10	30	70	(B)	210	310

	(A)	(B)
①	800	90
②	830	110
③	850	120
④	870	130
⑤	900	150

05 어느 도서관에서 일정 기간 도서 대여 횟수를 작성한 자료이다. 이에 대한 설명으로 옳지 않은 것은?

〈도서 대여 횟수〉

(단위 : 회)

구분	비소설		소설	
	남자	여자	남자	여자
40세 미만	20	10	40	50
40세 이상	30	20	20	30

① 소설을 대여한 전체 횟수가 비소설을 대여한 전체 횟수보다 많다.

② 40세 미만보다 40세 이상의 전체 대여 횟수가 더 적다.

③ 남자가 소설을 대여한 횟수는 여자가 소설을 대여한 횟수의 70% 이하이다.

④ 40세 미만의 전체 대여 횟수에서 비소설 대여 횟수가 차지하는 비율은 20%를 넘는다.

⑤ 40세 이상의 전체 대여 횟수에서 소설 대여 횟수가 차지하는 비율은 40% 이상이다.

06 다음은 주중과 주말 예상 교통상황에 대한 자료이다. 이에 대한 〈보기〉의 설명 중 옳은 것을 모두 고르면?

〈주중 · 주말 예상 교통량〉

(단위 : 만 대)

구분	전국	수도권 → 지방	지방 → 수도권
주중 예상 교통량	40	4	2
주말 예상 교통량	60	5	3

〈대도시 간 최대 예상 소요시간〉

구분	서울 – 대전	서울 – 부산	서울 – 광주	서울 – 강릉	남양주 – 양양
주중	1시간	4시간	3시간	2시간	1시간
주말	2시간	5시간	4시간	3시간	2시간

〈보기〉

ㄱ. 대도시 간 최대 예상 소요시간은 모든 구간에서 주중이 주말보다 적게 걸린다.
ㄴ. 주중 전국 예상 교통량 중 수도권에서 지방으로 가는 예상 교통량의 비율은 10%이다.
ㄷ. 지방에서 수도권으로 가는 주말 예상 교통량은 주중 예상 교통량의 2배이다.
ㄹ. 서울 – 광주 구간 주중 최대 예상 소요시간은 서울 – 강릉 구간 주말 최대 예상 소요시간과 같다.

① ㄱ, ㄴ
② ㄴ, ㄷ
③ ㄷ, ㄹ
④ ㄱ, ㄴ, ㄹ
⑤ ㄴ, ㄷ, ㄹ

07 다음은 자동차 판매현황에 대한 자료이다. 이에 대한 〈보기〉의 설명 중 옳은 것을 모두 고르면?

〈자동차 판매현황〉

(단위 : 천 대)

구분	2020년	2021년	2022년
소형	30	50	40
준중형	200	150	180
중형	400	200	250
대형	200	150	100
SUV	300	400	200

〈보기〉

ㄱ. 2020 ~ 2022년 동안 판매량이 지속적으로 감소하는 차종은 2종류이다.

ㄴ. 2021년 대형 자동차 판매량은 전년 대비 30% 미만 감소했다.

ㄷ. 2020 ~ 2022년 동안 SUV 자동차의 총판매량은 대형 자동차 총판매량의 2배이다.

ㄹ. 2021년 대비 2022년에 판매량이 증가한 차종 중 증가율이 가장 높은 차종은 준중형이다.

① ㄱ, ㄷ

② ㄴ, ㄷ

③ ㄴ, ㄹ

④ ㄱ, ㄴ, ㄹ

⑤ ㄱ, ㄷ, ㄹ

08 다음은 2019 ~ 2023년 주류별 출고량을 나타낸 자료이다. 이에 대한 설명으로 옳지 않은 것은?

〈주류별 출고량〉

(단위 : 천kL)

구분	2019년	2020년	2021년	2022년	2023년
맥주	1,571	1,574	1,529	1,711	1,702
소주	684	717	741	781	770
탁주	481	414	317	295	265
청주	44	50	48	49	47
위스키	30	35	40	46	49
기타	32	29	23	22	20
합계	2,842	2,819	2,698	2,904	2,853

① 2019년 맥주 출고량은 맥주 이외의 모든 주류의 출고량을 합한 것보다 많다.
② 2019 ~ 2023년 동안 기타를 제외한 각 주류의 출고량 순위는 매년 동일하다.
③ 2019년 대비 2023년에 출고량 증가율이 가장 높은 주류는 위스키이다.
④ 2020 ~ 2023년 동안 맥주와 청주의 전년 대비 출고량의 증감추이는 동일하다.
⑤ 2019년 이후 소주의 출고량은 맥주의 출고량의 절반을 넘긴 적이 없다.

09 다음은 사내전화 평균 통화시간을 조사한 자료이다. 평균 통화시간이 6 ~ 9분인 여성의 수는 12분 초과인 남성의 수의 몇 배인가?

평균 통화시간	남성	여성
3분 미만	33%	26%
3 ~ 6분	25%	21%
6 ~ 9분	18%	18%
9 ~ 12분	14%	16%
12분 초과	10%	19%
대상 인원수	600명	400명

① 1.1배
② 1.2배
③ 1.3배
④ 1.4배
⑤ 1.5배

10 다음은 연도별 투약일당 약품비에 대한 자료이다. 2022년의 총투약일수가 120일, 2023년의 총투약일수가 150일인 경우, 2023년 상급종합병원의 총약품비와 2022년 종합병원의 총약품비의 합은?

〈투약일당 약품비〉

(단위 : 원)

구분	상급종합병원	종합병원	병원	의원
2019년	2,704	2,211	1,828	1,405
2020년	2,551	2,084	1,704	1,336
2021년	2,482	2,048	1,720	1,352
2022년	2,547	2,025	1,693	1,345
2023년	2,686	2,074	1,704	1,362

※ 투약 1일당 평균적으로 소요되는 약품비를 나타내는 지표임

※ (투약일당 약품비)=(총약품비)÷(총투약일수)

① 630,900원
② 635,900원
③ 640,900원
④ 645,900원
⑤ 658,000원

11 다음은 도로 종류에 따른 월별 교통사고를 분석한 자료이다. 이에 대한 설명으로 옳지 않은 것은?

〈도로 종류별 월별 교통사고〉

(단위 : 건, 명)

구분	2023년 2월			2023년 3월			2023년 4월		
	발생 건수	사망자 수	부상자 수	발생 건수	사망자 수	부상자 수	발생 건수	사망자 수	부상자 수
일반국도	1,054	53	1,964	1,308	64	2,228	1,369	72	2,387
지방도	1,274	39	2,106	1,568	50	2,543	1,702	44	2,712
특별·광역시도	5,990	77	8,902	7,437	86	10,920	7,653	79	11,195
시도	4,941	86	7,374	6,131	117	9,042	6,346	103	9,666
군도	513	14	756	601	28	852	646	26	959
고속국도	256	16	746	316	20	765	335	15	859
기타	911	11	1,151	1,255	13	1,571	1,335	15	1,653

① 해당 시기 동안 특별·광역시도의 교통사고 발생 건수는 지속적으로 증가했다.
② 2023년 3월에 가장 많은 사고가 발생한 도로 종류에서 당월 가장 많은 사망자가 발생했다.
③ 부상자 수는 해당 기간 동안 모든 도로 종류에서 지속적으로 증가하는 추세를 보인다.
④ 한 달 동안 교통사고 사망자 수가 100명이 넘는 도로 종류는 시도가 유일하다.
⑤ 2023년 2월부터 4월까지 매월 부상자 수가 가장 적은 도로의 종류는 모두 고속국도이다.

※ S는 인터넷 쇼핑몰에서 회원가입을 하고 무선 이어폰을 구매하려고 한다. 다음은 구매하고자 하는 모델에 대하여 인터넷 쇼핑몰 세 곳의 가격과 조건을 조사한 자료이다. 이어지는 질문에 답하시오. **[12~13]**

〈A ~ C쇼핑몰 무선 이어폰 가격 및 조건〉

구분	정상가격	회원혜택	할인쿠폰	중복할인	배송비
A쇼핑몰	129,000원	7,000원 할인	5%	불가	2,000원
B쇼핑몰	131,000원	3,500원 할인	3%	가능	무료
C쇼핑몰	130,000원	7% 할인	5,000원	불가	2,500원

※ 중복할인이 가능할 때는 할인쿠폰을 우선 적용함

12 자료에 있는 모든 혜택을 적용하여 최저가로 구매하고자 할 때, 무선 이어폰의 배송비를 포함한 실제 구매가격을 가격이 낮은 순으로 나열한 것은?

① A－B－C
② A－C－B
③ B－C－A
④ C－A－B
⑤ C－B－A

13 중복할인이 불가능힌 경우 회원혜택만 적용하여 구매하고자 할 때, 무선 이어폰의 배송비를 포함한 실제 구매가격이 가장 비싼 쇼핑몰과 가장 싼 쇼핑몰 간의 가격 차이는?

① 500원
② 550원
③ 600원
④ 650원
⑤ 700원

※ 다음은 A ~ E 5개국에 2022년 방문한 관광객 수와 관광객들이 그 국가에서 여행한 평균 여행일수를 나타낸 그래프이다. 이어지는 질문에 답하시오. **[14~15]**

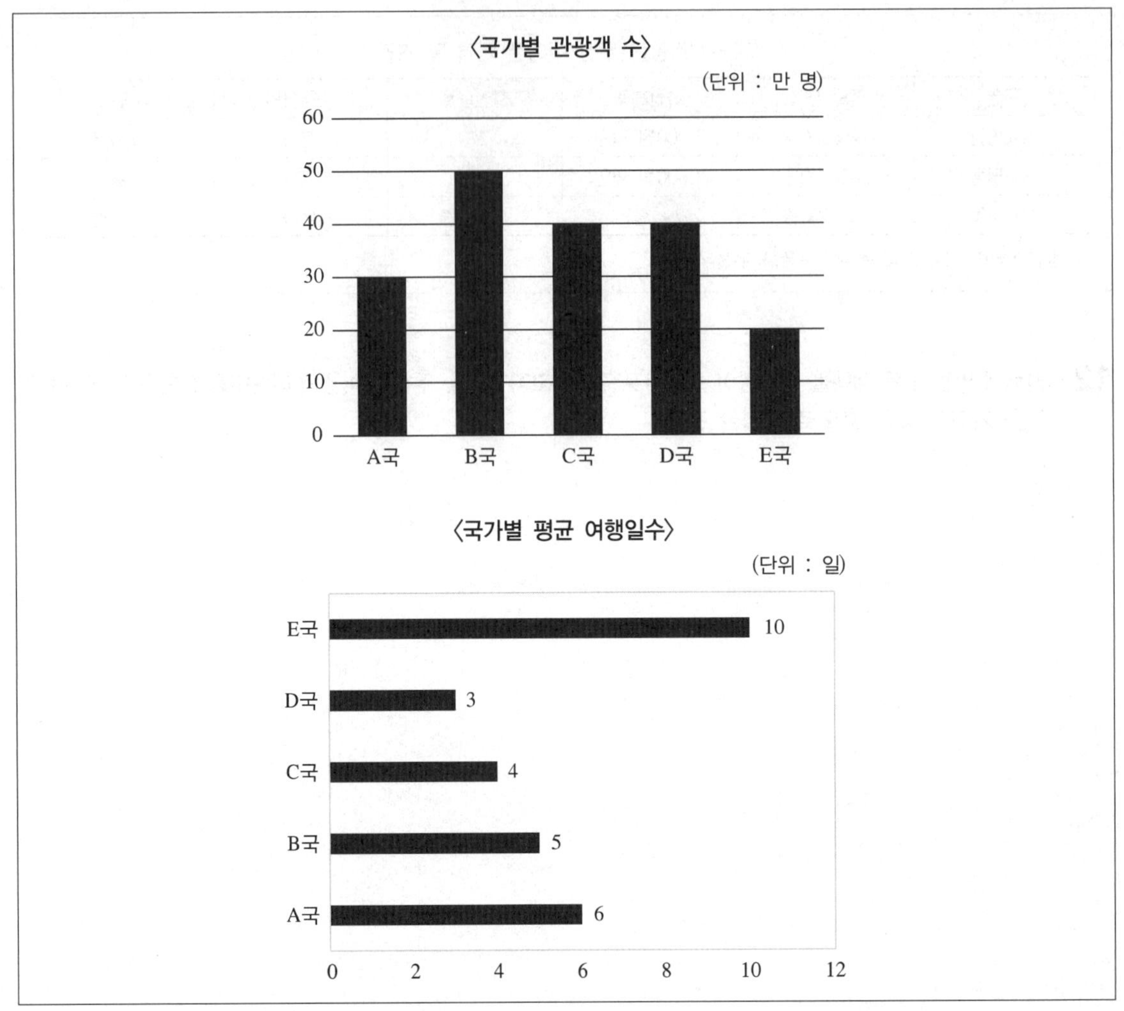

14 다섯 국가 중 2022년에 방문한 관광객 수가 가장 많은 국가와 가장 적은 국가의 관광객 수의 차이는?

① 35만 명
② 30만 명
③ 25만 명
④ 20만 명
⑤ 15만 명

15 A～E국 중 2022년 동안 관광객 수가 같은 국가들의 평균 여행일수 합은?

① 13일
② 11일
③ 9일
④ 7일
⑤ 5일

※ 다음은 2018 ~ 2022년 연도별 해양사고 발생 현황에 대한 그래프이다. 이어지는 질문에 답하시오. **[16~17]**

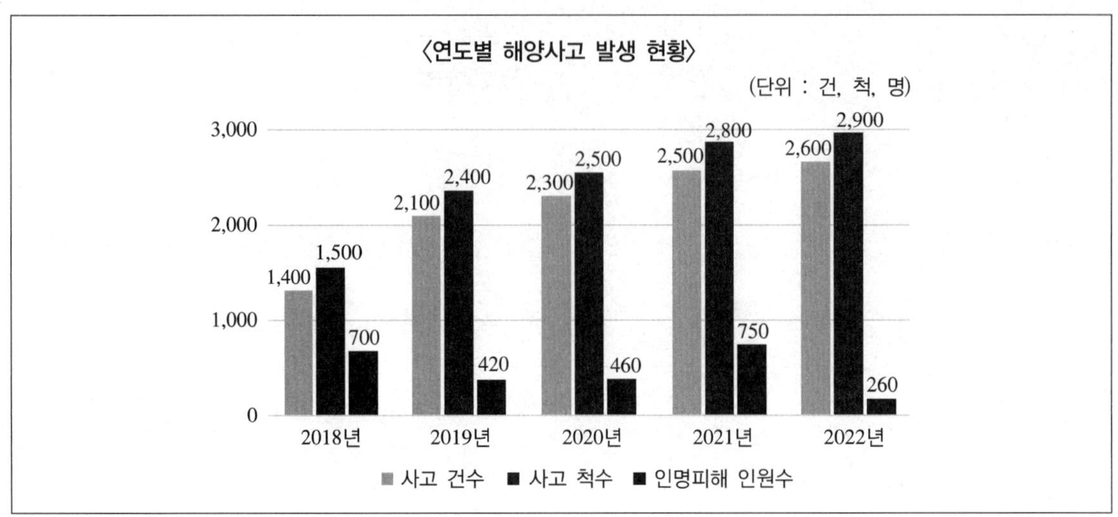

16 다음 중 2018년 대비 2019년 사고 척수의 증가율과 사고 건수의 증가율이 순서대로 나열된 것은?

① 40%, 45%
② 45%, 50%
③ 60%, 50%
④ 60%, 55%
⑤ 60%, 65%

17 다음 중 사고 건수당 인명피해의 인원수가 가장 많은 연도는?

① 2018년
② 2019년
③ 2020년
④ 2021년
⑤ 2022년

18 다음은 우리나라 연도별 적설량에 대한 자료이다. 이를 그래프로 나타냈을 때 가장 적절한 것은?

〈우리나라 연도별 적설량〉

(단위 : cm)

구분	2018년	2019년	2020년	2021년
서울	25.3	12.9	10.3	28.6
수원	12.2	21.4	12.5	26.8
강릉	280.2	25.9	94.7	55.3

①
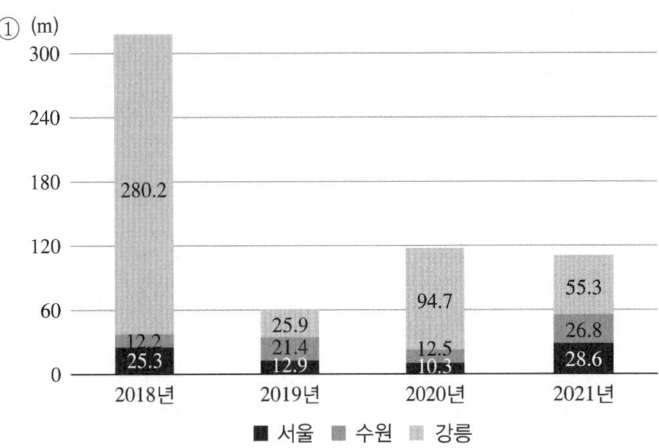

②
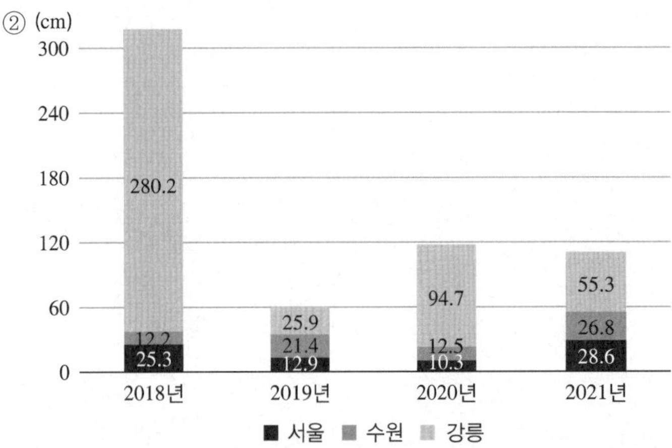

③ 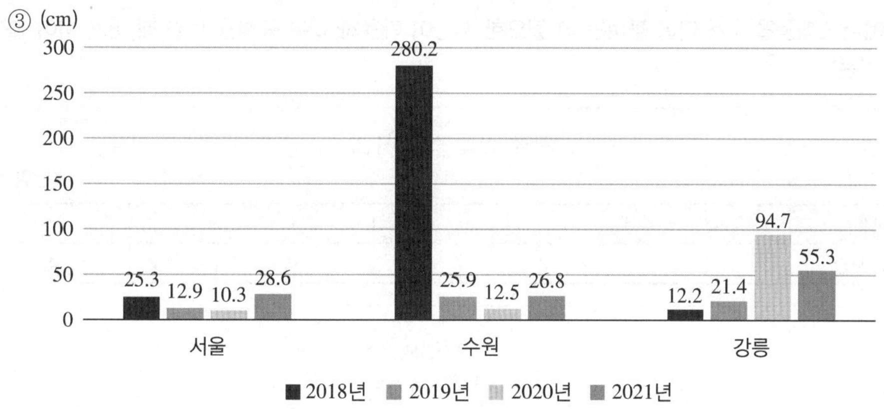
(cm)
300
250
200
150
100
50
0
280.2
94.7
55.3
25.3
12.9
10.3
28.6
25.9
12.5
26.8
12.2
21.4
서울
수원
강릉
2018년
2019년
2020년
2021년

④ 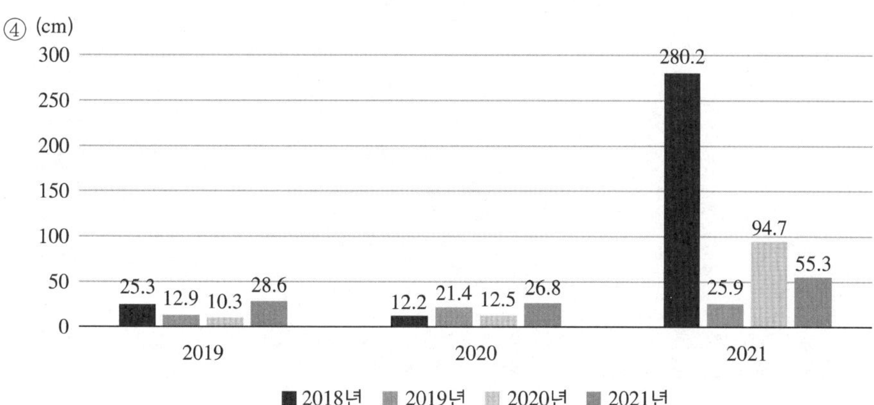
(cm)
300
250
200
150
100
50
0
280.2
94.7
55.3
25.3
12.9
10.3
28.6
12.2
21.4
12.5
26.8
25.9
2019
2020
2021
2018년
2019년
2020년
2021년

⑤ 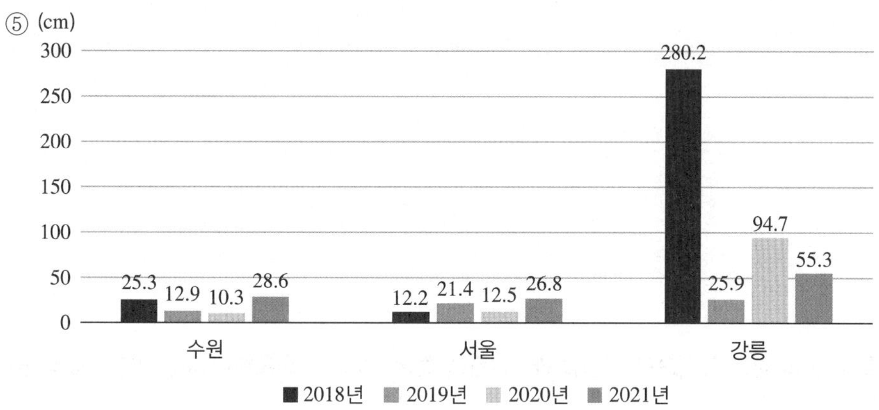
(cm)
300
250
200
150
100
50
0
280.2
94.7
55.3
25.3
12.9
10.3
28.6
12.2
21.4
12.5
26.8
25.9
수원
서울
강릉
2018년
2019년
2020년
2021년

19 어떤 공장에서 A제품을 n개 이어 붙이는 데 필요한 시간이 다음과 같은 규칙을 보일 때, 8개 이어 붙이는데 필요한 시간은?

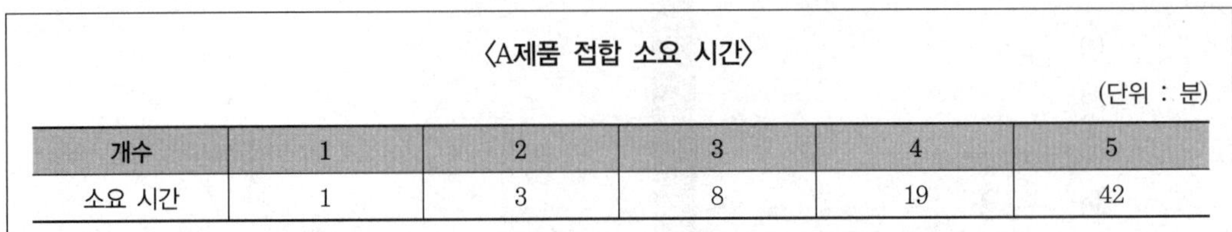

〈A제품 접합 소요 시간〉

(단위 : 분)

개수	1	2	3	4	5
소요 시간	1	3	8	19	42

① 315분
② 330분
③ 345분
④ 360분
⑤ 375분

20 일정한 수를 다음과 같은 규칙으로 나열할 때, 빈칸에 들어갈 a와 b의 총합이 처음으로 800억 원이 넘는 b의 값은?

(단위 : 억 원)

규칙	1	2	3	4	5	6	…
A	50	70	95	125	160	200	(a)
B	150	180	210	240	270	300	(b)

① 330
② 350
③ 360
④ 390
⑤ 420

제2영역 추리

※ 제시된 명제가 모두 참일 때, 다음 중 빈칸에 들어갈 명제로 가장 적절한 것을 고르시오. [1~3]

01

전제1. 눈을 자주 깜빡이지 않으면 눈이 건조해진다.
전제2. 스마트폰을 이용할 때는 눈을 자주 깜빡이지 않는다.
결론. ____________________

① 눈이 건조해지면 눈을 자주 깜빡이지 않는다.
② 눈이 건조해지지 않으면 눈을 자주 깜빡이지 않는다.
③ 눈을 자주 깜빡이지 않으면 스마트폰을 이용하는 때이다.
④ 스마트폰을 이용할 때는 눈이 건조해진다.
⑤ 눈이 건조해지면 눈을 자주 깜빡인 것이다.

02

전제1. 밤에 잠을 잘 못자면 낮에 피곤하다.
전제2. ____________________
전제3. 업무효율이 떨어지면 성과급을 받지 못한다.
결론. 밤에 잠을 잘 못자면 성과급을 받지 못한다.

① 업무효율이 떨어지면 밤에 잠을 잘 못 잔다.
② 낮에 피곤하면 업무효율이 떨어진다.
③ 성과급을 받으면 밤에 잠을 잘 못 잔다.
④ 밤에 잠을 잘 자면 성과급을 받는다.
⑤ 성과급을 받지 못하면 낮에 피곤하다.

03

전제1. 모든 금속은 전기가 통한다.
전제2. 광택이 있는 물질 중에는 금속이 아닌 것도 있다.
결론. ____________________

① 광택이 있는 물질은 모두 금속이다.
② 금속은 모두 광택이 있다.
③ 전기가 통하는 물질 중 광택이 있는 것은 없다.
④ 전기가 통하지 않으면서 광택이 있는 물질이 있다.
⑤ 전기가 통하지 않으면 광택이 없는 물질이다.

04 A～E가 기말고사를 봤는데, 이 중 2명은 부정행위를 하였다. 부정행위를 한 2명은 거짓을 말하고 부정행위를 하지 않은 3명은 진실을 말할 때, 다음 진술을 보고 부정행위를 한 사람끼리 짝지은 것으로 옳은 것은?

> A : D는 거짓말을 하고 있어.
> B : A는 부정행위를 하지 않았어.
> C : B가 부정행위를 했어.
> D : 나는 부정행위를 하지 않았어.
> E : C가 거짓말을 하고 있어.

① A, B
② B, C
③ C, D
④ C, E
⑤ D, E

05 체육 수업으로 인해 한 학급의 학생들이 모두 교실을 비운 사이 도난 사고가 발생했다. 담임 선생님은 체육 수업에 참여하지 않은 A～E 5명과 상담을 진행하였고, 이들은 아래와 같이 진술하였다. 이 중 2명의 학생은 거짓말을 하고 있으며, 거짓말을 하는 한 명의 학생이 범인이다. 다음 중 범인은?

> A : 저는 그 시간에 교실에 간 적이 없어요. 저는 머리가 아파 양호실에 누워있었어요.
> B : A의 말은 사실이에요. 제가 넘어져서 양호실에 갔었는데, A가 누워있는 것을 봤어요.
> C : 저는 정말 범인이 아니에요. A가 범인이에요.
> D : B의 말은 모두 거짓이에요. B는 양호실에 가지 않았어요.
> E : 사실 저는 C가 다른 학생의 가방을 열어 물건을 훔치는 것을 봤어요.

① A
② B
③ C
④ D
⑤ E

06 S사는 제품 하나를 생산하는 데 원료 분류, 제품 성형, 제품 색칠, 포장의 단계를 거친다. 어느 날 제품에 문제가 발생해 직원들을 불러 책임을 물었다. 직원 중 한 사람은 거짓을 말하고 세 사람은 참을 말할 때, 거짓을 말한 직원과 실수가 발생한 단계를 올바르게 짝지은 것은?(단, A는 원료 분류, B는 제품 성형, C는 제품 색칠, D는 포장 단계에서 일하며, 실수는 한 곳에서만 발생했다)

- A직원 : 나는 실수하지 않았다.
- B직원 : 포장 단계에서 실수가 일어났다.
- C직원 : 제품 색칠에선 절대로 실수가 일어날 수 없다.
- D직원 : 원료 분류 과정에서 실수가 있었다.

① A – 원료 분류
② A – 포장
③ B – 포장
④ D – 원료 분류
⑤ D – 포장

07 어느 편의점에서 도난 사건이 발생했다. CCTV 확인을 통해 그 시각 편의점을 들렀던 A～F용의자가 검거됐다. 이들 중 범인인 두 사람이 거짓말을 하고 있다면, 거짓말을 한 사람은?

A : F가 성급한 모습으로 편의점을 나가는 것을 봤어요.
B : C가 가방 속에 무언가 넣는 모습을 봤어요.
C : 나는 범인이 아닙니다.
D : B 혹은 A가 훔치는 것을 봤어요.
E : F가 범인인 게 확실해요. CCTV를 자꾸 신경 쓰고 있었거든요.
F : 얼핏 봤는데, 제가 본 도둑은 C 아니면 E예요.

① A, C
② B, C
③ B, F
④ D, E
⑤ E, F

08 A～E사원이 강남, 여의도, 상암, 잠실, 광화문 다섯 지역에 각각 출장을 간다. 다음 대화에서 A～E 중 한 명은 거짓말을 하고 나머지 네 명은 진실을 말하고 있을 때, 항상 거짓인 것은?

- A : B는 상암으로 출장을 가지 않는다.
- B : D는 강남으로 출장을 간다.
- C : B는 진실을 말하고 있다.
- D : C는 거짓말을 하고 있다.
- E : C는 여의도, A는 잠실로 출장을 간다.

① A는 광화문으로 출장을 가지 않는다.
② B는 여의도로 출장을 가지 않는다.
③ C는 강남으로 출장을 가지 않는다.
④ D는 잠실로 출장을 가지 않는다.
⑤ E는 상암으로 출장을 가지 않는다.

09 어느 호텔 라운지에 둔 화분이 투숙자 중의 1명에 의하여 깨진 사건이 발생했다. 이 호텔에는 갑, 을, 병, 정, 무 5명의 투숙자가 있었으며, 각 투숙자는 아래와 같이 진술하였다. 5명의 투숙자 중 4명은 진실을 말하고 1명이 거짓말을 하고 있다면, 거짓말을 하고 있는 사람은?

갑 : '을'은 화분을 깨뜨리지 않았어.
을 : 화분을 깨뜨린 사람은 '정'이야.
병 : 내가 화분을 깨뜨렸어.
정 : '을'의 말은 거짓말이야.
무 : 나는 화분을 깨뜨리지 않았어.

① 갑
② 을
③ 병
④ 정
⑤ 무

10 **S부서는 회식 메뉴를 선정하려고 한다. 제시된 〈조건〉에 따라 주문할 메뉴를 선택한다고 할 때, 다음 중 반드시 주문할 메뉴를 모두 고르면?**

〈조건〉

- 삼선짬뽕은 반드시 주문한다.
- 양장피와 탕수육 중 하나는 반드시 주문하여야 한다.
- 자장면을 주문하는 경우, 탕수육은 주문하지 않는다.
- 자장면을 주문하지 않는 경우에만 만두를 주문한다.
- 양장피를 주문하지 않으면, 팔보채를 주문하지 않는다.
- 팔보채를 주문하지 않으면, 삼선짬뽕을 주문하지 않는다.

① 삼선짬뽕, 자장면, 양장피
② 삼선짬뽕, 탕수육, 양장피
③ 삼선짬뽕, 팔보채, 양장피
④ 삼선짬뽕, 탕수육, 만두
⑤ 삼선짬뽕, 탕수육, 양장피, 자장면

11 **원형 테이블에 번호 순서대로 앉아 있는 다섯 명의 여자 1 ~ 5 사이에 다섯 명의 남자 A ~ E가 한 명씩 앉아야 한다. 다음 〈조건〉을 따르면서 자리를 배치할 때 적절하지 않은 것은?**

〈조건〉

- A는 짝수번호의 여자 옆에 앉아야 하고, 5 옆에는 앉을 수 없다.
- B는 짝수번호의 여자 옆에 앉을 수 없다.
- C가 3 옆에 앉으면 D는 1 옆에 앉는다.
- E는 3 옆에 앉을 수 없다.

① A는 1과 2 사이에 앉을 수 없다.
② D는 4와 5 사이에 앉을 수 없다.
③ C가 2와 3 사이에 앉으면 A는 반드시 3과 4 사이에 앉는다.
④ E가 1과 2 사이에 앉으면 C는 반드시 4와 5 사이에 앉는다.
⑤ E가 4와 5 사이에 앉으면 A는 반드시 2와 3 사이에 앉는다.

12 다음은 〈조건〉에 따라 2에서 10까지의 서로 다른 자연수의 관계를 나타낸 것이다. 이때 A, B, C에 해당하는 수의 합은?

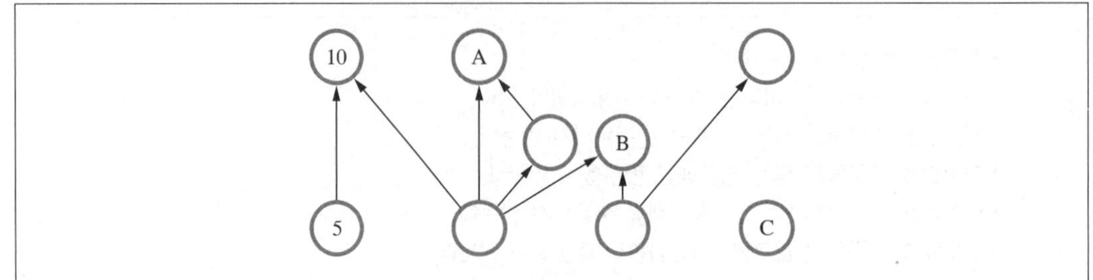

〈조건〉

- 2에서 10까지의 자연수는 ◯ 안에 한 개씩만 사용되고, 사용되지 않는 자연수는 없다.
- 2에서 10까지의 서로 다른 임의의 자연수 3개를 x, y, z라고 할 때,
  - (x) ⟶ (y)는 y가 x의 배수임을 나타낸다.
  - 화살표로 연결되지 않은 (z)는 z가 x, y와 약수나 배수 관계가 없음을 나타낸다.

① 20　② 21
③ 22　④ 23
⑤ 24

13 남학생 A ~ D와 여학생 W ~ Z 총 8명이 있다. 입사 시험을 본 뒤 이 8명의 득점을 알아보았더니, 남녀 모두 1명씩 짝을 이루어 동점을 받았다. 다음 〈조건〉을 모두 만족할 때, 도출할 수 있는 결론으로 적절한 것은?

〈조건〉

- 여학생 X는 남학생 B 또는 C와 동점이다.
- 여학생 Y는 남학생 A 또는 B와 동점이다.
- 여학생 Z는 남학생 A 또는 C와 동점이다.
- 남학생 B는 여학생 W 또는 Y와 동점이다.

① 여학생 W는 남학생 C와 동점이다.　② 여학생 X와 남학생 B가 동점이다.
③ 여학생 Z와 남학생 C는 동점이다.　④ 여학생 Y는 남학생 A와 동점이다.
⑤ 남학생 D와 여학생 W는 동점이다.

14 S사에 근무 중인 A ~ E는 다음 사내 교육 프로그램 일정에 따라 요일별로 하나의 프로그램에 참가한다. 제시된 〈조건〉이 모두 참일 때, 다음 중 항상 참이 되는 것은?

월	화	수	목	금
필수1	필수2	선택1	선택2	선택3

〈조건〉

- A는 선택 프로그램에 참가한다.
- C는 필수 프로그램에 참가한다.
- D는 C보다 나중에 프로그램에 참가한다.
- E는 A보다 나중에 프로그램에 참가한다.

① D는 반드시 필수 프로그램에 참가한다.
② B가 필수 프로그램에 참가하면 C는 화요일 프로그램에 참가한다.
③ C가 화요일 프로그램에 참가하면 E는 선택2 프로그램에 참가한다.
④ A가 목요일 프로그램에 참가하면 E는 선택3 프로그램에 참가한다.
⑤ E는 반드시 목요일 프로그램에 참가한다.

15 S는 전국을 일주하고자 한다. 제시된 〈조건〉에 따라 방문할 도시들을 결정한다고 할 때, 다음 중 S가 반드시 방문하는 도시가 아닌 것은?

〈조건〉

- 대구를 방문하면, 경주는 방문하지 않는다.
- 광주와 전주 중 한 도시만 방문한다.
- S는 익산을 반드시 방문한다.
- 대구를 방문하지 않으면, 익산을 방문하지 않는다.
- 경주를 방문하지 않으면, 대전과 전주를 방문한다.

① 전주　　② 대구
③ 대전　　④ 경주
⑤ 익산

※ 다음 제시된 도형의 규칙을 보고 물음표에 들어갈 도형으로 가장 적절한 것을 고르시오. **[16~18]**

16

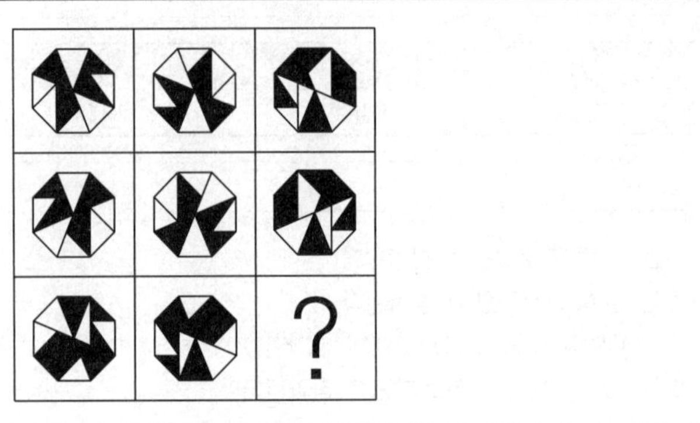

① 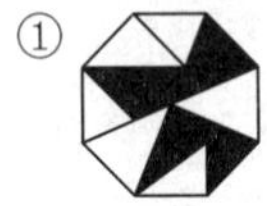

② 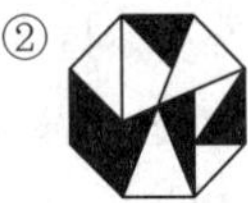

③ 

④ 

⑤ 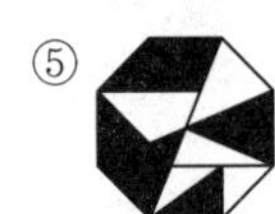

17

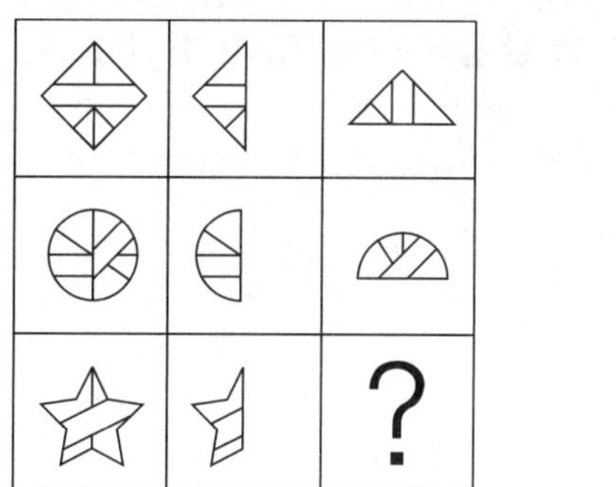

①

②

③

④

⑤

18

①

②

③

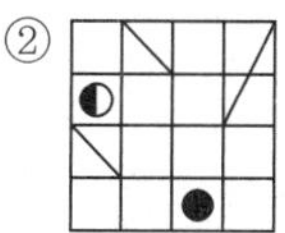

④

⑤

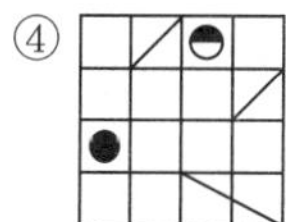

※ 다음 도식에서 기호들은 일정한 규칙에 따라 문자를 변화시킨다. 물음표에 들어갈 알맞은 문자를 고르시오 (단, 규칙은 가로와 세로 중 한 방향으로만 적용된다). **[19~22]**

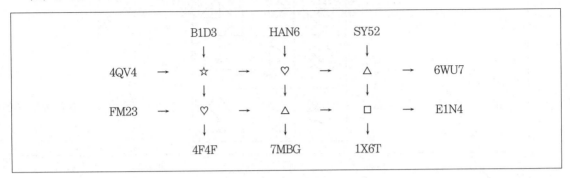

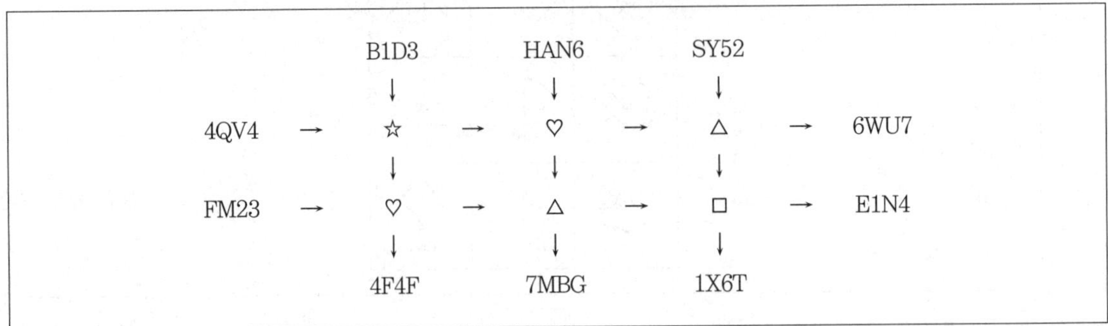

19

US24 → □ → ☆ → ?

① 4S2U
② 2US4
③ 4V8V
④ 8V4V
⑤ 48VV

20

KB52 → ☆ → ♡ → ?

① 37KE
② 37EO
③ E37K
④ EO52
⑤ E37O

21

? → △ → ♡ → △ → 9381

① 1839
② 3819
③ 2748
④ 4827
⑤ 8472

22

? → □ → △ → 96II

① 96HJ
② 9HJ6
③ 87HJ
④ 8H7J
⑤ J7H8

※ 다음 중 제시된 문단을 논리적 순서대로 바르게 나열한 것을 고르시오. [23~24]

23

(가) 동아시아의 문명 형성에 가장 큰 영향력을 끼친 책을 꼽을 때, 그 중에 『논어』가 빠질 수 없다. 『논어』는 공자(B.C 551 ~ 479)가 제자와 정치인 등을 만나서 나눈 이야기를 담고 있다. 공자의 활동기간으로 따져보면 『논어』는 지금으로부터 대략 2,500년 전에 쓰인 것이다. 지금의 우리는 한나절에 지구 반대편으로 날아다니고, 여름에 겨울 과일을 먹는 그야말로 공자는 상상할 수도 없는 세상에 살고 있다.

(나) 2,500년 전의 공자와 그가 대화한 사람 역시 우리와 마찬가지로 '호모 사피엔스'이기 때문이다. 2,500년 전의 사람도 배고프면 먹고, 졸리면 자고, 좋은 일이 있으면 기뻐하고, 나쁜 일이 있으면 화를 내는 오늘날의 사람과 다름없었다. 불의를 보면 공분하고, 전쟁보다 평화가 지속되기를 바라고, 예술을 보고 들으며 즐거워했는데, 오늘날의 사람도 마찬가지이다.

(다) 물론 2,500년의 시간으로 인해 달라진 점도 많고 시대와 문화에 따라 '사람다움이 무엇인가?'에 대한 답은 다를 수 있지만, 사람은 돌도 아니고 개도 아니고 사자도 아니라 여전히 사람일 뿐인 것이다. 즉 현재의 인간이 과거보다 자연의 힘에 두려워하지 않고 자연을 합리적으로 설명할 수는 있지만, 인간적 약점을 극복하고 신적인 존재가 될 수는 없는 그저 인간일 뿐인 것이다.

(라) 『논어』의 일부는 여성과 아동, 이민족에 대한 당시의 편견을 드러내고 있어 이처럼 달라진 시대의 흐름에 따라 폐기될 수밖에 없지만, 이를 제외한 부분은 '오래된 미래'로서 읽을 가치가 있는 것이다.

(마) 이론의 생명 주기가 짧은 학문의 경우, 2,500년 전의 책은 역사적 가치가 있을지언정 이론으로서는 폐기 처분이 당연시된다. 그런데 왜 21세기의 우리가 2,500년 전의 『논어』를 지금까지도 읽고, 또 읽어야 할 책으로 간주하고 있는 것일까?

① (가) – (다) – (나) – (라) – (마)
② (가) – (라) – (다) – (나) – (마)
③ (가) – (마) – (나) – (다) – (라)
④ (라) – (다) – (가) – (마) – (나)
⑤ (마) – (가) – (나) – (다) – (라)

24

(가) '인력이 필요해서 노동력을 불렀더니 사람이 왔더라.'라는 말이 있다. 인간을 경제적 요소로만 단순하게 생각했으나, 이에 따른 인권문제, 복지문제, 내국인과 이민자와의 갈등 등이 수반된다는 말이다. 프랑스처럼 우선 급하다고 이민자를 선별하지 않고 받으면 인종 갈등과 이민자의 빈곤화 등 많은 사회비용이 발생한다.

(나) 이제 다문화정책의 패러다임을 전환해야 한다. 한국에 들어온 다문화가족을 적극적으로 지원해야 한다. 다문화 가족과 더불어 살면서 다양성과 개방성을 바탕으로 상생의 발전을 도모해야 한다. 그리고 결혼이민자만 다문화가족으로 볼 것이 아니라 외국인 근로자와 유학생, 북한이탈 주민까지 큰 틀에서 함께 보는 것도 필요하다.

(다) 다문화정책의 핵심은 두 가지이다. 첫째, 새로운 사회에 적응하려는 의지가 강해서 언어 배우기, 일자리, 문화 이해에 매우 적극적인 태도를 지닌 좋은 인력을 선별해서 입국하도록 하는 것이다. 둘째, 이민자가 새로운 사회에 잘 정착할 수 있도록 사회통합에 주력해야 하는 것이다. 해외 인구 유입 초기부터 사회 비용을 절약할 수 있는 사람들을 들어오게 하는 것이 중요하기 때문이다.

(라) 또한 이미 들어온 이민자에게는 적극적인 지원을 해야 한다. 언어와 문화, 환경이 모두 낯선 이민자에게는 이민 초기에 세심한 배려가 필요하다. 특히 중요한 것은 다문화 가족이 그들이 가지고 있는 강점을 활용하여 취약 계층이 아닌 주류층으로 설 수 있도록 지원해야 한다. 뿐만 아니라 이민자에 대한 지원 시기를 놓치거나 차별과 편견으로 내국인에게 증오감을 갖게 해서는 안 된다.

① (가) – (나) – (다) – (라)
② (다) – (나) – (라) – (가)
③ (가) – (다) – (나) – (라)
④ (다) – (가) – (라) – (나)
⑤ (가) – (다) – (라) – (나)

25 다음 제시문의 내용이 참일 때 항상 거짓인 것은?

과거에는 공공 서비스가 경합성과 배제성이 모두 약한 사회 기반 시설 공급을 중심으로 제공되었다. 이런 경우 서비스 제공에 드는 비용은 주로 세금을 비롯한 공적 재원으로 충당을 한다. 하지만 복지와 같은 개인 단위 공공 서비스에 대한 사회적 요구가 증가함에 따라 관련 공공 서비스의 다양화와 양적 확대가 이루어지고 있다. 이로 인해 정부의 관련 조직이 늘어나고 행정 업무의 전문성 및 효율성이 떨어지는 문제점이 나타나기도 한다. 이 경우 정부는 정부 조직의 규모를 확대하지 않으면서 서비스의 전문성을 강화할 수 있는 민간 위탁 제도를 도입할 수 있다. 민간 위탁이란 공익성을 유지하기 위해 서비스의 대상이나 범위에 대한 결정권과 서비스 관리의 책임을 정부가 갖되, 서비스 생산은 민간 업체에게 맡기는 것이다.

민간 위탁은 주로 다음과 같은 몇 가지 방식으로 운용되고 있다. 가장 일반적인 것은 '경쟁 입찰 방식'이다. 이는 일정한 기준을 충족하는 민간 업체 간 경쟁 입찰을 거쳐 서비스 생산자를 선정, 계약하는 방식이다. 공원과 같은 공공 시설물 관리 서비스가 이에 해당한다. 이 경우 정부가 직접 공공 서비스를 제공할 때보다 서비스의 생산 비용이 절감될 수 있고 정부의 재정 부담도 경감될 수 있다. 다음으로는 '면허 발급 방식'이 있다. 이는 서비스 제공을 위한 기술과 시설이 기준을 충족하는 민간 업체에게 정부가 면허를 발급하는 방식이다. 자동차 운전면허 시험, 산업 폐기물 처리 서비스 등이 이에 해당한다. 이 경우 공공 서비스가 갖춰야 할 최소한의 수준은 유지하면서도 공급을 민간의 자율에 맡겨 공공 서비스의 수요와 공급이 탄력적으로 조절되는 효과를 얻을 수 있다. 또한 '보조금 지급 방식'이 있는데, 이는 민간이 운영하는 종합 복지관과 같이 안정적인 공공 서비스 제공이 필요한 기관에 보조금을 주어 재정적으로 지원하는 것이다.

① 과거 공공 서비스는 주로 공적 재원에 의해 운영됐다.

② 공공 서비스의 양적 확대에 따라 행정 업무 전문성이 떨어지는 부작용이 나타난다.

③ 서비스 생산을 민간 업체에게 맡김으로써 공공 서비스의 전문성을 강화할 수 있다.

④ 경쟁 입찰 방식은 정부의 재정 부담을 줄여준다.

⑤ 정부로부터 면허를 받은 민간 업체는 보조금을 지급받을 수 있다.

26 다음 중 밑줄 친 ㉠~㉢에 대한 설명으로 적절하지 않은 것은?

> 국내 연구팀이 반도체 집적회로에 일종의 ㉠ '고속도로'를 깔아 신호의 전송 속도를 높이는 신개념 반도체 소재 기술을 개발했다. 탄소 원자를 얇은 막 형태로 합성한 2차원 신소재인 그래핀을 반도체 회로에 깔아 기존 금속 선로보다 많은 양의 전자를 빠르게 운송하는 것이다.
> 최근 반도체 내에 많은 소자가 집적되면서 소자 사이의 신호를 전송하는 ㉡ '도로'인 금속 재질의 선로에 저항이 기하급수적으로 증가하는 문제가 발생했다. 이러한 집적화의 한계를 극복하기 위해 연구팀은 금속 재질 대신 그래핀을 신호 전송용 길로 활용했다.
> 그래핀은 탄소 원자가 육각형으로 결합한, 두께 0.3나노미터의 얇은 2차원 물질로 전선에 널리 쓰이는 구리보다 전기 전달 능력이 뛰어나며 전자 이동속도도 100배 이상 빨라 이상적인 반도체용 물질로 꼽힌다. 그러나 너무 얇다 보니 전류나 신호를 전달하는 데 방해가 되는 저항이 높고, 전하 농도가 낮아 효율이 떨어진다는 단점이 있었다.
> 연구팀은 이런 단점을 해결하고자 그래핀에 불순물을 얇게 덮는 방법을 생각했다. 그래핀 표면에 비정질 탄소를 흡착시켜 일종의 ㉢ '코팅'처럼 둘러싼 것이다. 연구 결과 이 과정에서 신호 전달을 방해하던 저항은 기존 그래핀 선로보다 60% 감소했고, 신호 손실은 약 절반 정도로 줄어들었으며, 전달할 수 있는 전하의 농도는 20배 이상 증가했다. 이를 통해 연구팀은 금속 선로의 수백분의 1 크기로 작으면서도 효율성은 그대로인 고효율, 고속 신호 전송 선로를 완성하였다.

① 연구팀은 ㉡을 ㉠으로 바꾸었다.
② 반도체 내에 많은 소자가 집적될수록 ㉡에 저항이 증가한다.
③ ㉠은 구리보다 전기 전달 능력과 전자 이동속도가 뛰어나다.
④ 연구팀은 전자의 이동속도를 높이기 위해 ㉠에 ㉢을 하였다.
⑤ ㉠은 그래핀, ㉡은 금속 재질, ㉢은 비정질 탄소를 의미한다.

27 다음 제시문에서 밑줄 친 ㉠에 대한 반박으로 가장 적절한 것은?

인간은 사회 속에서만 자신을 더 나은 존재로 느낄 수 있기 때문에 자신을 사회화하고자 한다. 인간은 사회 속에서만 자신의 자연적 소질을 실현할 수 있는 것이다. 그러나 인간은 자신을 개별화하거나 고립시키려는 강한 성향도 있다. 이는 자신의 의도에 따라서만 행동하려는 반사회적인 특성을 의미한다. 그리고 저항하려는 성향이 자신뿐만 아니라 다른 사람에게도 있다는 사실을 알기 때문에, 그 자신도 곳곳에서 저항에 부딪히게 되리라 예상한다.

이러한 저항을 통하여 인간은 모든 능력을 일깨우고, 나태해지려는 성향을 극복하며, 명예욕이나 지배욕・소유욕 등에 따라 행동하게 된다. 그리하여 동시대인들 가운데에서 자신의 위치를 확보하게 된다. 이렇게 하여 인간은 야만의 상태에서 벗어나 문화를 이룩하기 위한 진정한 진보의 첫걸음을 내딛게 된다. 이때부터 모든 능력이 점차 계발되고 아름다움을 판정하는 능력도 형성된다. 나아가 자연적 소질에 의해 도덕성을 어렴풋하게 느끼기만 하던 상태에서 벗어나, 지속적인 계몽을 통하여 구체적인 실천 원리를 명료하게 인식할 수 있는 성숙한 단계로 접어든다. 그 결과 자연적인 감정을 기반으로 결합된 사회를 도덕적인 전체로 바꿀 수 있는 사유 방식이 확립된다.

㉠ <u>인간에게 이러한 반사회성이 없다면, 인간의 모든 재능은 꽃피지 못하고 만족감과 사랑으로 가득 찬 목가적인 삶 속에서 영원히 묻혀 버리고 말 것이다</u>. 그리고 양처럼 선량한 기질의 사람들은 가축 이상의 가치를 자신의 삶에 부여하기 힘들 것이다. 자연 상태에 머물지 않고 스스로의 목적을 성취하기 위해 자연적 소질을 계발하여 창조의 공백을 메울 때, 인간의 가치는 상승되기 때문이다.

불화와 시기와 경쟁을 일삼는 허영심, 막힐 줄 모르는 소유욕과 지배욕을 있게 한 자연에 감사하라! 인간은 조화를 원한다. 그러나 자연은 불화를 원한다. 자연은 무엇이 인간을 위해 좋은 것인지를 더 잘 알고 있기 때문이다. 인간은 안락하고 만족스럽게 살고자 한다. 그러나 자연은 인간이 나태와 수동적인 만족감으로부터 벗어나 노동과 고난 속으로 돌진하기를 원한다. 그렇게 함으로써 자연은 인간이 노동과 고난으로부터 현명하게 벗어날 수 있는 방법을 발견하게 한다.

– 칸트, 『세계 시민의 관점에서 본 보편사의 이념』

① 인간의 본성은 변할 수 없다.
② 동물도 사회성을 키울 수 있다.
③ 사회성만으로도 재능이 계발될 수 있다.
④ 반사회성만으로도 재능이 계발될 수 있다.
⑤ 목가적인 삶 속에서도 반사회성이 생겨날 수 있다.

28 다음 제시문의 주장에 대한 비판으로 적절하지 않은 것은?

> 동물실험이란 교육, 시험, 연구 및 생물학적 제제의 생산 등 과학적 목적을 위해 동물을 대상으로 실시하는 실험 또는 그 과학적 절차를 말한다. 전 세계적으로 매년 약 6억 마리의 동물들이 실험에 쓰이고 있다고 추정되며, 대부분의 동물들은 실험이 끝난 뒤 안락사를 시킨다.
> 동물실험은 대개 인체실험의 전 단계로 이루어지는데, 검증되지 않은 물질을 바로 사람에게 주입하여 발생하는 위험을 줄일 수 있다는 점에서 필수적인 실험이라고 말할 수 있다. 물론 살아있는 생물을 대상으로 하는 실험이기 때문에 대체(Replacement), 감소(Reduction), 개선(Refinement)으로 요약되는 3R 원칙에 입각하여 실험하는 것이 당연하다. 굳이 다른 방법이 있다면 그 방법을 채택할 것이며, 희생이 되는 동물의 수를 최대한 줄이고, 필수적인 실험 조건 외에는 자극을 주지 않아야 한다.
> 하지만 그럼에도 보다 안전한 결과를 도출해내기 위한 동물실험은 필요악이며, 이러한 필수적인 의약실험조차 금지하려 한다는 것은 기술 발전 속도를 늦춰 약이 필요한 누군가의 고통을 감수하자는 이기적인 주장과 같다고 할 수 있다.

① 3R 원칙과 같은 윤리적 강령이 법적인 통제력을 지니지 않은 이상 실제로 얼마나 엄격하게 지켜질 것인지는 알 수 없다.

② 화장품 업체들의 동물실험과 같은 사례를 통해, 생명과 큰 연관이 없는 실험은 필요악이라고 주장할 수 없다.

③ 아무리 엄격하게 통제된 실험이라고 해도 동물 입장에서 바라본 실험이 비윤리적이며 생명체의 존엄성을 훼손하는 행위라는 사실을 벗어날 수는 없다.

④ 과거와 달리 현대에서는 인공 조직을 배양하여 실험의 대상으로 삼을 수 있으므로 동물실험 자체를 대체하는 것이 가능하다.

⑤ 동물실험에서 안전성을 검증받은 이후 인체에 피해를 준 약물의 사례가 존재한다.

29 다음 제시문을 토대로 〈보기〉를 바르게 해석한 것은?

> 반도체 및 디스플레이 제조공정에서 사용되는 방법인 포토리소그래피(Photo-lithography)는 그 이름처럼 사진 인쇄 기술과 비슷하게 빛을 이용하여 복잡한 회로 패턴을 제조하는 공정이다. 포토리소그래피는 디스플레이에서는 TFT(Thin Film Transistor, 박막 트랜지스터) 공정에 사용되는데, 먼저 세정된 기판(Substrate) 위에 TFT 구성에 필요한 증착 물질과 이를 덮을 PR(Photo Resist, 감광액) 코팅을 올리고, 빛과 마스크, 그리고 현상액과 식각 과정으로 PR 코팅과 증착 물질을 원하는 모양대로 깎아 내린 다음, 다시 그 위에 층을 쌓는 것을 반복하여 원하는 형태를 패터닝하는 것이다.
> 한편 포토리소그래피 공정에 사용되는 PR 물질은 빛의 반응에 따라 포지티브와 네거티브 두 가지 방식으로 분류되는데, 포지티브 방식은 마스크에 의해 빛에 노출된 부분이 현상액에 녹기 쉽게 화학구조가 변하는 것으로, 노광(Exposure) 과정에서 빛을 받은 부분을 제거한다. 반대로 네거티브 방식은 빛에 노출된 부분이 더욱 단단해지는 것으로 빛을 받지 못한 부분을 현상액으로 제거한다. 이후 원하는 패턴만 남은 PR층은 식각(Etching) 과정을 거쳐 PR이 덮여 있지 않은 부분의 증착 물질을 제거하고, 이후 남은 증착 물질이 원하는 모양으로 패터닝 되면 그 위의 도포되어 있던 PR층을 마저 제거하여 증착 물질만 남도록 하는 것이다.

〈보기〉

> 창우와 광수는 각각 포토리소그래피 공정을 통해 디스플레이 회로 패턴을 완성시키기로 하였다. 창우는 포지티브 방식을, 광수는 네거티브 방식을 사용하기로 하였는데, 광수는 실수로 포지티브 방식의 PR 코팅을 사용해 공정을 진행했음을 깨달았다.

① 창우의 디스플레이 회로는 증착, PR 코팅, 노광, 현상, 식각까지의 과정을 반복하여 완성되었을 것이다.

② 광수가 포토리소그래피의 매 공정을 검토했을 경우 최소 식각 과정을 확인하면서 자신의 실수를 알아차렸을 것이다.

③ 포토리소그래피 공정 중 현상 과정에서 문제가 발생했다면 창우의 디스플레이 기판에는 PR층과 증착 물질이 남아있지 않을 것이다.

④ 원래 의도대로라면 노광 과정 이후 창우가 사용한 감광액은 용해도가 높아지고, 광수가 사용한 감광액은 용해도가 매우 낮아졌을 것이다.

⑤ 광수가 원래 의도대로 디스플레이 회로를 완성시키기 위해서는 최소한 노광 과정까지는 공정을 되돌릴 필요가 있다.

30 다음 제시문에서 설명한 '즉흥성'과 관련 있는 내용을 〈보기〉에서 모두 고르면?

> 우리나라의 전통 음악은 대체로 크게 정악과 속악으로 나뉜다. 정악은 왕실이나 귀족들이 즐기던 음악이고, 속악은 일반 민중들이 가까이 하던 음악이다. 개성을 중시하고 자유분방한 감정을 표출하는 한국인의 예술 정신은 정악보다는 속악에 잘 드러나 있다. 우리 속악의 특징은 한 마디로 즉흥성이라는 개념으로 집약될 수 있다. 판소리나 산조에 '유파(流派)'가 자꾸 형성되는 것은 모두 즉흥성이 강하기 때문이다. 즉흥으로 나왔던 것이 정형화되면 그 사람의 대표 가락이 되는 것이고, 그것이 독특한 것이면 새로운 유파가 형성되기도 하는 것이다.
>
> 물론 즉흥이라고 해서 음악가가 제멋대로 하는 것은 아니다. 곡의 일정한 틀은 유지하면서 그 안에서 변화를 주는 것이 즉흥 음악의 특색이다. 판소리 명창이 무대에 나가기 전에 "오늘 공연은 몇 분으로 할까요?"하고 묻는 것이 그런 예다. 이때 창자는 상황에 맞추어 얼마든지 곡의 길이를 조절할 수 있는 것이다. 이것은 서양 음악에서는 어림없는 일이다. 그나마 서양 음악에서 융통성을 발휘할 수 있다면 4악장 가운데 한 악장만 연주하는 것 정도이지 각 악장에서 조금씩 뽑아 한 곡을 만들어 연주할 수는 없다. 그러나 한국 음악에서는, 특히 속악에서는 연주 장소나 주문자의 요구 혹은 연주자의 상태에 따라 악기도 하나면 하나로만, 둘이면 둘로 연주해도 별문제가 없다. 거문고나 대금 하나만으로도 얼마든지 연주할 수 있다. 전혀 이상하지도 않다. 그렇지만 베토벤의 운명 교향곡을 바이올린이나 피아노만으로 연주하는 경우는 거의 없을 뿐만 아니라, 연주를 하더라도 어색하게 들릴 수밖에 없다.
>
> 즉흥과 개성을 중시하는 한국의 속악 가운데 대표적인 것이 시나위다. 현재의 시나위는 19세기말에 완성되었으나 원형은 19세기 훨씬 이전부터 연주되었을 것으로 추정된다. 시나위의 가장 큰 특징은 악보 없는 즉흥곡이라는 것이다. 연주자들이 모여 아무 사전 약속도 없이 "시작해 볼까"하고 연주하기 시작한다. 그러니 처음에는 서로가 맞지 않는다. 불협음 일색이다. 그렇게 진행되다가 중간에 호흡이 맞아 떨어지면 협음을 낸다. 그러다가 또 각각 제 갈 길로 가서 혼자인 것처럼 연주한다. 이게 시나위의 묘미다. 불협음과 협음이 오묘하게 서로 들어맞는 것이다.
>
> 그런데 이런 음악은 아무나 하는 게 아니다. 즉흥곡이라고 하지만 '초보자(初步者)'들은 꿈도 못 꾸는 음악이다. 기량이 뛰어난 경지에 이르러야 가능한 음악이다. 그래서 요즈음은 시나위를 잘 할 수 있는 사람들이 별로 없다고 한다. 요즘에는 악보로 정리된 시나위를 연주하는 경우가 대부분인데, 이것은 시나위 본래의 취지에 어긋난다. 악보로 연주하면 박제된 음악이 되기 때문이다.
>
> 요즘 음악인들은 시나위 가락을 보통 '허튼 가락'이라고 한다. 이 말은 말 그대로 '즉흥 음악'으로 이해된다. 미리 짜 놓은 일정한 형식이 없이 주어진 장단과 연주 분위기에 몰입해 그때그때의 감흥을 자신의 음악성과 기량을 발휘해 연주하는 것이다. 이럴 때 즉흥이 튀어 나온다. 시나위는 이렇듯 즉흥적으로 흐드러져야 맛이 난다. 능청거림, 이것이 시나위의 음악적 모습이다.

〈보기〉

ㄱ. 주어진 상황에 따라 임의로 곡의 길이를 조절하여 연주한다.
ㄴ. 장단과 연주 분위기에 몰입해 새로운 가락으로 연주한다.
ㄷ. 연주자들 간에 사전 약속 없이 연주하지만 악보의 지시는 따른다.
ㄹ. 감흥을 자유롭게 표현하기 위해 일정한 틀을 철저히 무시한 채 연주한다.

① ㄱ, ㄴ
② ㄱ, ㄷ
③ ㄴ, ㄷ
④ ㄴ, ㄹ
⑤ ㄷ, ㄹ

2023년 상반기 기출복원 모의고사

〈문항 수 및 시험시간〉

삼성 온라인 GSAT		
영역	문항 수	시험시간
수리	20문항	30분
추리	30문항	30분

삼성 온라인 GSAT

2023년 상반기 기출복원 모의고사

문항 수	: 50문항
시험시간	: 60분

제1영역 수리

01 작년 S사의 일반 사원 수는 400명이었다. 올해 진급하여 직책을 단 사원은 작년 일반 사원 수의 12%이고, 20%는 퇴사를 하였다. 올해 전체 일반 사원 수가 작년보다 6% 증가했을 때, 올해 채용한 신입사원은 모두 몇 명인가?

① 144명
② 146명
③ 148명
④ 150명
⑤ 152명

02 남학생 4명과 여학생 3명이 원형 모양의 탁자에 앉을 때, 여학생 3명이 이웃해서 앉을 확률은?

① $\frac{1}{21}$
② $\frac{1}{7}$
③ $\frac{1}{5}$
④ $\frac{1}{15}$
⑤ $\frac{1}{20}$

03 다음은 두 국가의 에너지원 수입액에 대한 표이다. 이에 대한 설명으로 옳은 것은?

〈A, B국의 에너지원 수입액〉

(단위 : 억 달러)

구분 \ 연도		1982년	2002년	2022년
A국	석유	74	49.9	29.5
	석탄	82.4	60.8	28
	LNG	29.2	54.3	79.9
B국	석유	75	39	39
	석탄	44	19.2	7.1
	LNG	30	62	102

① 1982년 석유 수입액은 A국이 B국보다 많다.
② 2002년 A국의 석유 및 석탄의 수입액의 합은 LNG 수입액의 2배보다 적다.
③ 2022년 석탄 수입액은 A국이 B국의 4배보다 적다.
④ 1982년 대비 2022년의 LNG 수입액의 증가율은 A국이 B국보다 크다.
⑤ 1982년 대비 2022년의 석탄 수입액의 감소율은 A국이 B국보다 크다.

04 다음은 2018년부터 2022년까지 발굴조사 건수 및 비용에 대한 통계자료이다. 이에 대한 설명으로 옳은 것은?

〈발굴조사 건수 및 비용〉

(단위 : 건, 억 원)

구분		2018년	2019년	2020년	2021년	2022년
지표조사	건수	1,196	1,103	1,263	1,399	1,652
	비용	82	67	71	77	105
발굴조사	건수	2,266	2,364	2,388	2,442	2,642
	비용	2,509	2,378	2,300	2,438	2,735
합계	건수	3,462	3,467	3,651	3,841	4,294
	비용	2,591	2,445	2,371	2,515	2,840

① 전체 조사의 평균 건당 비용은 지속적으로 감소되고 있다.
② 발굴조사의 평균 건당 비용은 매해 1억 이상이다.
③ 연도별 비교 시, 발굴조사 비용의 비율이 가장 높은 해는 2019년이다.
④ 연도별 전체 건수에 대한 발굴조사 건수의 비율은 2021년이 2019년보다 높다.
⑤ 5개년 동안 조사에 쓰인 비용은 1조 3천억 원 이상이다.

05 다음은 연도별 빽소니 교통사고 통계현황에 대한 표이다. 이에 대한 설명으로 적절한 것을 〈보기〉에서 모두 고르면?

〈연도별 빽소니 교통사고 통계현황〉

(단위 : 건, 명)

구분	2018년	2019년	2020년	2021년	2022년
사고 건수	15,500	15,280	14,800	15,800	16,400
검거 수	12,493	12,606	12,728	13,667	14,350
사망자 수	1,240	1,528	1,850	1,817	1,558
부상자 수	9,920	9,932	11,840	12,956	13,940

※ $[\text{검거율}(\%)]=\frac{(\text{검거 수})}{(\text{사고 건수})}\times 100$

※ $[\text{사망률}(\%)]=\frac{(\text{사망자 수})}{(\text{사고 건수})}\times 100$

※ $[\text{부상률}(\%)]=\frac{(\text{부상자 수})}{(\text{사고 건수})}\times 100$

〈보기〉

ㄱ. 사고 건수는 매년 감소하지만 검거 수는 매년 증가한다.
ㄴ. 2020년의 사망률과 부상률이 2021년의 사망률과 부상률보다 모두 높다.
ㄷ. 2020 ~ 2022년의 사망자 수와 부상자 수의 증감추이는 반대이다.
ㄹ. 2019 ~ 2022년 검거율은 매년 높아지고 있다.

① ㄱ, ㄴ
② ㄱ, ㄹ
③ ㄴ, ㄹ
④ ㄷ, ㄹ
⑤ ㄱ, ㄷ, ㄹ

06 다음은 2018년부터 2022년 까지 농수산물 소비량과 수산물 자급률을 나타낸 표이다. 이에 대한 〈보기〉의 설명 중 옳지 않은 것을 모두 고르면?

〈2018 ~ 2022년 농수산물 소비량 및 수산물 자급률〉

연도		2018년	2019년	2020년	2021년	2022년
1인당 소비량 (kg)	수산물	58.5	57.1	57.5	72.7	68.1
	쌀	75.3	71.7	72.2	71.9	72.3
	육류	51.8	52.9	56	56.7	64.3
수산물 자급률(%)		72.8	72.5	71.4	65.5	69.3
인구수(명)		50,746,659	51,014,947	51,217,803	51,361,911	51,606,633

〈보기〉

ㄱ. 가장 많은 수산물을 소비한 해는 2021년도이다.
ㄴ. 가장 많은 쌀을 소비한 해는 2018년도이다.
ㄷ. 1인당 소비하는 쌀은 계속 감소하였다.
ㄹ. 2021년에 소비한 수산물과 쌀 그리고 육류의 합은 2022년 보다 많다.

① ㄱ, ㄴ
② ㄱ, ㄷ
③ ㄴ, ㄷ
④ ㄴ, ㄹ
⑤ ㄷ, ㄹ

07 다음은 5종류 작물(A ~ E)의 재배 특성에 대한 표이다. 이에 대한 〈보기〉의 설명 중 옳은 것을 모두 고르면?

〈작물별 재배 특성〉

작물 \ 재배 특성	$1m^2$당 파종 씨앗 수(개)	발아율(%)	$1m^2$당 연간 수확물(개)	수확물 개당 무게(g)
A	60	25	40	20
B	80	25	100	15
C	50	20	30	30
D	25	20	10	60
E	50	16	20	50

• [발아율(%)] $= \frac{\text{(발아한 씨앗 수)}}{\text{(파종 씨앗 수)}} \times 100$

• 연간 수확물(개) $= 1m^2$당 연간 수확물(개) × 재배면적(m^2)

〈보기〉

ㄱ. $20m^2$의 밭에 C의 씨앗을 파종할 때, 발아한 씨앗 수는 200개이다.

ㄴ. $100m^2$의 밭 전체면적을 $\frac{1}{5}$씩 나누어 서로 다른 작물의 씨앗을 각각 파종하면, 밭 전체 연간 수확물의 총무게는 94kg 이하이다.

ㄷ. 5종류의 작물을 각각 연간 3kg씩 수확하기 위해 필요한 밭의 총면적은 $16m^2$보다 작다.

ㄹ. $100m^2$의 밭 전체면적 절반에 E의 씨앗을 파종하고 남은 면적을 $\frac{1}{4}$씩 나누어 나머지 작물의 씨앗을 각각 파종하면, 밭 전체 연간 수확물의 총무게는 96kg 이상이다.

① ㄱ, ㄷ
② ㄱ, ㄹ
③ ㄴ, ㄷ
④ ㄴ, ㄹ
⑤ ㄷ, ㄹ

08 토요일이 의미 없이 지나간다고 생각한 직장인 S씨는 자기계발을 위해 집 근처 문화센터에서 하는 프로그램에 수강신청하려고 한다. 문화센터 프로그램 안내표에 대한 설명으로 적절하지 않은 것은?(단, 시간이 겹치는 프로그램은 수강할 수 없다)

〈문화센터 프로그램 안내표〉

프로그램	수강료(3달 기준)	강좌시간
중국어 회화	60,000원	11:00 ~ 12:30
영어 회화	60,000원	10:00 ~ 11:30
지르박	180,000원	13:00 ~ 16:00
차차차	150,000원	12:30 ~ 14:30
자이브	195,000원	14:30 ~ 18:00

① 시간상 S씨가 선택할 수 있는 과목은 최대 2개이다.

② 자이브의 강좌 시간이 가장 길다.

③ 중국어 회화와 차차차를 수강할 때 한 달 수강료는 7만 원이다.

④ 차차차와 자이브를 둘 다 수강할 수 있다.

⑤ 회화 중 하나를 들으면 최소 2과목을 수강할 수 있다.

09 다음은 2020 ~ 2022년 주요 지역별 기온을 나타낸 표이다. 이에 대한 설명으로 옳지 않은 것은?

〈2020 ~ 2022년 주요 지역별 기온〉

(단위 : ℃)

구분	2020년			2021년			2022년		
	최고 기온	최저 기온	평균 기온	최고 기온	최저 기온	평균 기온	최고 기온	최저 기온	평균 기온
서울	28.5	−2.8	13.8	30.1	−0.5	14.2	31.4	0.9	14.8
경기	29.2	−5.2	13.5	31.4	−1.2	13.9	31.9	−0.3	14.1
인천	28.9	−3.4	14.1	30.5	−0.9	14.2	31.5	0.5	15.2
부산	33.5	3.3	16.6	34.1	3.5	17.1	34.8	4.2	17.5
대구	31.8	2.1	16.2	33.2	2.4	16.8	35.2	2.9	17.9
광주	30.2	2.2	16.5	30.6	2.1	16.9	30.8	2.7	17.2
대전	27.9	−1.1	14.4	28.2	0.2	15.1	28.8	0.9	15.4
울산	29.3	1.2	15.5	29.5	1.4	15.9	30.4	2.1	16.1
제주	28.8	5.8	18.2	29.9	6.2	18.8	31.1	6.9	19.2

※ 수도권 : 서울, 경기, 인천

① 2020년부터 2022년까지 수도권의 최고 기온은 ‘경기 – 인천 – 서울’ 순으로 높고, 최저 기온은 역순으로 높다.

② 2020 ~ 2022년에 영하 기온이 있는 지역의 수는 매년 감소하고 있다.

③ 2020 ~ 2022년에 대구의 최고 기온이 부산의 최고 기온보다 높아진 해는 2022년이다.

④ 2021년과 2022년의 모든 지역에서 최고 기온과 최저 기온은 전년 대비 증가했다.

⑤ 2021년 대비 2022년 평균 기온이 1℃ 이상 증가한 지역은 두 곳이다.

10 다음은 30세 이상 성인 남녀 당뇨병 분포를 나타낸 표이다. 이에 대한 설명으로 옳지 않은 것은?

〈30세 이상 성인 남녀 당뇨병 분포〉

(단위 : %)

구분		전체	남자	여자
2013년	전체	11.6	13.3	10.1
	30 ~ 39세	5.8	7.9	3.8
	40 ~ 49세	8.2	9.8	6.5
	50 ~ 59세	18.4	21.9	15.1
	60 ~ 69세	18.8	19.4	18.3
	70세 이상	18.2	18.4	18.1
2022년	전체	9.7	11.6	7.8
	30 ~ 39세	4.1	6.5	1.5
	40 ~ 49세	5.6	6.8	4.4
	50 ~ 59세	13.2	16.6	9.8
	60 ~ 69세	19.9	26.6	14.5
	70세 이상	17.7	14.7	19.5

① 2013년과 2022년 남녀 모두 당뇨병 환자의 비율이 가장 높은 연령대는 60대이다.

② 2022년 남자와 여자의 격차가 가장 큰 연령대는 60대이다.

③ 2013년 남녀의 격차가 가장 작은 연령대는 70세 이상이다.

④ 전체적인 통계로 볼 때 2013년에 비해 2022년에는 당뇨병 환자의 비율이 감소했다.

⑤ 2013년에 비해 2022년의 40대 당뇨병 환자의 비율은 감소했다.

11 S씨는 퇴직 후 네일아트를 전문적으로 하는 뷰티숍을 개점하기 위해서 평소 눈여겨 본 지역의 고객 분포를 알아보기 위해 직접 설문조사를 하였다. 설문조사 결과가 다음과 같을 때, S씨가 이해한 내용으로 가장 적절한 것은?(단, 복수응답과 무응답은 없다)

〈응답자의 연령대별 방문횟수〉

(단위 : 명)

방문횟수 \ 연령대	20 ~ 25세	26 ~ 30세	31 ~ 35세	합계
1회	19	12	3	34
2 ~ 3회	27	32	4	63
4 ~ 5회	6	5	2	13
6회 이상	1	2	0	3
합계	53	51	9	113

〈응답자의 직업〉

(단위 : 명)

직업	응답자
학생	49
회사원	43
공무원	2
전문직	7
자영업	9
가정주부	3
합계	113

① 전체 응답자 중 20 ~ 25세 응답자가 차지하는 비율은 50% 이상이다.

② 26 ~ 30세 응답자 중 4회 이상 방문한 응답자 비율은 10% 이상이다.

③ 31 ~ 35세 응답자의 1인당 평균 방문횟수는 2회 미만이다.

④ 전체 응답자 중 직업이 학생 또는 공무원인 응답자 비율은 50% 이상이다.

⑤ 전체 응답자 중 20 ~ 25세인 전문직 응답자 비율은 5% 미만이다.

12 다음은 세계 로봇 시장과 국내 로봇 시장 규모에 대한 표이다. 이에 대한 설명으로 옳지 않은 것은?

〈세계 로봇 시장 규모〉

(단위 : 백만 달러)

구분	2018년	2019년	2020년	2021년	2022년
개인 서비스용 로봇 시장	636	13,356	1,704	2,134	2,216
전문 서비스용 로봇 시장	3,569	1,224	3,661	4,040	4,600
제조용 로봇 시장	8,278	3,636	9,507	10,193	11,133
합계	12,483	8,496	14,872	16,367	17,949

〈국내 로봇 시장 규모〉

(단위 : 억 원)

구분	생산			수출			수입		
	2020년	2021년	2022년	2020년	2021년	2022년	2020년	2021년	2022년
개인 서비스용 로봇 시장	2,973	3,247	3,256	1,228	944	726	156	181	232
전문 서비스용 로봇 시장	1,318	1,377	2,629	163	154	320	54	182	213
제조용 로봇 시장	20,910	24,671	25,831	6,324	6,694	6,751	2,635	2,834	4,391
합계	25,201	29,295	31,716	7,715	7,792	7,797	2,845	3,197	4,836

① 2022년 세계 개인 서비스용 로봇 시장 규모는 전년 대비 약 3.8% 정도 성장했다.

② 세계 전문 서비스용 로봇 시장 규모는 2020년 이후 꾸준히 성장하는 추세를 보이고 있으며, 2022년 세계 전문 서비스용 로봇 시장 규모는 전체 세계 로봇 시장 규모의 약 27% 이상을 차지하고 있다.

③ 2022년 세계 제조용 로봇 시장은 전년 대비 약 9.2% 성장한 111억 3,300만 달러로 세계 로봇 시장에서 가장 큰 시장 규모를 차지하고 있다.

④ 2022년의 국내 전문 서비스용 로봇의 생산 규모는 전년보다 약 91% 증가했으며, 2022년의 국내 전체 서비스용 로봇의 생산 규모도 전년 대비 약 27.3% 증가했다.

⑤ 2022년의 국내 개인 서비스용 로봇 수출은 전년 대비 약 23.1% 정도 감소하였고, 2022년의 국내 전체 서비스용 로봇 수출은 전년 대비 약 4.7% 정도 감소했다.

※ 다음은 주요산업국의 연도별 연구개발비 추이에 대한 자료이다. 이를 보고 이어지는 질문에 답하시오. **[13~14]**

〈주요산업국 연도별 연구개발비 추이〉

(단위 : 백만 달러)

구분	2017년	2018년	2019년	2020년	2021년
한국	23,587	28,641	33,684	31,304	29,703
중국	29,898	37,664	48,771	66,430	84,933
일본	151,270	148,526	150,791	168,125	169,047
독일	69,317	73,737	84,148	97,457	92,552
영국	39,421	42,693	50,016	47,138	40,291
미국	325,936	350,923	377,594	403,668	401,576

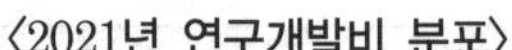

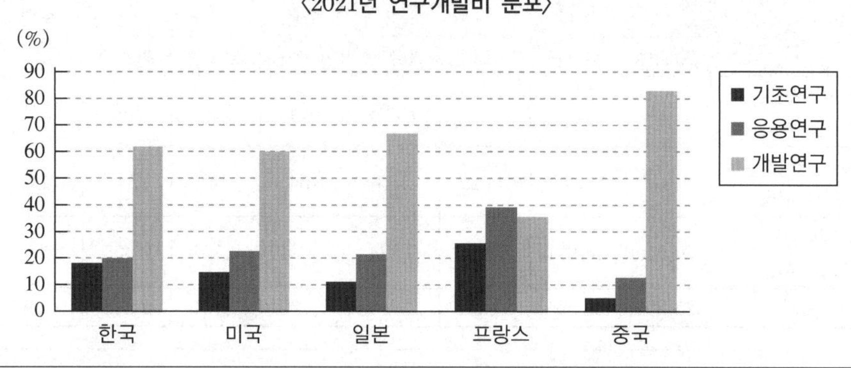

13 다음 중 자료에 대한 〈보기〉의 설명 중 옳은 것을 모두 고르면?

〈보기〉

ㄱ. 2021년 연구개발비가 전년 대비 감소한 곳은 4곳이다.
ㄴ. 2017년에 비해 2021년도 연구개발비 증가율이 가장 높은 곳은 중국이고, 가장 낮은 곳은 일본이다.
ㄷ. 전년 대비 2019년 한국의 연구개발비 증가율은 독일보다 높고, 중국보다 낮다.

① ㄱ ② ㄱ, ㄴ
③ ㄱ, ㄷ ④ ㄴ, ㄷ
⑤ ㄱ, ㄴ, ㄷ

14 2021년 미국의 개발연구비는 한국의 응용연구비의 약 몇 배인가?(단, 소수점 둘째 자리에서 반올림한다)

① 40.2배 ② 40.4배
③ 40.6배 ④ 41.2배
⑤ 41.4배

※ 다음은 연령대별 일자리 규모에 대한 표이다. 이어지는 질문에 답하시오. **[15~16]**

〈연령대별 일자리 규모〉

(단위 : 만 개)

구분	2021년			2022년		
	합계	지속 일자리	신규채용 일자리	합계	지속 일자리	신규채용 일자리
전체	2,302	1,564	738	2,321	1,587	734
19세 이하	26	3	23	25	3	22
20대	332	161	171	331	161	170
30대	545	390	155	529	381	148
40대	623	458	165	617	458	159
50대	516	374	142	531	388	143
60세 이상	260	178	82	288	196	92

15 50대와 60세 이상의 2021년 대비 2022년의 전체 일자리 증가 수를 올바르게 나열한 것은?(비중은 소수점 둘째 자리에서 반올림한다)

	50대	60세 이상
①	100,000개	150,000개
②	100,000개	170,000개
③	150,000개	280,000개
④	150,000개	310,000개
⑤	200,000개	310,000개

16 다음 중 제시된 표에 대한 설명으로 옳지 않은 것은?

① 2022년 전체 일자리 규모에서 20대가 차지하는 비중은 2021년보다 약 0.1%p 감소했다.
② 2022년 전체 일자리 규모 중 30대의 전체 일자리 규모 비중은 20% 이상이다.
③ 2021년 40대의 지속 일자리 규모는 신규채용 일자리 규모의 2.5배 이상이다.
④ 2022년 연령대별 전체 일자리 규모는 2021년보다 모두 증가했다.
⑤ 2022년 전체 일자리 규모는 2021년에 비해 19만 개 증가했다.

17 반도체 메모리의 개발 용량이 다음과 같이 규칙적으로 증가할 때, 2007년에 개발한 메모리의 용량은?

〈연도별 반도체 메모리 개발 용량〉

(단위 : MB)

연도	1999년	2000년	2001년	2002년	2003년
메모리 개발 용량	256	512	1,024	2,048	4,096

① 32,768MB
② 52,428MB
③ 58,982MB
④ 65,536MB
⑤ 78,642MB

18 체력단련을 위해 윤아가 다음과 같은 규칙으로 매일 걷는다고 할 때, 일요일에 윤아가 걷는 거리는?

〈요일별 걷는 거리〉

(단위 : m)

요일	월요일	화요일	수요일	목요일	금요일
걷는 거리	500	600	800	1,200	2,000

① 5,600m
② 6,000m
③ 6,400m
④ 6,800m
⑤ 7,200m

19 어떤 동굴의 한 석순의 길이를 10년 단위로 측정한 결과가 다음과 같은 규칙으로 자랄 때, 2050년에 측정될 석순의 길이는?

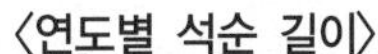
〈연도별 석순 길이〉

(단위 : cm)

연도	1960년	1970년	1980년	1990년	2000년
석순 길이	10	12	13	15	16

① 22cm
② 23cm
③ 24cm
④ 25cm
⑤ 26cm

20 세계 물 위원회에서는 전 세계의 물 문제 해결을 위한 공동 대응을 목적으로 세계 물 포럼을 주기적으로 개최하고 있다. 제1회 세계 물 포럼은 1997년 모로코의 마라케시에서 개최되었고 다음과 같은 규칙으로 개최될 때, 제10회 세계 물 포럼이 개최되는 연도는?

〈세계 물 포럼 개최 연도〉

(단위 : 년)

구분	제1회	제2회	제3회	제4회	제5회
연도	1997	2000	2003	2006	2009

① 2022년
② 2023년
③ 2024년
④ 2025년
⑤ 2026년

제2영역 추리

※ 제시된 명제가 참일 때, 다음 중 빈칸에 들어갈 명제로 가장 적절한 것을 고르시오. [1~3]

01

전제1. 스테이크를 먹는 사람은 지갑이 없다.
전제2. ______________________
결론. 지갑이 있는 사람은 쿠폰을 받는다.

① 스테이크를 먹는 사람은 쿠폰을 받지 않는다.
② 스테이크를 먹지 않는 사람은 쿠폰을 받는다.
③ 쿠폰을 받는 사람은 지갑이 없다.
④ 지갑이 없는 사람은 쿠폰을 받지 않는다.
⑤ 지갑이 없는 사람은 스테이크를 먹지 않는다.

02

전제1. 광물은 매우 규칙적인 원자 배열을 가지고 있다.
전제2. 다이아몬드는 광물이다.
결론. ______________________

① 다이아몬드는 매우 규칙적인 원자 배열을 가지고 있다.
② 광물이 아니면 규칙적인 원자 배열을 가지고 있지 않다.
③ 다이아몬드가 아니면 광물이 아니다.
④ 광물은 다이아몬드이다.
⑤ 광물이 아니면 다이아몬드이다.

03

전제1. 음악을 좋아하는 사람은 상상력이 풍부하다.
전제2. 음악을 좋아하지 않는 사람은 노란색을 좋아하지 않는다.
결론. ______________________

① 노란색을 좋아하지 않는 사람은 음악을 좋아한다.
② 음악을 좋아하지 않는 사람은 상상력이 풍부하지 않다.
③ 상상력이 풍부한 사람은 노란색을 좋아하지 않는다.
④ 노란색을 좋아하는 사람은 상상력이 풍부하다.
⑤ 상상력이 풍부하지 않은 사람은 음악을 좋아한다.

04 **A～D 네 사람만 참여한 달리기 시합에서 동순위 없이 순위가 완전히 결정되었고, A, B, C는 각자 다음과 같이 진술하였다. 이들의 진술이 자신보다 낮은 순위의 사람에 대한 진술이라면 참이고, 높은 순위의 사람에 대한 진술이라면 거짓이라고 할 때, 반드시 참인 것은?**

> • A : C는 1위이거나 2위이다.
> • B : D는 3위이거나 4위이다.
> • C : D는 2위이다.

① A는 1위이다.
② B는 2위이다.
③ D는 4위이다.
④ A가 B보다 순위가 높다.
⑤ C가 D보다 순위가 높다.

05 **낮 12시경 준표네 집에 도둑이 들었다. 목격자에 의하면 도둑은 한 명이다. 이 사건의 용의자로는 A～E가 있고, 다음에는 이들의 진술 내용이 기록되어 있다. 이 다섯 사람 중 오직 두 명만이 거짓말을 하고 있으며 거짓말을 하는 두 명 중 한 명이 범인이라면, 누가 범인인가?**

> A : 나는 사건이 일어난 낮 12시에 학교에 있었어.
> B : 그날 낮 12시에 나는 A, C와 함께 있었어.
> C : B는 그날 낮 12시에 A와 부산에 있었어.
> D : B의 진술은 참이야.
> E : C는 그날 낮 12시에 나와 단 둘이 함께 있었어.

① A ② B
③ C ④ D
⑤ E

06 A～D는 취미로 꽃꽂이, 댄스, 축구, 농구 중에 한 가지 활동을 한다. 취미는 서로 겹치지 않으며, 모든 사람은 취미 활동을 한다. 다음 〈조건〉을 바탕으로 항상 참인 것은?

〈조건〉

- A는 축구와 농구 중에 한 가지 활동을 한다.
- B는 꽃꽂이와 축구 중에 한 가지 활동을 한다.
- C의 취미는 꽃꽂이를 하는 것이다.

① B는 축구 활동을, D는 농구 활동을 한다.

② A는 농구 활동을, D는 댄스 활동을 한다.

③ A는 댄스 활동을, B는 축구 활동을 한다.

④ B는 축구 활동을 하지 않으며, D는 댄스 활동을 한다.

⑤ A는 농구 활동을 하지 않으며, D는 댄스 활동을 하지 않는다.

07 다음 글을 읽고 착한 사람을 모두 고르면?(단, 5명은 착한 사람 아니면 나쁜 사람이며, 중간적인 성향은 없다)

두준 : 나는 착한 사람이다.
요섭 : 두준이가 착한 사람이면 준형이도 착한 사람이다.
기광 : 준형이가 나쁜 사람이면 두준이도 나쁜 사람이다.
준형 : 두준이가 착한 사람이면 동운이도 착한 사람이다.
동운 : 두준이는 나쁜 사람이다.

A : 5명 중 3명은 항상 진실만을 말하는 착한 사람이고, 2명은 항상 거짓말만 하는 나쁜 사람이야. 위의 얘기만 봐도 누가 착한 사람이고, 누가 나쁜 사람인지 알 수 있지.
B : 위 얘기만 봐서는 알 수 없는 거 아냐? 아 잠시만. 알았다. 위 얘기만 봤을 때, 모순되지 않으면서 착한 사람이 3명일 수 있는 경우는 하나밖에 없구나.
A : 그걸 바로 알아차리다니 대단한데?

① 요섭, 기광, 동운
② 요섭, 기광, 준형
③ 두준, 요섭, 기광
④ 요섭, 준형, 동운
⑤ 두준, 준형, 동운

08 **S사는 자율출퇴근제를 시행하고 있다. 출근시간은 12시 이전에 자유롭게 할 수 있으며 본인 업무를 마치면 바로 퇴근한다. 다음 1월 28일의 업무에 대한 일지를 고려하였을 때, 항상 참인 것은?**

- 점심시간은 12시부터 1시까지이며, 점심시간에는 업무를 하지 않는다.
- 업무 1개당 1시간이 소요되며, 출근하자마자 업무를 시작하여 쉬는 시간 없이 근무한다.
- S사에 근무 중인 K팀의 A, B, C, D는 1월 28일에 전원 출근했다.
- A와 B는 오전 10시에 출근했다.
- B와 D는 오후 3시에 퇴근했다.
- C는 팀에서 업무가 가장 적어 가장 늦게 출근하고 가장 빨리 퇴근했다.
- D는 B보다 업무가 1개 더 많았다.
- A는 C보다 업무가 3개 더 많았고, 팀에서 가장 늦게 퇴근했다.
- 이날 K팀은 가장 늦게 출근한 사람과 가장 늦게 퇴근한 사람을 기준으로, 오전 11시에 모두 출근하였으며 오후 4시에 모두 퇴근한 것으로 보고되었다.

① A는 4개의 업무를 하고 퇴근했다.
② B의 업무는 A의 업무보다 많았다.
③ C는 2시에 퇴근했다.
④ A와 B는 팀에서 가장 빨리 출근했다.
⑤ 업무를 마친 C가 D의 업무 중 1개를 대신 했다면 D와 같이 퇴근할 수 있었다.

09 **작곡가 A ~ D는 각각 피아노, 바이올린, 트럼펫, 플루트를 연주한다. 또한 피아노를 연주하는 사람은 재즈를, 트럼펫과 바이올린을 연주하는 사람은 클래식을, 플루트를 연주하는 사람은 재즈와 클래식 모두를 연주한다. A ~ D 중 한 사람만 진실을 이야기 했을 때, 다음 〈보기〉 중 옳은 것을 모두 고르면?(단, 악기는 중복 없이 한 사람당 한 악기만 연주할 수 있고 거짓은 모든 진술을 부정한다)**

A : 나는 피아노를 연주하지 않고, D는 트럼펫을 연주해.
B : A는 플루트를 연주하지 않고, 나는 바이올린을 연주해.
C : B는 피아노를 연주하고, D는 바이올린을 연주해.
D : A는 플루트를 연주하고, C는 트럼펫을 연주하지 않아.

〈보기〉

ㄱ. A는 재즈를, C는 클래식을 연주한다.
ㄴ. B는 클래식을 연주한다.
ㄷ. C는 재즈와 클래식을 모두 연주한다.

① ㄱ
② ㄴ
③ ㄷ
④ ㄱ, ㄴ
⑤ ㄴ, ㄷ

10 A ~ F는 경기장에서 배드민턴 시합을 하기로 하였다. 경기장에 도착하는 순서대로 다음과 같은 토너먼트 배치표의 1 ~ 6에 한 사람씩 배치한 후 모두 도착하면 토너먼트 경기를 하기로 하였다. 다음 〈조건〉을 바탕으로 항상 거짓인 것은?

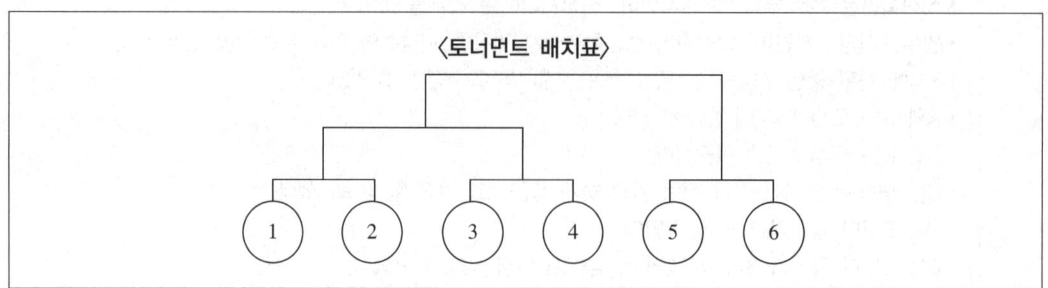

〈조건〉

- C는 A 바로 뒤에 도착하였다.
- F는 마지막으로 도착하였다.
- E는 D보다 먼저 도착하였다.
- B는 두 번째로 도착하였다.
- D는 C보다 먼저 도착하였다.

① E는 가장 먼저 경기장에 도착하였다.
② B는 최대 3번까지 경기를 하게 된다.
③ A는 최대 2번까지 경기를 하게 된다.
④ C는 다섯 번째로 도착하여 최대 2번까지 경기를 하게 된다.
⑤ D는 첫 번째 경기에서 A와 승부를 겨룬다.

※ 다음 제시된 도형의 규칙을 보고 물음표에 들어갈 도형으로 가장 적절한 것을 고르시오. [11~14]

11

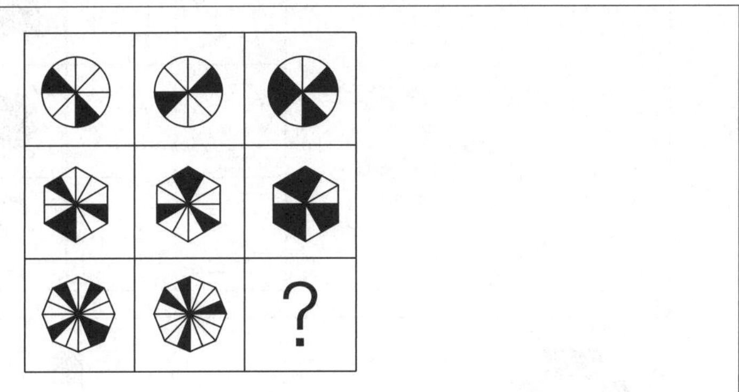

① 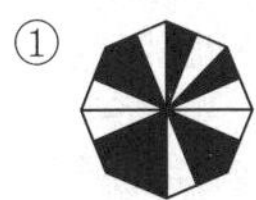

② 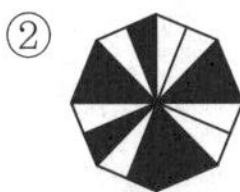

③ 

④ 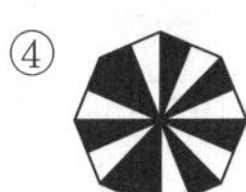

⑤

12

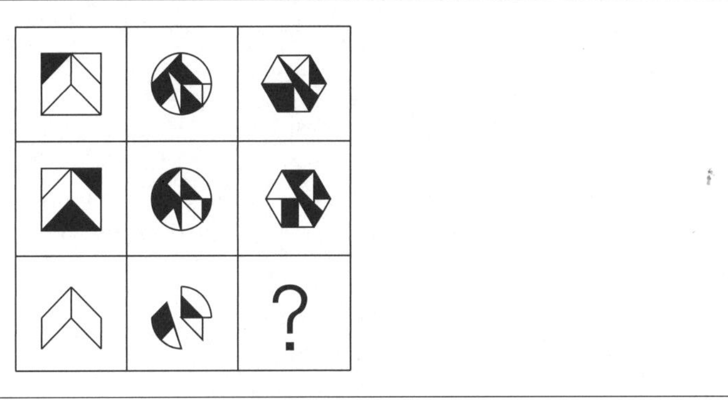

① 

② 

③ 

④ 

⑤

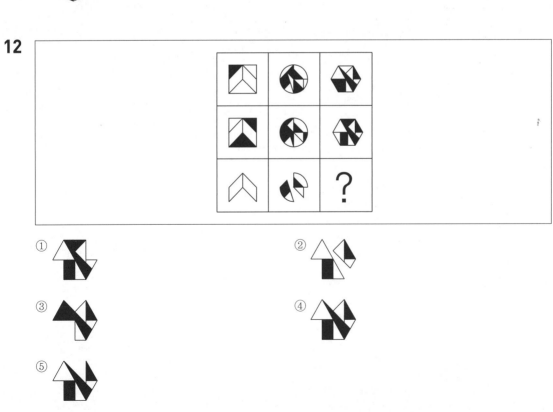

13

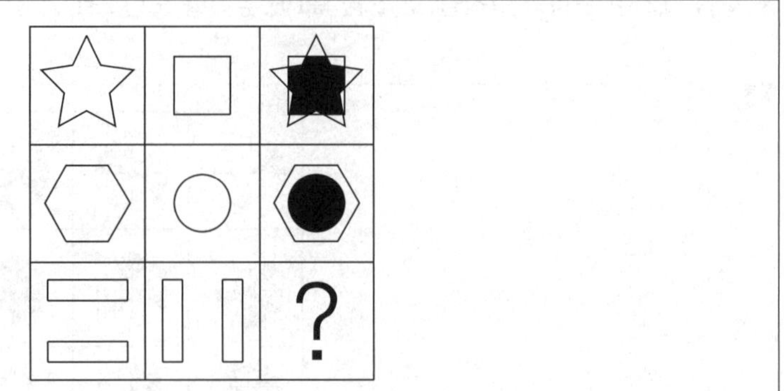

① 

② 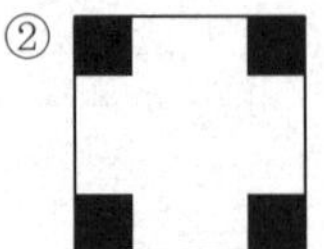

③ 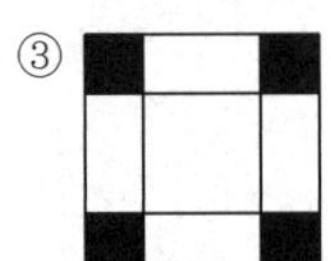

④ 

⑤ 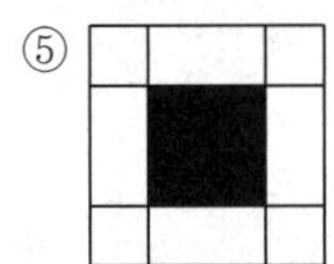

14

① 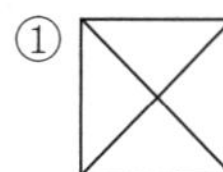

② 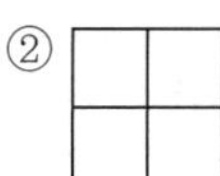

③ 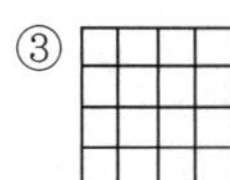

④ 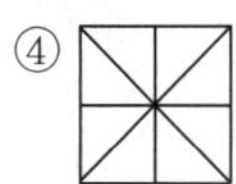

⑤ 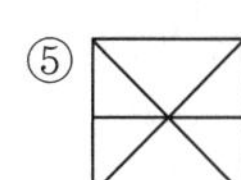

※ 다음 도식에서 기호들은 일정한 규칙에 따라 문자를 변화시킨다. 물음표에 들어갈 적절한 문자를 고르시오 (단, 규칙은 가로와 세로 중 한 방향으로만 적용된다). **[15~18]**

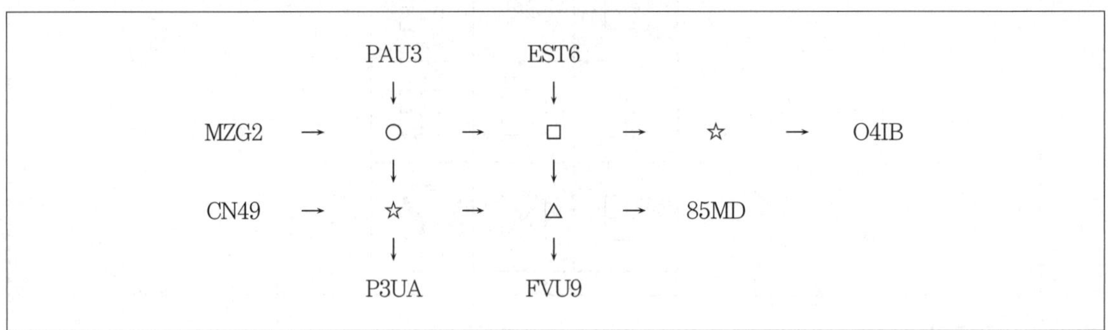

15

JLMP → ○ → □ → ?

① NORL
② LNOK
③ RONL
④ MPQM
⑤ ONKK

16

DRFT → □ → ☆ → ?

① THVF
② EUGW
③ SGQE
④ VHTF
⑤ DTFR

17

8TK1 → △ → ○ → ?

① 81KT
② 9WL4
③ UJ27
④ KT81
⑤ 0LS9

18

F752 → ☆ → □ → △ → ?

① 348E
② 57F2
③ 974H
④ 388I
⑤ 663E

※ 다음 도식에서 기호들은 일정한 규칙에 따라 문자를 변화시킨다. 물음표에 들어갈 적절한 문자를 고르시오 (단, 규칙은 가로와 세로 중 한 방향으로만 적용되며, 모음은 일반모음 10개만 세는 것을 기준으로 한다). **[19~22]**

		ㄹㄴㅍㅌ		ㅛㅜㅕㅣ		
		↓		↓		
8579	→	Σ	→	Φ	→	63573
		↓		↓		
1264	→	Δ	→	Σ	→	46216
		↓		↓		
Rose	→	Φ	→	Ω	→	cPmq
		↓		↓		
		ㅎㅊㅋㅎㄴ		ㅗㅕㅗㅑㅠ		

19

ㅁjㅓi → Ω → Φ → ?

① hㅏgㄷ
② gㄷhㅏ
③ ㅓㄷhg
④ fㄷgㅏ
⑤ fㅏgㄷ

20

ㅗㅊㄷㅑ → Φ → ? → ㅓㅇㄱㅣㅇ

① Σ
② Δ
③ Φ
④ Ω
⑤ Σ → Δ

21

2ㄴㅠBㅎ → Δ → Σ → ?

① ㅎㅠㄴ2ㅜB
② ㅎBㅠㄴ2B
③ ㄱAㅠㄴ2A
④ ㄱBㅠㄴ3B
⑤ ㅎㅠBㄱ2A

22

ㅏㅜ8ㅋㅑ → ? → Φ → Ω → ㅗㅡㅗ6ㅈㅣ

① Σ
② Δ
③ Φ
④ Ω
⑤ Σ → Δ

※ 다음 중 제시된 문단을 논리적 순서대로 바르게 나열한 것을 고르시오. [23~25]

23

(가) 상품의 가격은 기본적으로 수요와 공급의 힘으로 결정된다. 시장에 참여하고 있는 경제 주체들은 자신이 가진 정보를 기초로 하여 수요와 공급을 결정한다.

(나) 이런 경우에는 상품의 가격이 우리의 상식으로는 도저히 이해하기 힘든 수준까지 일시적으로 뛰어오르는 현상이 나타날 가능성이 있다. 이런 현상은 특히 투기의 대상이 되는 자산의 경우 자주 나타나는데, 우리는 이를 '거품 현상'이라고 부른다.

(다) 그러나 현실에서는 사람들이 서로 다른 정보를 갖고 시장에 참여하는 경우가 많다. 어떤 사람은 특정한 정보를 갖고 있는데 거래 상대방은 그 정보를 갖고 있지 못한 경우도 있다.

(라) 일반적으로 거품 현상이란 것은 어떤 상품 – 특히 자산 – 의 가격이 지속해서 급격히 상승하는 현상을 가리킨다. 이와 같은 지속적인 가격 상승이 일어나는 이유는 애초에 발생한 가격 상승이 추가적인 가격 상승의 기대로 이어져 투기 바람이 형성되기 때문이다.

(마) 이들이 똑같은 정보를 함께 갖고 있으며 이 정보가 아주 틀린 것이 아닌 한, 상품의 가격은 어떤 기본적인 수준에서 크게 벗어나지 않을 것이라고 예상할 수 있다.

① (라) – (가) – (다) – (마) – (나)
② (라) – (가) – (다) – (나) – (마)
③ (가) – (다) – (나) – (라) – (마)
④ (가) – (마) – (다) – (나) – (라)
⑤ (라) – (다) – (가) – (나) – (마)

24

(가) 오히려 클레나 몬드리안의 작품을 우리 조각보의 멋에 비견되는 것으로 보아야 할 것이다. 조각보는 몬드리안이나 클레의 작품보다 100여 년 이상 앞서 제작된 공간 구성미를 가진 작품이며, 시대적으로 앞설 뿐 아니라 평범한 여성들의 일상에서 시작되었다는 점 그리고 정형화되지 않은 색채감과 구성미로 독특한 예술성을 지닌다는 점에서 차별화된 가치를 지닌다.

(나) 조각보는 일상생활에서 쓰다 남은 자투리 천을 이어서 만든 것으로, 옛 서민들의 절약 정신과 소박한 미의식을 보여준다. 조각보의 색채와 공간구성 면은 공간 분할의 추상화가로 유명한 클레(Paul Klee)나 몬드리안(Peit Mondrian)의 작품과 비견되곤 한다. 그만큼 아름답고 훌륭한 조형미를 지녔다는 의미이기도 하지만 일견 돌이켜 보면 이것은 잘못된 비교이다.

(다) 기하학적 추상을 표방했던 몬드리안의 작품보다 세련된 색상 배치로 각 색상이 가진 느낌을 살렸으며, 동양적 정서가 담김 '오방색'이라는 원색을 통해 강렬한 추상성을 지닌다. 또한 조각보를 만드는 과정과 그 작업의 내면에 가족의 건강과 행복을 기원하는 마음이 담겨 있어 단순한 오브제이기 이전에 기복신앙적인 부분이 있다. 조각보가 아름답게 느껴지는 이유는 이처럼 일상 속에서 삶과 예술을 함께 담았기 때문일 것이다.

① (가) – (나) – (다)
② (나) – (가) – (다)
③ (나) – (다) – (가)
④ (다) – (가) – (나)
⑤ (다) – (나) – (가)

25

(가) 개념사를 역사학의 한 분과로 발전시킨 독일의 역사학자 코젤렉은 '개념은 실재의 지표이자 요소'라고 하였다. 이 말은 실타래처럼 얽혀 있는 개념과 정치・사회적 실재, 개념과 역사적 실재의 관계를 정리하기 위한 중요한 지침으로 작용한다. 그에 의하면 개념은 정치적 사건이나 사회적 변화 등의 실재를 반영하는 거울인 동시에 정치・사회적 사건과 변화의 실제적 요소이다.

(나) 개념은 정치적 사건과 사회적 변화 등에 직접 관련되어 있거나 그것을 기록, 해석하는 다양한 주체들에 의해 사용된다. 이러한 주체들, 즉 '역사 행위자'들이 사용하는 개념은 여러 의미가 포개어진 층을 이룬다. 개념사에서는 사회・역사적 현실과 관련하여 이러한 층들을 파헤치면서 개념이 어떻게 사용되어 왔는가, 이 과정에서 그 의미가 어떻게 변화했는가, 어떤 함의들이 거기에 투영되었는가, 그 개념이 어떠한 방식으로 작동했는가 등에 대해 탐구한다.

(다) 이상에서 보듯이 개념사에서는 개념과 실재를 대조하고 과거와 현재의 개념을 대조함으로써, 그 개념이 대응하는 실재를 정확히 드러내고 있는가, 아니면 실재의 이해를 방해하고 더 나아가 왜곡하는가를 탐구한다. 이를 통해 코젤렉은 과거에 대한 '단 하나의 올바른 묘사'를 주장하는 근대 역사학의 방법을 비판하고, 과거의 역사 행위자가 구성한 역사적 실재와 현재 역사가가 만든 역사적 실재를 의미있게 소통시키고자 했다.

(라) 사람들이 '자유', '민주', '평화' 등과 같은 개념들을 사용할 때, 그 개념이 서로 같은 의미를 갖는 것은 아니다. '자유'의 경우, '구속받지 않는 상태'를 강조하는 개념으로 쓰이는가 하면, '자발성'이나 '적극적인 참여'를 강조하는 개념으로 쓰이기도 한다. 이러한 정의와 해석의 차이로 인해 개념에 대한 논란과 논쟁이 늘 있어 왔다. 바로 이러한 현상에 주목하여 출현한 것이 코젤렉의 '개념사'이다.

(마) 또한 개념사에서는 '무엇을 이야기 하는가.'보다는 '어떤 개념을 사용하면서 그것을 이야기하는가.'에 관심을 갖는다. 개념사에서는 과거의 역사 행위자가 자신이 경험한 '현재'를 서술할 때 사용한 개념과 오늘날의 입장에서 '과거'의 역사 서술을 이해하기 위해 사용한 개념의 차이를 밝힌다. 그리고 과거의 역사를 현재의 역사로 번역하면서 양자가 어떻게 수렴될 수 있는가를 밝히는 절차를 밟는다.

① (라) – (가) – (나) – (마) – (다)
② (라) – (나) – (가) – (다) – (마)
③ (나) – (마) – (가) – (다) – (라)
④ (라) – (마) – (나) – (다) – (가)
⑤ (가) – (나) – (다) – (라) – (마)

26 다음 제시된 문단을 읽고, 이어질 문단을 논리적 순서대로 바르게 나열한 것은?

> 오늘날과 달리 과거에는 마을에서 일어난 일들을 '원님'이 조사하고 그에 따라서 자의적으로 판단하여 형벌을 내렸다. 현대에서 법에 의하지 않고 재판행위자의 입장에서 이루어진다고 생각되는 재판을 비판하는 '원님재판'이라는 용어의 원류이다.

> (가) 죄형법정주의는 앞서 말한 '원님재판'을 법적으로 일컫는 죄형전단주의와 대립되는데, 범죄와 형벌을 미리 규정하여야 한다는 것으로서, 서구에서 권력자의 가혹하고 자의적인 법 해석에 따른 반발로 등장한 것이다.
> (나) 앞서 살펴본 죄형법정주의가 정립되면서 파생원칙 또한 등장하였는데, 관습형법금지의 원칙, 명확성의 원칙, 유추해석금지의 원칙, 소급효금지의 원칙, 적정성의 원칙 등이 있다. 이러한 파생원칙들은 모두 죄와 형벌은 미리 설정된 법에 근거하여 정확하게 내려져야 한다는 죄형법정주의의 원칙과 연관하여 쉽게 이해될 수 있다.
> (다) 그러나 현대에서 '원님재판'은 이루어질 수 없다. 형사법의 영역에 논의를 한정하여 보자면, 형사법을 전반적으로 지배하고 있는 대원칙은 형법 제1조에 규정되어있는 소위 '죄형법정주의'이다.
> (라) 그 반발은 프랑스 혁명의 결과물인 '인간 및 시민의 권리선언' 제8조에서 '누구든지 범죄 이전에 제정·공포되고 또한 적법하게 적용된 법률에 의하지 아니하고는 처벌되지 아니한다.'라고 하여 실질화되었다.

① (다) – (가) – (나) – (라)
② (가) – (다) – (라) – (나)
③ (다) – (라) – (가) – (나)
④ (다) – (가) – (라) – (나)
⑤ (가) – (다) – (나) – (라)

27 다음 제시문을 읽고 추론한 내용으로 옳은 것은?

> 두뇌 연구는 지금까지 뉴런을 중심으로 진행되어 왔다. 뉴런 연구로 노벨상을 받은 카얄은 뉴런이 '생각의 전화선'이라는 이론을 확립하여 사고와 기억 등 두뇌에서 일어나는 모든 현상을 뉴런의 연결망과 뉴런 간의 전기 신호로 설명했다. 그러나 두뇌에는 뉴런 외에도 신경교 세포가 존재한다. 신경교 세포는 뉴런처럼 그 수가 많지만 전기 신호를 전달하지 못한다. 이 때문에 과학자들은 신경교 세포가 단지 두뇌 유지에 필요한 영양 공급과 두뇌 보호를 위한 전기 절연의 역할만을 가진다고 여겼다.
> 최근 과학자들은 신경교 세포에서 그 이상의 기능을 발견했다. 신경교 세포 중에도 '성상세포'라 불리는 별 모양의 세포는 자신만의 화학적 신호를 가진다는 것이 밝혀졌다. 성상세포는 뉴런처럼 전기를 이용하지는 않지만, '뉴런송신기'라고 불리는 화학물질을 방출하고 감지한다. 과학자들은 이러한 화학적 신호의 연쇄반응을 통해 신경교 세포가 전체 뉴런을 조정한다고 추론했다.
> A연구팀은 신경교 세포가 전체 뉴런을 조정하면서 기억력과 사고력을 향상시킨다고 예상하고서, 이를 확인하기 위해 인간의 신경교 세포를 갓 태어난 생쥐의 두뇌에 주입했다. 쥐가 자라면서 주입된 인간의 신경교 세포도 성장했다. 이 세포들은 쥐의 뉴런들과 완벽하게 결합되어 쥐의 두뇌 전체에 걸쳐 퍼지게 되었다. 심지어 어느 두뇌 영역에서는 쥐의 뉴런의 숫자를 능가하기도 했다. 뉴런과 달리 쥐와 인간의 신경교 세포는 비교적 쉽게 구별된다. 인간의 신경교 세포는 매우 길고 무성한 섬유질을 가지기 때문이다. 쥐에 주입된 인간의 신경교 세포는 그 기능을 그대로 간직한다. 그렇게 성장한 쥐들은 다른 쥐들과 잘 어울렸고, 다른 쥐들의 관심을 끄는 것에 흥미를 보였다. 이 쥐들은 미로를 통과해 치즈를 찾는 테스트에서 더 뛰어났다. 보통의 쥐들은 네다섯 번의 시도 끝에 올바른 길을 배웠지만, 인간의 신경교 세포를 주입받은 쥐들은 두 번 만에 학습했다.

① 인간의 신경교 세포를 쥐에게 주입하면, 쥐의 뉴런은 전기 신호를 전달하지 못할 것이다.
② 인간의 뉴런 세포를 쥐에게 주입하면, 쥐의 두뇌에는 화학적 신호의 연쇄 반응이 더 활발해질 것이다.
③ 인간의 뉴런 세포를 쥐에게 주입하면, 그 뉴런 세포는 쥐의 두뇌 유지에 필요한 영양을 공급할 것이다.
④ 인간의 신경교 세포를 쥐에게 주입하면, 그 신경교 세포는 쥐의 뉴런을 보다 효과적으로 조정할 것이다.
⑤ 인간의 신경교 세포를 쥐에게 주입하면, 그 신경교 세포는 쥐의 신경교 세포의 기능을 갖도록 변화할 것이다.

28 다음 제시문을 읽고 추론한 내용으로 적절하지 않은 것은?

태양 빛은 흰색으로 보이지만 실제로는 다양한 파장의 가시광선이 혼합되어 나타난 것이다. 프리즘을 통과시키면 흰색 가시광선은 파장에 따라 붉은빛부터 보랏빛까지의 무지갯빛으로 분해된다. 가시광선의 파장 범위는 390 ~ 780nm* 정도인데 보랏빛이 가장 짧고 붉은빛이 가장 길다. 빛의 진동수는 파장과 반비례하므로 진동수는 보랏빛이 가장 크고 붉은빛이 가장 작다. 태양 빛이 대기층에 입사하여 산소나 질소 분자와 같은 공기 입자(직경 0.1 ~ 1nm 정도), 먼지 미립자, 에어로졸**(직경 1 ~ 100,000nm 정도) 등과 부딪치면 여러 방향으로 흩어지는데 이러한 현상을 산란이라 한다. 산란은 입자의 직경과 빛의 파장에 따라 '레일리(Rayleigh) 산란'과 '미(Mie) 산란'으로 구분된다.

레일리 산란은 입자의 직경이 파장의 1/10보다 작을 경우에 일어나는 산란을 말하는데 그 세기는 파장의 네제곱에 반비례한다. 대기의 공기 입자는 직경이 매우 작아 가시광선 중 파장이 짧은 빛을 주로 산란시키며, 파장이 짧을수록 산란의 세기가 강하다. 따라서 맑은 날에는 주로 공기 입자에 의한 레일리 산란이 일어나서 보랏빛이나 파란빛이 강하게 산란되는 반면 붉은빛이나 노란빛은 약하게 산란된다. 산란되는 세기로는 보랏빛이 가장 강하겠지만, 우리 눈은 보랏빛보다 파란빛을 더 잘 감지하기 때문에 하늘은 파랗게 보이는 것이다. 만약 태양 빛이 공기 입자보다 큰 입자에 의해 레일리 산란이 일어나면 공기 입자만으로는 산란이 잘되지 않던 긴 파장의 빛까지 산란되어 하늘의 파란빛은 상대적으로 엷어진다.

미 산란은 입자의 직경이 파장의 1/10보다 큰 경우에 일어나는 산란을 말하는데 주로 에어로졸이나 구름 입자 등에 의해 일어난다. 이때 산란의 세기는 파장이나 입자 크기에 따른 차이가 거의 없다. 구름이 흰색으로 보이는 것은 미 산란으로 설명된다. 구름 입자(직경 20,000nm 정도)처럼 입자의 직경이 가시광선의 파장보다 매우 큰 경우에는 모든 파장의 빛이 고루 산란된다. 이 산란된 빛이 동시에 우리 눈에 들어오면 모든 무지갯빛이 혼합되어 구름이 하얗게 보인다. 이처럼 대기가 없는 달과 달리 지구는 산란 효과에 의해 파란 하늘과 흰 구름을 볼 수 있다.

*나노미터 : 물리학적 계량 단위(1nm=10^{-9}m)
**에어로졸 : 대기에 분산된 고체 또는 액체 입자

① 가시광선의 파란빛은 보랏빛보다 진동수가 작다.
② 프리즘으로 분해한 태양 빛을 다시 모으면 흰색이 된다.
③ 파란빛은 가시광선 중에서 레일리 산란의 세기가 가장 크다.
④ 빛의 진동수가 2배가 되면 레일리 산란의 세기는 16배가 된다.
⑤ 달의 하늘에서는 공기 입자에 의한 태양 빛의 산란이 일어나지 않는다.

29 다음 밑줄 친 '정원'에 대한 설명으로 적절하지 않은 것은?

> 야생의 자연이라는 이상을 고집하는 자연 애호가들은 인류가 자연과 내밀하면서도 창조적인 관계를 맺었던 반(反)야생의 자연, 즉 '<u>정원</u>'을 간과한다. 정원은 울타리를 통해 농경지보다 야생의 자연과 분명한 경계를 긋는다. 집약적인 토지 이용이라는 전통은 정원에서 시작되었다. 정원은 대규모의 농경지 경작이 행해지지 않은 원시적인 문화에서도 발견된다. 만여 종의 경작용 식물들은 모두 대량 생산에 들어가기 전에 정원에서 자라는 단계를 거쳐 온 것으로 보인다.
> 농업경제의 역사에서 정원이 갖는 의미는 시대와 지역에 따라 매우 달랐다. 좁은 공간에서 집약적인 농사를 짓는 지역에서는 농부가 곧 정원사였다. 반면 예전의 독일 농부들은 정원이 곡물 경작에 사용될 퇴비를 앗아 가므로 정원을 악으로 여기기도 했다. 하지만 여성들의 입장은 지역적인 편차가 없었다. 아메리카의 푸에블로 인디언부터 근대 독일의 농부 집안까지 정원은 농업 혁신에 주도적인 역할을 해온 여성들에게는 자신들의 제국이자 자존심이었다. 그곳에는 여성들이 경험을 통해 쌓은 지식 전통이 살아 있었다. 환경사에서 여성이 갖는 특별한 역할의 물질적 근간은 대부분 정원에서 발견된다. 지난 세기들의 경우 이는 특히 여성 제후들과 관련되어 있으며 자료가 풍부하다. 작센의 여성 제후인 안나는 식물에 관한 지식을 늘 공유했던 긴밀하고도 광범위한 사회적 네트워크를 가지고 있었는데, 그중에는 식물 경제학에 관심이 깊은 고귀한 신분의 여성들도 많았으며 수도원 소속의 여성들도 있었다.
> 여성들이 정원에서 쌓은 경험의 특징은 무엇일까? 정원에서는 땅을 면밀히 살피고 손으로 흙을 부스러뜨리는 습관이 생겨났을 것이다. 정원에서 즐겨 이용되는 삽도 다양한 토질의 층을 자세히 연구하도록 부추겼을 것이 분명하다. 넓은 경작지보다는 정원에서 땅을 다룰 때 더 아끼고 보호했을 것이다. 정원이라는 매우 제한된 공간에는 옛날에도 충분한 퇴비를 줄 수 있었다. 경작지보다도 다양한 종류의 퇴비로 실험할 수 있었고 새로운 작물을 키우며 경험을 수집할 수 있었다. 정원에서는 좁은 공간에서 다양한 식물이 자라기 때문에 모든 종류의 식물들이 서로 잘 지내지는 않는다는 사실에도 주의를 기울였다. 이는 식물 생태학의 근간을 이루는 통찰이었다.
> 결론적으로 정원은 여성들이 주도가 되어 토양과 식물을 이해하고, 농경지 경작에 유용한 지식과 경험을 배양할 수 있는 좋은 장소였다.

① 울타리를 통해 야생의 자연과 분명한 경계를 긋는다.
② 집약적 토지 이용의 전통이 시작된 곳으로 원시적인 문화에서도 발견된다.
③ 시대와 지역에 따라 정원에 대한 여성들의 입장이 달랐다.
④ 정원에서는 모든 종류의 식물들이 서로 잘 지내지는 않는다.
⑤ 여성이 갖는 특별한 역할의 물질적 근간이 대부분 발견되는 곳이다.

30 다음 중 제시문의 내용으로 적절하지 않은 것은?

최근 국내 건설업계에서는 3D 프린팅 기술을 건설 분야와 접목하고자 노력하고 있다. 해외 건설사들도 3D 프린팅 기술을 이용한 건축 시장을 선점하기 위한 경쟁이 활발히 이루어지고 있으며 이미 미국 텍사스 지역에서 3D 프린팅 기술을 이용하여 주택 4채를 1주일 만에 완공한 바 있다. 또한 우리나라에서도 인공 조경벽 등 건설 현장에서 3D 프린팅 건축물을 차차 도입해가고 있다.

왜 건설업계에서는 3D 프린팅 기술을 주목하게 되었을까? 3D 프린팅 건축 방식은 전통 건축 방식과 비교하여 비용을 절감할 수 있고 공사 기간이 단축되는 점을 장점으로 꼽을 수 있다. 특히 공사 기간이 짧은 점은 천재지변으로 인한 이재민 등을 위한 주거시설을 빠르게 준비할 수 있다는 점에서 호평받고 있다. 또한 전통 건축 방식으로는 구현하기 힘든 다양한 디자인을 구현할 수 있는 점과 건축 폐기물 감소 및 CO_2 배출량 감소 등 환경보호 면에서도 긍정적인 평가를 받고 있으며 각 국가 간 이해관계 충돌로 인한 직・간접적 자재 수급난을 해결할 수 있는 점도 긍정적 평가를 받는 요인이다.

어떻게 3D 프린터로 건축물을 세우는 것일까? 먼저 일반적인 3D 프린팅의 과정을 알아야 한다. 일반적인 3D 프린팅은 컴퓨터로 물체를 3D 형태로 모델링한 후 용융성 플라스틱이나 금속 등을 3D 프린터 노즐을 통해 분사하여 아래부터 층별로 겹겹이 쌓는 과정을 거친다.

3D 프린팅 건축 방식도 마찬가지이다. 컴퓨터를 통해 건축물을 모델링 후 모델링한 정보에 따라 콘크리트, 금속, 폴리머 등의 건축자재를 노즐을 통해 분사시켜 층층이 쌓아 올리면서 컴퓨터로 설계한 대로 건축물을 만든다. 기계가 대신 건축물을 만든다는 점에서 사람의 힘으로 한계가 있는 기존 건축방식의 해결은 물론 코로나19 사태로 인한 인건비 상승 및 전문인력 수급난을 해결할 수 있다는 점 또한 호평받고 있다.

하지만 아쉽게도 우리나라에서의 3D 프린팅 건설 사업은 관련 인증 및 안전 규정 미비 등의 제도적 한계와 기술적 한계가 있어 상용화 단계가 이루어지기는 힘들다. 특히 3D 프린터로 구조물을 적층하여 구조물을 쌓아 올리는 데에는 로봇 팔이 필요한데 아직은 5층 이하의 저층 주택 준공이 한계이고 현 대한민국 주택시장은 고층 아파트 등 고층 건물이 주력이므로 3D 프린터 고층 건축물 제작 기술을 개발해야 한다는 주장도 더러 나오고 있다.

① 이미 해외에서는 3D 프린터를 이용하여 주택을 시공한 바 있다.
② 3D 프린터 건축 기술은 전통 건축 기술과는 달리 환경에 영향을 덜 끼친다.
③ 3D 프린터 건축 기술은 인력난을 해소할 수 있는 새로운 기술이다.
④ 3D 프린터 건축 기술로 인해 대량의 실업자가 발생할 것이다.
⑤ 현재 우리나라는 3D 프린터 건축 기술의 제도적 장치 및 기술적 한계를 해결해야만 하는 과제가 있다.

3권

제1회
삼성 온라인 GSAT

〈문항 수 및 시험시간〉

삼성 온라인 GSAT		
영역	문항 수	시험시간
수리	20문항	30분
추리	30문항	30분

삼성 온라인 GSAT

제1회 모의고사

문항 수 : 50문항
시험시간 : 60분

제 1 영역 수리

01 농도를 알 수 없는 설탕물 500g에 3%의 설탕물 200g을 온전히 섞었더니 섞은 설탕물의 농도는 7%가 되었다. 처음 500g의 설탕물에 녹아있던 설탕은 몇 g인가?

① 40g
② 41g
③ 42g
④ 43g
⑤ 44g

02 어떤 학급에서 이어달리기 대회 대표로 A～E학생 5명 중 3명을 순서와 상관없이 뽑을 수 있는 경우의 수는?

① 5가지
② 10가지
③ 20가지
④ 60가지
⑤ 120가지

03 다음 자료는 어느 나라의 2022년과 2023년의 생산 가능 인구구성의 변화를 나타낸 것이다. 2022년과 비교한 2023년의 상황에 대한 설명으로 옳은 것은?

〈생산 가능 인구구성의 변화〉

구분	취업자	실업자	비경제활동인구
2022년	55%	25%	20%
2023년	43%	27%	30%

※ (생산 가능 인구)=(경제활동인구)+(비경제활동인구)

① 실업자 비율은 감소하였다.
② 경제활동인구 비율은 증가하였다.
③ 취업자 비율의 증감폭이 실업자 비율의 증감폭보다 작다.
④ 비경제활동인구 비율은 감소하였다.
⑤ 취업자 비율과 실업자 비율의 차이는 감소하였다.

04 다음은 2023년 소양강댐의 수질정보에 대한 자료이다. 이에 대한 설명으로 옳지 않은 것은?

〈2023년 소양강댐의 수질정보〉

(단위 : ℃, mg/L)

구분	수온	DO	BOD	COD
1월	5	12.0	1.4	4.1
2월	5	11.5	1.1	4.5
3월	8	11.3	1.3	5.0
4월	13	12.4	1.5	4.6
5월	21	9.4	1.5	6.1
6월	23	7.9	1.3	4.1
7월	27	7.3	2.0	8.9
8월	29	7.1	1.9	6.3
9월	23	6.4	1.7	6.6
10월	20	9.4	1.7	6.9
11월	14	11.0	1.5	5.2
12월	9	11.6	1.4	6.9

※ DO : 용존산소량

※ BOD : 생화학적 산소요구량

※ COD : 화학적 산소요구량

① 조사기간 중 8월의 수온이 가장 높았다.

② DO가 가장 많았을 때와 가장 적었을 때의 차이는 6.0mg/L이다.

③ 소양강댐의 COD는 항상 DO보다 적었다.

④ 7월 대비 12월의 소양강댐의 BOD 감소율은 25% 이상이다.

⑤ DO는 대체로 여름철보다 겨울철에 더 높았다.

05 다음은 연도별 회식참여율에 대한 자료이다. 이에 대한 설명으로 옳지 않은 것은?

〈연도별 회식참여율〉

(단위 : %)

구분		2000년	2010년	2020년
성별	남성	88	61	44
	여성	68	55	34
연령대별	20대	94	68	32
	30대	81	63	34
	40대	77	58	47
	50대	86	54	51
직급별	사원	91	75	51
	대리	88	64	38
	과장	74	55	42
	부장	76	54	48
지역별	수도권	91	63	41
	수도권 외	84	58	44

① 2020년 남성과 여성의 회식참여율 차이는 2000년보다 50% 감소하였다.

② 2000년에는 연령대가 올라갈수록 회식참여율이 감소하는 반면, 2020년에는 연령대가 올라갈수록 회식참여율이 증가하고 있다.

③ 20대의 2010년 회식참여율과 2020년 회식참여율의 차이는 36%p이다.

④ 2000년과 2010년의 회식참여율 차이가 가장 큰 직급은 대리이다.

⑤ 조사연도 동안 수도권 지역과 수도권 외 지역의 회식참여율의 차이는 감소하고 있다.

※ 다음은 규모별 지진 발생 현황이다. 이를 보고 이어지는 질문에 답하시오. **[6~7]**

〈규모별 지진 발생 현황〉

(단위 : 건)

리히터 규모별	남북별	2019년	2020년	2021년	2022년	2023년
전체	합계	49	44	252	223	115
	대한민국	39	41	229	197	102
	북한	10	3	23	26	13
$ML \geq 5$	합계	1	0	3	1	0
	대한민국	1	0	3	1	0
	북한	0	0	0	0	0
$5 > ML \geq 4$	합계	0	0	1	1	1
	대한민국	0	0	1	1	1
	북한	0	0	0	0	0
$4 > ML \geq 3$	합계	7	5	30	17	4
	대한민국	7	5	25	15	1
	북한	0	0	5	2	3
$3 > ML$	합계	41	39	218	204	110
	대한민국	31	36	200	180	96
	북한	10	3	18	24	14

06 자료에 대한 〈보기〉의 설명 중 옳지 않은 것을 모두 고르면?

〈보기〉

ㄱ. 리히터 규모가 5 이상인 지진은 2019년부터 2023년까지 매년 대한민국에서 더 많이 발생하였다.
ㄴ. 리히터 규모가 3 미만인 지진의 총 발생횟수는 2019년에 비해 2020년에 증가하였다.
ㄷ. 2023년 총 지진 발생횟수는 2021년 총 지진 발생횟수의 절반보다 많다.
ㄹ. 대한민국과 북한의 총 지진 발생횟수의 차가 가장 큰 해는 2021년이다.

① ㄱ, ㄴ
② ㄷ, ㄹ
③ ㄱ, ㄴ, ㄷ
④ ㄱ, ㄷ, ㄹ
⑤ ㄴ, ㄷ, ㄹ

07 2021년과 2022년에 리히터 규모가 3보다 크거나 같고 5보다 작은 지진이 발생한 총 횟수의 합으로 옳은 것은?

① 22
② 40
③ 47
④ 49
⑤ 66

※ 다음은 2023년 자원봉사자 1인당 연간 평균 봉사시간이다. 이를 보고 이어지는 질문에 답하시오. **[8~9]**

〈2023년 자원봉사자 1인당 연간 평균 봉사시간〉

(단위 : 시간)

구분	전 분야	사회복지	보건의료	기타
전체	20	20	26	19
서울특별시	20	20	41	17
부산광역시	22	21	34	17
대구광역시	23	26	32	24
인천광역시	24	25	39	26
광주광역시	20	20	21	20
대전광역시	20	19	29	19
울산광역시	20	19	26	19
세종특별자치시	18	21	14	6
경기도	20	19	27	20
강원도	20	19	24	15
충청북도	21	21	18	24
충청남도	18	19	24	16
전라북도	19	17	29	15
전라남도	18	18	24	14
경상북도	20	20	22	25
경상남도	19	19	20	15
제주특별자치도	18	17	18	17

08 자료에 대한 〈보기〉의 설명 중 옳지 않은 것을 모두 고르면?

〈보기〉

ㄱ. 자원봉사자 1인당 연간 사회복지 평균 봉사시간이 두 번째로 높은 시도는 세종특별자치시이다.
ㄴ. 경상남도의 자원봉사자 1인당 연간 보건의료 평균 봉사시간은 충청북도보다 높다.
ㄷ. 서울특별시의 자원봉사자 1인당 연간 평균 봉사시간은 전 분야, 사회복지, 보건의료에서 모두 전라남도보다 높다.
ㄹ. 자원봉사자 1인당 연간 보건의료 평균 봉사시간이 가장 낮은 시도는 기타 분야에서도 가장 낮다.

① ㄱ
② ㄱ, ㄷ
③ ㄴ, ㄹ
④ ㄷ, ㄹ
⑤ ㄱ, ㄴ, ㄹ

09 다음 중 전 분야에서 자원봉사자 1인당 연간 평균 봉사시간이 가장 높은 시도 네 곳을 높은 순으로 나열한 것은?

① 서울특별시 – 부산광역시 – 인천광역시 – 대구광역시
② 인천광역시 – 서울특별시 – 울산광역시 – 부산광역시
③ 인천광역시 – 대구광역시 – 부산광역시 – 울산광역시
④ 인천광역시 – 대구광역시 – 부산광역시 – 충청북도
⑤ 인천광역시 – 부산광역시 – 서울특별시 – 대구광역시

※ 다음은 현 직장 만족도에 대하여 조사한 자료이다. 이를 보고 이어지는 질문에 답하시오. **[10~11]**

〈현 직장 만족도〉

만족분야별	직장유형별	2022년	2023년
전반적 만족도	기업	6.0	6.5
	공공연구기관	5.7	6.5
	대학	6.3	7.2
임금과 수입 만족도	기업	4.3	4.5
	공공연구기관	3.8	4.0
	대학	3.7	3.5
근무시간 만족도	기업	5.5	6.6
	공공연구기관	6.0	6.9
	대학	6.4	8.0
사내분위기 만족도	기업	6.3	6.0
	공공연구기관	5.8	5.8
	대학	6.7	6.2

10 2022년 3개 유형 직장의 전반적 만족도의 합은 2023년 3개 유형 직장의 임금과 수입 만족도의 합의 몇 배인가?

① 1.5배
② 1.6배
③ 1.7배
④ 1.8배
⑤ 2배

11 다음 중 자료에 대한 설명으로 옳지 않은 것은?

① 2022년과 2023년 모두 현 직장에 대한 전반적 만족도는 대학 유형에서 가장 높다.
② 2023년 전반적 만족도에서는 기업과 공공연구기관의 만족도가 동일하다.
③ 2023년에 모든 유형의 직장에서 임금과 수입의 만족도는 전년 대비 증가하였다.
④ 사내분위기 만족도에서 2022년과 2023년 공공연구기관의 만족도는 동일하다.
⑤ 2023년 근무시간 만족도의 전년 대비 증가율은 대학 유형이 가장 높다.

※ 다음은 2023년 하반기 부동산시장 소비심리지수에 대한 자료이다. 이를 보고 이어지는 질문에 답하시오. **[12~13]**

〈2023년 하반기 부동산시장 소비심리지수〉

구분	2023년 7월	2023년 8월	2023년 9월	2023년 10월	2023년 11월	2023년 12월
서울특별시	120	130	127	128	113	90
인천광역시	123	127	126	126	115	105
경기도	124	127	124	126	115	103
부산광역시	126	129	130	135	125	110
대구광역시	90	97	106	106	100	96
광주광역시	115	116	114	113	109	107
대전광역시	115	119	120	126	118	114
울산광역시	100	106	110	108	105	95
강원도	135	134	128	130	124	115
충청북도	109	108	108	110	103	103
충청남도	105	110	112	109	102	98
전라북도	114	117	122	120	113	106
전라남도	120	123	120	124	120	116
경상북도	97	100	100	96	94	96
경상남도	103	108	115	114	110	100

※ 부동산시장 소비심리지수는 0 ~ 200의 값으로 표현되며, 지수가 100을 넘으면 전월에 비해 가격 상승 및 거래 증가 응답자가 많음을 의미함

12 다음 중 자료를 보고 판단한 내용으로 옳지 않은 것은?

① 2023년 7월 소비심리지수가 100 미만인 지역은 두 곳이다.

② 2023년 8월 소비심리지수가 두 번째로 높은 지역의 소비심리지수와 두 번째로 낮은 지역의 소비심리지수의 차이는 30이다.

③ 2023년 11월 모든 지역의 소비심리지수가 전월보다 감소하였다.

④ 2023년 9월에 비해 2023년 10월에 가격 상승 및 거래 증가 응답자가 적었던 지역은 경상북도 한 곳이다.

⑤ 서울특별시의 2023년 7월 대비 2023년 12월의 소비심리지수 감소율은 20% 미만이다.

13 경상북도의 전월 대비 2023년 10월의 소비심리지수 감소율과 대전광역시의 2023년 9월 대비 2023년 12월의 소비심리지수 감소율의 합은?

① 7%p
② 8%p
③ 9%p
④ 10%p
⑤ 11%p

※ 다음은 주요 국가별 · 연도별 청년층 실업률 추이를 나타낸 자료이다. 이를 보고 이어지는 질문에 답하시오. [14~15]

〈주요 국가별 · 연도별 청년층(15 ~ 24세) 실업률 추이〉

(단위 : %)

구분	2018년	2019년	2020년	2021년	2022년	2023년
대한민국	10	8	10	12	9	11
독일	13	12	10	11	10	13
미국	11	10	13	18	18	17
영국	15	14	14	19	19	20
일본	10	9	7	9	9	10
OECD 평균	13	12	13	16	17	16

14 다음 중 자료에 대한 설명으로 옳지 않은 것은?

① 2019년 일본 청년층 실업률의 전년 대비 감소율은 7% 이상이다.
② 대한민국 청년층 실업률은 매년 OECD 평균보다 낮다.
③ 영국은 청년층 실업률이 주요 국가 중에서 매년 가장 높다.
④ 2021년 독일 청년층 실업률의 전년 대비 증가율은 대한민국보다 높다.
⑤ 2022년 청년층 실업률의 2020년 대비 증가량이 OECD 평균 실업률의 2020년 대비 2022년 증가량보다 높은 나라는 영국, 미국이다.

15 2018년과 비교하여 2023년에 청년층 실업률이 가장 크게 증가한 나라는?

① 독일
② 미국
③ 영국
④ 일본
⑤ 대한민국

※ 다음은 국내 연간 취수량에 대한 자료이다. 이를 보고 이어지는 질문에 답하시오. [16~17]

〈국내 연간 취수량〉

(단위 : 천만 m^3)

구분		2016년	2017년	2018년	2019년	2020년	2021년	2022년	2023년
지하수		8	7	8	10	12	14	15	14
지표수	하천표류수	330	315	325	325	340	330	335	310
	하천복류수	45	42	45	48	(가)	50	50	45
	댐	310	310	335	320	330	340	345	325
	기타 저수지	7	6	7	7	8	6	5	6
총 취수량		700	680	720	710	730	740	750	(나)

16 다음 중 (가)+(나)의 값은?

① 660
② 680
③ 700
④ 720
⑤ 740

17 다음 중 자료에 대한 설명으로 옳은 것은?

① 총 취수량은 2019년 이후 계속 증가하였다.
② 2017~2023년 중 모든 항목의 취수량이 전년보다 증가한 해는 2018년뿐이다.
③ 하천표류수의 양이 가장 많았던 해에 댐의 취수량도 가장 많았다.
④ 2022년과 2023년에 지표수의 양은 총 취수량의 99% 이상을 차지한다.
⑤ 연간 취수량은 댐이 하천표류수보다 항상 적다.

18 다음은 우리나라 강수량에 대한 자료이다. 이를 그래프로 바르게 변환한 것은?

〈우리나라 강수량〉

(단위 : mm, 위)

구분	1월	2월	3월	4월	5월	6월	7월	8월	9월	10월	11월	12월
강수량	15	30	24	65	30	60	308	240	92	68	13	22
역대순위	32	23	39	30	44	43	14	24	26	13	44	27

①
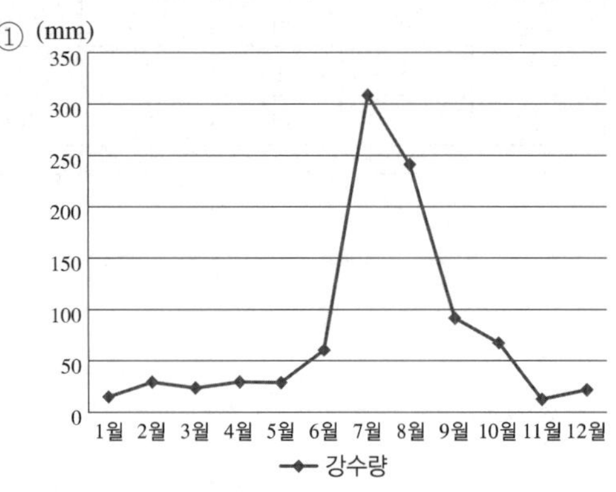

②
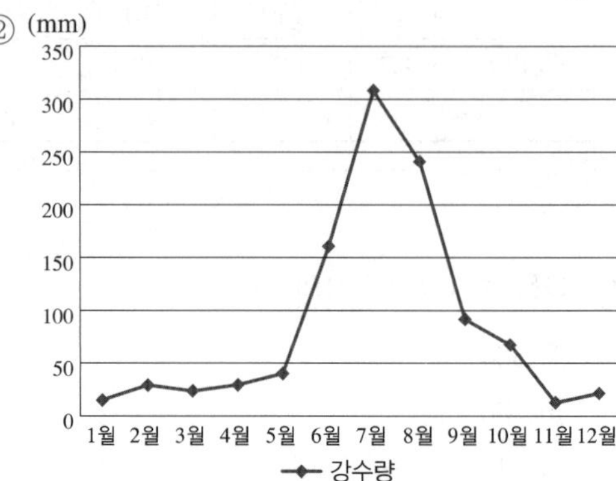

③
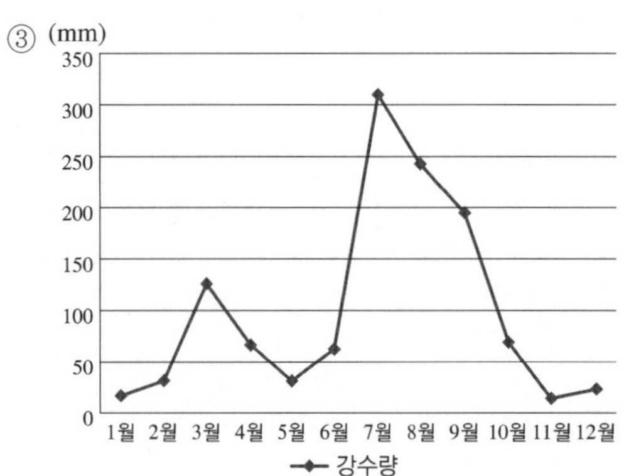

④
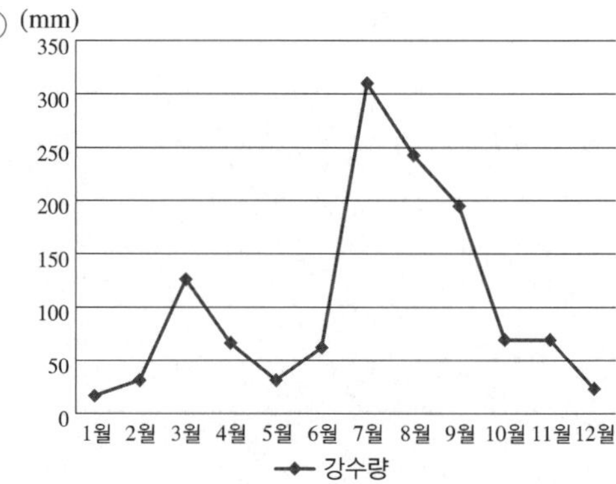

⑤
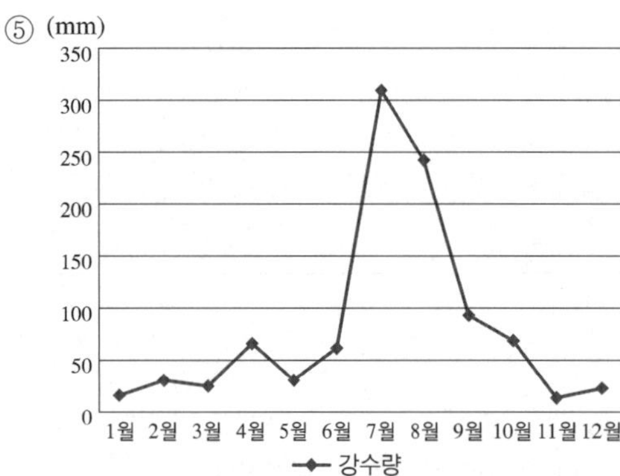

19 S수목원에의 꽃의 수가 다음과 같은 규칙을 보일 때, 2023년 10월에 예측되는 꽃의 수는?

〈S수목원 꽃의 수 변화〉

(단위 : 송이)

연/월	2022년 12월	2023년 1월	2023년 2월	2023년 3월	2023년 4월	2023년 5월
꽃의 수	20	30	50	80	130	210

① 1,980송이
② 2,160송이
③ 2,330송이
④ 3,020송이
⑤ 3,770송이

20 가로등의 밝기가 다음과 같이 거리에 따라 변할 때, 10m 떨어진 곳에서의 가로등의 밝기는?

〈가로등의 밝기 변화〉

(단위 : lux)

거리	1m	2m	3m	4m	5m
밝기	45	11.25	5	2.8125	1.8

① 0.70lux
② 0.45lux
③ 0.20lux
④ 0.05lux
⑤ 0.01lux

※ 제시된 명제가 모두 참일 때, 다음 중 빈칸에 들어갈 명제로 가장 적절한 것을 고르시오. **[1~3]**

01

전제1. 등산을 자주 하면 폐활량이 좋아진다. 전제2. 폐활량이 좋아지면 오래 달릴 수 있다. 결론. ______________________

① 등산을 자주 하면 오래 달릴 수 있다.
② 오래 달릴 수 있으면 등산을 자주 할 수 있다.
③ 폐활량이 좋아지면 등산을 자주 할 수 있다.
④ 등산을 자주 하면 오래 달릴 수 없다.
⑤ 오래 달릴 수 있으면 폐활량이 좋아진다.

02

전제1. 커피를 많이 마시면 카페인을 많이 섭취한다. 전제2. 커피를 많이 마시지 않으면 불면증이 생기지 않는다. 결론. ______________________

① 카페인을 많이 섭취하면 커피를 많이 마신 것이다.
② 커피를 많이 마시면 불면증이 생긴다.
③ 카페인을 많이 섭취하면 불면증이 생긴다.
④ 불면증이 생기지 않으면 카페인을 많이 섭취하지 않은 것이다.
⑤ 불면증이 생기면 카페인을 많이 섭취한 것이다.

03

전제1. 환율이 오르면 어떤 사람은 X주식을 매도한다. 전제2. X주식을 매도한 모든 사람은 Y주식을 매수한다. 결론. ______________________

① 환율이 오르면 모든 사람은 Y주식을 매수한다.
② 환율이 오르면 어떤 사람은 Y주식을 매수한다.
③ 모든 사람이 X주식을 매도하면 환율이 오른다.
④ 모든 사람이 Y주식을 매수하면 환율이 오른다.
⑤ Y주식을 매도한 모든 사람은 X주식을 매수한다.

※ 다음 〈조건〉을 참고하여 추론한 것으로 옳은 것을 고르시오. [4~5]

04

〈조건〉

- 수진이는 어제 밤 10시에 자서 오늘 아침 7시에 일어났다.
- 지은이는 어제 수진이보다 30분 늦게 자서 오늘 아침 7시가 되기 10분 전에 일어났다.
- 혜진이는 항상 9시에 자고, 8시간의 수면 시간을 지킨다.
- 정은이는 어제 수진이보다 10분 늦게 잤고, 혜진이보다 30분 늦게 일어났다.

① 지은이는 가장 먼저 일어났다.
② 정은이는 가장 늦게 일어났다.
③ 혜진이의 수면 시간이 가장 짧다.
④ 수진이의 수면 시간이 가장 길다.
⑤ 수진, 지은, 혜진, 정은 모두 수면 시간이 8시간 이상이다.

05

〈조건〉

- 조선 시대의 대포 중 천자포의 사거리는 1,500보이다.
- 현자포의 사거리는 천자포의 사거리보다 700보 짧다.
- 지자포의 사거리는 현자포의 사거리보다 100보 길다.

① 천자포의 사거리가 가장 길다.
② 현자포의 사거리가 가장 길다.
③ 지자포의 사거리가 가장 짧다.
④ 현자포의 사거리는 지자포의 사거리보다 길다.
⑤ 지자포의 사거리는 1,000보이다.

06 **S사의 사내 식당에서는 이번 주 식단표를 짤 때, 쌀밥, 콩밥, 보리밥, 조밥, 수수밥의 5가지 종류의 밥을 지난주에 제공된 요일과 겹치지 않게 하려고 한다. 다음 〈조건〉을 참고할 때, 반드시 참인 것은?**

〈조건〉

- 월요일부터 금요일까지, 5가지의 밥은 겹치지 않게 제공된다.
- 쌀밥과 콩밥은 지난 주 월요일과 목요일에 제공된 적이 있다.
- 보리밥과 수수밥은 화요일과 금요일에 제공된 적이 있다.
- 조밥은 이번 주 수요일에 제공된다.
- 콩밥은 이번 주 화요일에 제공된다.

① 월요일에 먹을 수 있는 것은 보리밥 또는 수수밥이다.

② 금요일에 먹을 수 있는 것은 보리밥 또는 쌀밥이다.

③ 쌀밥은 지난 주 화요일에 제공된 적이 있다.

④ 콩밥은 지난 주 수요일에 제공된 적이 있다.

⑤ 수수밥은 지난 주 목요일에 제공된 적이 있다.

07 **5명의 선생님(A ~ E)이 1반부터 5반 중에서 새로 반 배정을 받으려고 한다. 다음 〈조건〉을 참고할 때, 반드시 참인 것은?**

〈조건〉

- 한 번 배정되었던 반에는 다시 배정되지 않는다.
- A는 1반과 3반에 배정되었던 적이 있다.
- B는 2반과 4반에 배정되었던 적이 있다.
- C는 올해 4반에 배정되었다.
- D는 2반과 5반에 배정되었던 적이 있다.
- E는 올해 5반에 배정되었다.

① B는 1반에 배정될 수도 있다.

② D는 2반에 배정될 것이다.

③ A는 3반에 배정될 수도 있다.

④ C는 4반에 배정된 적이 있을 것이다.

⑤ E는 이전에 1반에 배정되었을 것이다.

08 S사에서는 보고서를 통과시키기 위해서 총 6명(a ~ f)에게 결재를 받아야 한다. 다음 〈조건〉을 참고하여 최종 결재를 받아야 하는 사람이 c일 때, 세 번째로 결재를 받아야 할 사람은?

〈조건〉

- c 바로 앞 순서인 사람은 f이다.
- b는 f와 c 보다는 앞 순서이다.
- e는 b보다는 앞 순서이다.
- e와 c는 d보다 뒤의 순서다.
- a는 e보다 앞 순서이다.
- 한 사람당 한 번만 거친다.

① a
② b
③ d
④ e
⑤ f

09 S는 6가지의 운동(a ~ f)을 순서를 정해서 차례대로 매일 하고자 한다. 두 번째로 하는 운동이 a라고 할 때, 다섯 번째로 하는 운동은?

〈조건〉

- 6가지의 운동을 모두 한 번씩 한다.
- a보다 e를 먼저 수행한다.
- c는 e보다 나중에 수행한다.
- d는 b와 c보다 나중에 수행한다.
- d보다 나중에 수행할 운동은 f이다.

① b
② c
③ d
④ e
⑤ f

10 S종합병원에는 3개의 층이 있고, 각 층에는 1개의 접수처와 1개의 입원실 그리고 5개의 진료과를 포함한 총 7개의 시설이 위치하고 있다. 다음에 근거하여 바르게 추론한 것은?

- 가장 아래층에는 총 두 개의 진료과와 접수처가 위치한다.
- 정신과보다 높은 층에 있는 시설은 없다.
- 정형외과와 피부과보다 아래에 있는 시설은 없다.
- 정신과와 같은 층에는 하나의 진료과만 존재한다.
- 입원실과 내과는 같은 층에 위치한다.
- 산부인과는 2층에 위치한다.

① 정형외과에서 층 이동을 하지 않고도 정신과에 갈 수 있다.
② 산부인과가 있는 층에서 한 층을 올라가면 정형외과에 갈 수 있다.
③ 가장 낮은 층에 있는 것은 입원실이다.
④ 입원실과 내과는 정신과와 접수처의 사이 층에 위치한다.
⑤ 피부과는 산부인과와 같은 층에 위치한다.

11 S동물원에는 총 5개의 관람 섹션(A ~ E섹션)이 있고, 각각의 섹션은 알파벳 순서대로 입구부터 출구까지 차례로 배치되어 있다. 한 섹션 당 한 종류의 동물이 있다. 다음에 근거하여 바르게 추론한 것은?

- 기린은 입구와 가장 가까이 있다.
- 거북이는 악어의 다음 섹션에 있어야 한다.
- 호랑이는 악어보다 입구에 가까울 수 없다.
- 코끼리는 기린과 거북이 사이 섹션(들) 중 하나에 있다.
- 악어는 관람 섹션들 중 중앙에 위치하고 있다.

① 기린 바로 다음으로 볼 수 있는 것은 악어이다.
② 거북이는 호랑이보다 출구에 가까이 있다.
③ 악어는 D섹션에서 볼 수 있다.
④ 코끼리는 C섹션보다 입구 쪽에 위치할 수는 없다.
⑤ 출구에 가장 가까이 위치한 동물은 호랑이이다.

12 S사는 직원들을 위해서 4층짜리 기숙사를 운영하고 있다. 기숙사의 각 층에는 사람들이 세 명씩 살고 있어, 총 12명의 직원(가 ~ 타)이 살고 있다. 다음에 근거하여 바르게 추론한 것은?

- 가는 마, 바와 같은 층에 살고 있다.
- 마가 살고 있는 층보다 높은 층에 사는 사람은 9명이다.
- 나와 사는 같은 층에 살고 있고, 차가 사는 곳 한 층 아래에 산다.
- 아는 3층에 살고 있다.
- 다와 카는 가장 높은 4층에 산다.
- 라와 자는 가보다 한 층 높은 곳에 살고 있다.
- 차보다 높은 층에 사는 사람은 없다.

① 다와 라는 같은 층에 살고 있을 것이다.
② 타는 바의 바로 아래층에 살고 있다.
③ 사보다 높은 층에 사는 사람은 다, 차, 카이다.
④ 자는 3층에 살고 있다.
⑤ 타는 기숙사의 제일 높은 층에 산다.

13 한 항공사에서 승객 7명(가 ~ 사)의 자리를 배정하려고 한다. 다음의 〈조건〉을 만족하여 자리를 배정할 때 적절한 것은?

〈조건〉

- 한 줄에는 세 개의 섹션이 있다.
- 한 줄에 2명 · 3명 · 2명씩 앉는다.
- 나와 마는 부부이기 때문에 한 섹션에 나란히 앉아야 한다.
- 가와 다는 다른 섹션에 앉아야 한다.
- 가와 사가 한 섹션에 앉아 있다면, 다와 라도 한 섹션에 앉아야 한다.
- 가와 바는 한 섹션에 앉아야 한다.
- 라는 2명 있는 섹션에 배정되어야 한다.

① (가, 다), (나, 마, 사), (라, 바)
② (가, 사), (나, 마, 다), (라, 바)
③ (가, 사), (나, 다, 라), (바, 마)
④ (나, 마), (가, 바, 사), (다, 라)
⑤ (가, 바), (나, 마, 라), (다, 사)

14 **어떤 애견 호텔에서 강아지 8마리(가 ~ 아)를 세 개의 케이지에 나누어 합사시키려고 한다. 다음의 〈조건〉을 모두 지켜야 할 때, 적절한 배치는?**

〈조건〉

- 케이지 3개를 모두 사용한다.
- 3개의 케이지에는 각각 2, 3, 3마리씩 들어간다.
- 가가 있는 케이지에는 2마리 이상 넣을 수 없다.
- 다와 라는 사이가 좋지 않아 합사할 수 없다.
- 마는 바와 같은 케이지만 아니면 된다.
- 나와 아는 반드시 같은 케이지에 들어가야 한다.
- 나와 바가 한 케이지라면, 바와 사는 떨어뜨려 놓아야 한다.

① (나, 다), (가, 라, 마), (바, 사, 아)
② (가, 바), (나, 사, 아), (다, 라, 마)
③ (가, 다), (나, 바, 사), (라, 마, 아)
④ (가, 마), (나, 바, 아), (다, 라, 사)
⑤ (가, 다), (나, 바, 아), (라, 마, 사)

15 **사과 12개를 A ~ E 5명의 사람들이 나누어 먹고 다음과 같은 대화를 나눴다. 이 중에서 단 1명만이 진실을 말하고 있다고 할 때, 다음 중 사과를 가장 많이 먹은 사람과 적게 먹은 사람을 순서대로 짝지은 것은?(단, 모든 사람은 적어도 1개 이상의 사과를 먹었다)**

A : 나보다 사과를 적게 먹은 사람은 없어.
B : 나는 사과를 2개 이하로 먹었어.
C : D는 나보다 사과를 많이 먹었고, 나는 B보다 사과를 많이 먹었어.
D : 우리 중에서 사과를 가장 많이 먹은 사람은 A야.
E : 나는 사과를 4개 먹었고, 우리 중에 먹은 사과의 개수가 같은 사람이 있어.

① B, D
② B, A
③ E, A
④ E, D
⑤ E, C

※ 다음 제시된 도형의 규칙을 보고 물음표에 들어갈 도형으로 가장 적절한 것을 고르시오. **[16~18]**

16

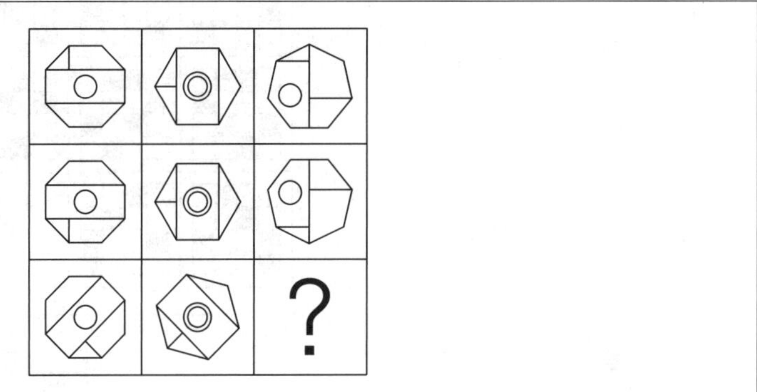

① 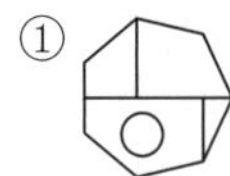

② 

③ 

④ 

⑤ 

17

①
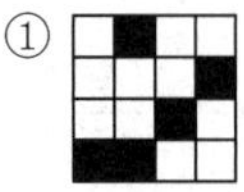

②
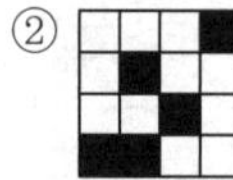

③

④

⑤

18

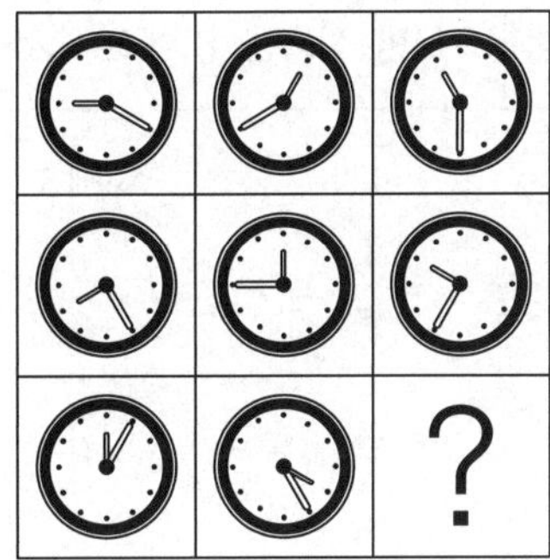

① 

② 

③ 

④ 

⑤ 

※ 다음 도식에서 기호들은 일정한 규칙에 따라 문자를 변화시킨다. 물음표에 들어갈 알맞은 문자를 고르시오 (단, 규칙은 가로와 세로 중 한 방향으로만 적용된다). **[19~22]**

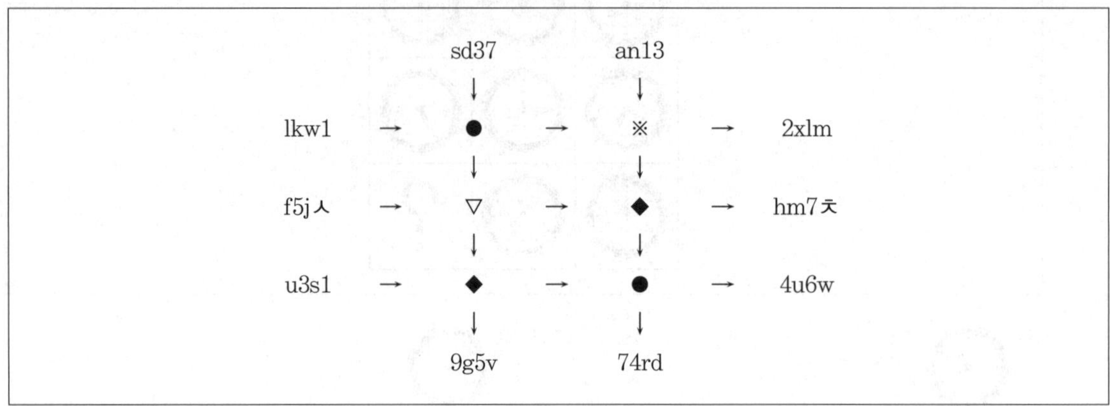

19

g7n1 → ※ → ● → ?

① 5h2o
② dk12
③ sn9s
④ 2o8h
⑤ h0aw

20

5va1 → ▽ → ◆ → ?

① 5ㅈb9
② 7dx4
③ ㅈir2
④ woc9
⑤ 2f71

21

? → ▽ → ● → h7y8

① 67ix
② 78hy
③ 87yh
④ xz78
⑤ 89hy

22

? → ◆ → ※ → k69s

① 6jo2
② 41ho
③ 62oh
④ ip51
⑤ h26o

※ 다음 중 제시된 문단을 논리적 순서대로 바르게 나열한 것을 고르시오. [23~24]

23

(가) 하지만 지금은 고령화 시대를 맞아 만성질환이 다수다. 꾸준히 관리 받아야 건강을 유지할 수 있다. 치료보다 치유가 대세다. 이 때문에 미래 의료는 간호사 시대라고 말한다. 그럼에도 간호사에 대한 활용은 시대 흐름과 동떨어져 있다.

(나) 인간의 질병 구조가 변하면 의료 서비스의 비중도 바뀐다. 과거에는 급성질환이 많았다. 맹장염(충수염)이나 구멍 난 위궤양 등 수술로 해결해야 할 상황이 잦았다. 따라서 질병 관리 대부분을 의사의 전문성에 의존해야 했다.

(다) 현재 2년 석사과정을 거친 전문 간호사가 대거 양성되고 있다. 하지만 이들의 활동은 건강보험 의료수가에 반영되지 않고, 그러니 병원이 전문 간호사를 적극적으로 채용하려 하지 않는다. 의사의 손길이 미치지 못하는 곳은 전문성을 띤 간호사가 그 역할을 대신해야 함에도 말이다.

(라) 고령 장수 사회로 갈수록 간호사의 역할은 커진다. 병원뿐 아니라 다양한 공간에서 환자를 돌보고 건강관리가 이뤄지는 의료 서비스가 중요해졌다. 간호사 인력 구성과 수요는 빠르게 바뀌어 가는데 의료 환경과 제도는 한참 뒤처져 있어 안타깝다.

① (나) – (가) – (다) – (라)
② (나) – (라) – (가) – (다)
③ (다) – (라) – (가) – (나)
④ (다) – (가) – (라) – (나)
⑤ (라) – (나) – (다) – (가)

24

(가) 킬러 T세포는 혈액이나 림프액을 타고 몸속 곳곳을 순찰하는 일을 담당하는 림프 세포의 일종이다. 킬러 T세포는 감염된 세포를 직접 공격하는데, 세포 하나하나를 점검하여 바이러스에 감염된 세포를 찾아낸다. 이 과정에서 바이러스에 감염된 세포가 킬러 T세포에게 발각이 되면 죽게 된다. 그렇다면 킬러 T세포는 어떤 방법으로 바이러스에 감염된 세포를 파괴할까?

(나) 지금도 우리 몸의 이곳저곳에서는 비정상적인 세포분열이나 바이러스 감염이 계속되고 있다. 하지만 우리 몸에 있는 킬러 T세포가 병든 세포를 찾아내 파괴하는 메커니즘이 정상적으로 작동하고 있는 한 건강한 상태를 유지할 수 있다. 이렇듯 면역 시스템은 우리 몸을 지켜주는 수호신이다. 또한 우리 몸이 유기적으로 잘 짜인 구조임을 보여주는 좋은 예라고 할 수 있다.

(다) 그 다음 킬러 T세포가 활동한다. 킬러 T세포는 자기 표면에 있는 TCR(T세포 수용체)을 통해 세포의 밖으로 나온 MHC와 펩티드 조각이 결합해 이루어진 구조를 인식함으로써 바이러스 감염 여부를 판단한다. 만약 MHC와 결합된 펩티드가 바이러스 단백질의 것이라면 T세포는 활성화되면서 세포를 공격하는 단백질을 감염된 세포 속으로 보낸다. 이렇게 T세포의 공격을 받은 세포는 곧 죽게 되며 그 안의 바이러스 역시 죽음을 맞이하게 된다.

(라) 우리 몸은 자연적 치유의 기능을 가지고 있다. 자연적 치유는 우리 몸에 바이러스(항원)가 침투하더라도 외부의 도움 없이 이겨낼 수 있는 면역 시스템을 가지고 있다는 것을 의미한다. 그런데 이러한 면역 시스템에 관여하는 세포 중에서 매우 중요한 역할을 하는 세포가 있다. 그것은 바로 바이러스에 감염된 세포를 직접 찾아내 제거하는 킬러 T세포(Killer T Cells)이다.

(마) 면역 시스템에서 먼저 활동을 시작하는 것은 세포 표면에 있는 MHC(주요 조직 적합성 유전자 복합체)이다. MHC는 꽃게 집게발 모양의 단백질 분자로 세포 안에 있는 단백질 조각을 세포 표면으로 끌고 나오는 역할을 한다. 본래 세포 속에는 자기 단백질이 대부분이지만, 바이러스에 감염되면 원래 없던 바이러스 단백질이 세포 안에 만들어진다. 이렇게 만들어진 자기 단백질과 바이러스 단백질은 단백질 분해효소에 의해 펩티드 조각으로 분해되어 세포 속을 떠돌아다니다가 MHC와 결합해 세포 표면으로 배달되는 것이다.

① (가) – (나) – (마) – (라) – (다)
② (나) – (다) – (가) – (라) – (마)
③ (나) – (가) – (마) – (다) – (라)
④ (라) – (가) – (마) – (다) – (나)
⑤ (라) – (나) – (가) – (다) – (마)

※ 다음 제시문의 내용이 참일 때 항상 거짓인 것을 고르시오. [25~26]

25

'캐리 벅 사건(1927)'은 버지니아주에서 시행하는 강제불임시술의 합헌성에 대한 판단을 다룬 것이다. 버지니아주에서는 정신적 결함을 가진 사람들의 불임시술을 강제하는 법을 1924년에 제정하여 시행하고 있었다. 이 법은 당시 과학계에서 받아들여지던 우생학의 연구결과들을 반영한 것인데, 유전에 의해 정신적으로 결함이 있는 자들에게 강제불임시술을 함으로써 당사자의 건강과 이익을 증진하는 것을 목적으로 하였다. 우생학은 인간의 유전과 유전형질을 연구하여, 결함이 있는 유전자를 제거하여 인류를 개선하는 것이 주목적이었는데, 정신이상자, 정신박약자, 간질환자 등을 유전적 결함을 가진 대상으로 보았다.

이 사건의 주인공인 캐리 벅은 10대 후반의 정신박약인 백인 여성으로서 정신박약자들을 수용하기 위한 시설에 수용되어 있었다. 법에 따르면, 캐리 벅은 불임시술을 받지 않으면 수십 년 동안 수용시설에 갇혀 기본적인 의식주만 공급받고 다른 사회적 권리와 자유가 제약받을 수밖에 없는 상황이었다.

미국 연방대법원은 강제불임시술을 규정한 버지니아주의 주법을 합헌으로 판단하였다. 이 사건의 다수의견을 작성한 홈즈 대법관은 판결의 이유를 다음과 같이 밝혔다.

"사회 전체의 이익 때문에 가장 우수한 시민의 생명을 희생시키는 일도 적지 않다. 사회가 무능력자로 차고 넘치는 것을 막고자 이미 사회에 부담이 되는 사람들에게 그보다 작은 희생을 요구하는 것이 금지된다고 할 수는 없다. 사회에 적응할 능력이 없는 사람들의 출산을 금지하는 것이 사회에 이익이 된다. 법률로 예방접종을 하도록 강제할 수 있는 것과 같은 원리로 나팔관 절제도 강제할 수 있다고 해야 한다."

이 사건은 사회적 파장이 매우 컸다. 당시 미국의 주들 가운데는 강제불임시술을 규정하고 있는 주들이 있었지만 그중 대부분의 주들이 이러한 강제불임시술을 실제로는 하고 있지 않았다. 하지만 연방대법원의 이 사건 판결이 나자 많은 주들이 새로운 법률을 제정하거나, 기존의 법률을 개정해서 버지니아주법과 유사한 법률을 시행하게 되었다. 버지니아주의 강제불임시술법은 1974년에야 폐지되었다.

① 당시 우생학에 따르면 캐리 벅은 유전적 결함을 가진 사람이었다.

② 버지니아주법은 정신박약이 유전되는 것이라는 당시의 과학 지식을 반영하여 제정된 것이었다.

③ 버지니아주법에 의하면 캐리 벅에 대한 강제불임시술은 캐리 벅 개인의 이익을 위한 것이다.

④ 홈즈에 따르면 사회가 무능력자로 넘치지 않기 위해서는 사회에 부담이 되는 사람들에게 희생을 요구할 수 있다.

⑤ 버지니아주법이 합헌으로 판단되기 이전, 불임시술을 강제하는 법을 가지고 있던 다른 주들은 대부분 그 법을 집행하고 있었다.

26

개발도상국으로 흘러드는 외국자본은 크게 원조, 부채, 투자가 있다. 원조는 다른 나라로부터 지원받는 돈으로, 흔히 해외 원조 혹은 공적개발원조라고 한다. 부채는 은행 융자와 정부 혹은 기업이 발행한 채권으로, 투자는 포트폴리오 투자와 외국인 직접투자로 이루어진다. 포트폴리오 투자는 경영에 대한 영향력보다는 경제적 수익을 추구하기 위한 투자이고, 외국인 직접투자는 회사 경영에 일상적으로 영향력을 행사하기 위한 투자이다.

개발도상국에 유입되는 이러한 외국자본은 여러 가지 문제점을 보이고 있다. 해외 원조는 개발도상국에 대한 경제적 효과가 있다고 여겨져 왔으나 최근 경제학자들 사이에서는 그러한 경제적 효과가 없다는 주장이 점차 힘을 얻고 있다.

부채는 변동성이 크다는 단점이 지적되고 있다. 특히 은행 융자는 변동성이 큰 것으로 유명하다. 예컨대 1998년 개발도상국에 대하여 이루어진 은행 융자 총액은 500억 달러였다. 하지만 1998년 러시아와 브라질, 2002년 아르헨티나에서 일어난 일련의 금융 위기가 개발도상국을 강타하여 1999～2002년의 4개년 동안에는 은행 융자 총액이 연평균 −65억 달러가 되었다가, 2005년에는 670억 달러가 되었다. 은행 융자만큼 변동성이 큰 것은 아니지만, 채권을 통한 자본 유입 역시 변동성이 크다. 외국인은 1997년에 380억 달러의 개발도상국 채권을 매수했다. 그러나 1998～2002년에는 연평균 230억 달러로 떨어졌고, 2003～2005년에는 연평균 440억 달러로 증가했다.

한편 포트폴리오 투자는 은행 융자만큼 변동성이 크지는 않지만 채권에 비하면 변동성이 크다. 개발도상국에 대한 포트폴리오 투자는 1997년의 310억 달러에서 1998～2002년에는 연평균 90억 달러로 떨어졌고, 2003～2005년에는 연평균 410억 달러에 달했다.

① 개발도상국에 대한 투자는 경제적 수익뿐만 아니라 회사 경영에 영향력을 행사하기 위해서도 이루어질 수 있다.

② 해외 원조는 개발도상국에 대한 경제적 효과가 없다고 주장하는 경제학자들이 있다.

③ 개발도상국에 유입되는 외국자본에는 해외 원조, 은행 융자, 채권, 포트폴리오 투자, 외국인 직접투자가 있다.

④ 개발도상국에 대한 2005년의 은행 융자 총액은 1998년의 수준을 회복하지 못하였다.

⑤ 1998～2002년과 2003～2005년의 연평균을 비교할 때, 개발도상국에 대한 포트폴리오 투자가 채권보다 증감액이 크다.

※ 다음 제시문에 대한 반론으로 가장 적절한 것을 고르시오. [27~28]

27

사회복지는 소외 문제를 해결하고 예방하기 위하여, 사회 구성원들이 각자의 사회적 기능을 원활하게 수행하게 하고, 삶의 질을 향상시키는 데 필요한 제반 서비스를 제공하는 행위와 그 과정을 의미한다. 현대 사회가 발전함에 따라 계층간 · 세대간의 갈등 심화, 노령화와 가족 해체, 정보 격차에 의한 불평등 등의 사회 문제가 다각적으로 생겨나고 있는데, 이들 문제는 때로 사회 해체를 우려할 정도로 심각한 양상을 띠기도 한다. 이러한 문제의 기저에는 경제 성장과 사회 분화 과정에서 나타나는 불평등과 불균형이 있으며, 이런 점에서 사회 문제는 대부분 소외 문제와 관련되어 있음을 알 수 있다.
사회복지 찬성론자들은 이러한 문제들의 근원에 자유 시장 경제의 불완전성이 있으며, 이러한 사회적 병리 현상을 해결하기 위해서는 국가의 역할이 더 강화되어야 한다고 주장한다. 예컨대 구조 조정으로 인해 대량의 실업 사태가 생겨나는 경우를 생각해 볼 수 있다. 이 과정에서 생겨난 희생자들을 방치하게 되면 사회 통합은 물론 지속적 경제 성장에 막대한 지장을 초래할 것이다. 따라서 사회가 공동의 노력으로 이들을 구제할 수 있는 안전망을 만들어야 하며, 여기서 국가의 주도적 역할은 필수적이라 할 것이다. 현대 사회에 들어와 소외 문제가 사회 전 영역으로 확대되고 있는 상황을 감안할 때, 국가와 사회가 주도하여 사회복지 제도를 체계적으로 수립하고 그 범위를 확대해 나가야 한다는 이들의 주장은 충분한 설득력을 갖는다.

① 사회복지는 소외 문제 해결을 통해 구성원들의 사회적 기능 수행을 원활하게 한다.
② 사회복지는 제공 행위뿐만 아니라 과정까지를 의미한다.
③ 사회복지의 확대는 근로 의욕의 상실과 도덕적 해이를 불러일으킬 수 있다.
④ 사회가 발전함에 따라 불균형이 심해지고 있다.
⑤ 사회 병리 현상 과정에서 생겨나는 희생자들을 그대로 두면 악영향을 불러일으킬 수 있다.

28

최근 들어 도시의 경쟁력 향상을 위한 새로운 전략의 하나로 창조 도시에 대한 논의가 활발하게 진행되고 있다. 창조 도시는 창조적 인재들이 창의성을 발휘할 수 있는 환경을 갖춘 도시이다. 즉 창조 도시는 인재들을 위한 문화 및 거주 환경의 창조성이 풍부하며, 혁신적이고도 유연한 경제 시스템을 구비하고 있는 도시인 것이다.
창조 도시의 주된 동력을 창조 산업으로 볼 것인가 창조 계층으로 볼 것인가에 대해서는 견해가 다소 엇갈리고 있다. 창조 산업을 중시하는 관점에서는, 창조 산업이 도시에 인적 · 사회적 · 문화적 · 경제적 다양성을 불어넣음으로써 도시의 재구조화를 가져오고 나아가 부가가치와 고용을 창출한다고 주장한다. 창의적 기술과 재능을 소득과 고용의 원천으로 삼는 창조 산업의 예로는 광고, 디자인, 출판, 공연 예술, 컴퓨터 게임 등이 있다.
창조 계층을 중시하는 관점에서는, 개인의 창의력으로 부가가치를 창출하는 창조 계층이 모여서 인재 네트워크인 창조 자본을 형성하고, 이를 통해 도시는 경제적 부를 축적할 수 있는 자생력을 갖게 된다고 본다. 따라서 창조 계층을 끌어들이고 유지하는 것이 도시의 경쟁력을 제고하는 관건이 된다. 창조 계층에는 과학자, 기술자, 예술가, 건축가, 프로그래머, 영화 제작자 등이 포함된다.

① 창조 산업의 산출물은 그것에 대한 소비자의 수요와 가치 평가를 예측하기 어렵다.
② 창조 도시를 통해 효과적으로 인재를 육성할 수 있다.
③ 창조 산업을 통해 도시를 새롭게 구조화할 수 있다.
④ 광고 등의 산업을 중심으로 부가가치를 창출해 낼 수 있다.
⑤ 인재 네트워크 형성 역시 부가가치를 창출할 수 있는 방법 중 하나이다.

29 다음 제시문을 토대로 〈보기〉를 바르게 해석한 것은?

인포그래픽은 복합적인 정보의 배열이나 정보 간의 관계를 시각적인 형태로 나타낸 것이다. 최근 인포그래픽에 대한 높은 관심은 시대의 변화와 관련이 있다. 정보가 넘쳐나고 정보에 주의를 지속하는 시간이 점차 짧아지면서, 효과적으로 정보를 전달할 수 있는 인포그래픽에 주목하게 된 것이다. 특히 소셜미디어의 등장은 정보 공유가 용이한 인포그래픽의 쓰임을 더욱 확대하였다.

비상구 표시등의 그래픽 기호처럼 시설이나 사물 등을 상징화하여 표시한 픽토그램은 인포그래픽과 유사하다. 그러나 픽토그램은 인포그래픽과 달리 복합적인 정보를 나타내기 어렵다. 예를 들어 컴퓨터를 나타낸 픽토그램은 컴퓨터 자체를 떠올리게 하지만, 인포그래픽으로는 컴퓨터의 작동 원리도 효과적으로 설명할 수 있다.

인포그래픽은 독자의 정보 처리 시간을 절감할 수 있다. 글에 드러난 정보를 파악하기 위해서는 문자 하나하나를 읽어야 하지만, 인포그래픽은 시각 이미지를 통해 한눈에 정보를 파악할 수 있다. 또한 인포그래픽은 독자의 관심을 끌 수 있다. 한 논문에 따르면, 인포그래픽은 독자들이 정보에 주목하는 정도를 높이는 효과가 있다고 한다.

시각적인 형태로 복합적인 정보를 나타냈다고 해서 다 좋은 인포그래픽은 아니다. 정보를 한눈에 파악하게 하는지, 단순한 형태와 색으로 구성됐는지, 최소한의 요소로 정보의 관계를 나타냈는지, 재미와 즐거움을 주는지를 기준으로 좋은 인포그래픽인지를 판단해 봐야 한다. 시각적 재미에만 치중한 인포그래픽은 정보 전달력을 떨어뜨릴 수 있다.

〈보기〉

S학교 학생을 대상으로 설문 조사를 실시한 결과 학생의 90%가 교내 정보 알림판을 읽어 본 적이 없다고 답하였다. 학생들 대다수는 그 이유에 대하여 '알림판에 관심이 없기 때문'이라고 답했다. 이러한 문제를 해결하기 위해 김 교사는 교내 정보 알림판을 인포그래픽으로 만들 것을 건의하였다.

① 김 교사는 인포그래픽의 빠른 정보 전달 효과를 고려하였다.
② 김 교사는 인포그래픽이 복합적인 정보를 나타낼 수 있다는 점을 고려하였다.
③ 김 교사는 학생들의 주의 지속 시간이 짧다는 점을 고려하였다.
④ 김 교사는 시각적 재미보다 정보 전달력을 더 고려하였다.
⑤ 김 교사는 인포그래픽의 관심 유발 효과를 고려하였다.

30 다음 '철학의 여인'의 논지를 따를 때, ㉠으로 올바른 것만을 〈보기〉에서 모두 고르면?

다음은 철학의 여인이 비탄에 잠긴 보에티우스에게 건네는 말이다.
"나는 이제 네 병의 원인을 알겠구나. 이제 네 병의 원인을 알게 되었으니 ㉠ 너의 건강을 회복할 방법을 찾을 수 있게 되었다. 그 방법은 병의 원인이 되는 잘못된 생각을 바로잡아 주는 것이다. 너는 너의 모든 소유물을 박탈당했다고, 사악한 자들이 행복을 누리게 되었다고, 네 운명의 결과가 불의하게도 제멋대로 바뀌었다는 생각으로 비탄에 빠져 있다. 그런데 그런 생각은 잘못된 전제에서 비롯된 것이다. 네가 눈물을 흘리며 너 자신이 추방당하고 너의 모든 소유물을 박탈당했다고 생각하는 것은 행운이 네게서 떠났다고 슬퍼하는 것과 다름없는데, 그것은 네가 운명의 본모습을 모르기 때문이다. 그리고 사악한 자들이 행복을 가졌다고 생각하는 것이나 사악한 자가 선한 자보다 더 행복을 누린다고 한탄하는 것은 네가 실로 만물의 목적이 무엇인지 모르고 있기 때문이다. 다시 말해 만물의 궁극적인 목적이 선을 지향하는 데 있다는 것을 모르고 있기 때문이다. 또한, 너는 세상이 어떤 통치 원리에 의해 다스려지는지 잊어버렸기 때문에 제멋대로 흘러가는 것이라고 믿고 있다. 그러나 만물의 목적에 따르면 악은 결코 선을 이길 수 없으며 사악한 자들이 행복할 수는 없다. 따라서 세상은 결국에는 불의가 아닌 정의에 의해 다스려지게 된다. 그럼에도 불구하고 너는 세상의 통치 원리가 정의와는 거리가 멀다고 믿고 있다. 이는 그저 병의 원인일 뿐 아니라 죽음에 이르는 원인이 되기도 한다. 그러나 다행스럽게도 자연은 너를 완전히 버리지는 않았다. 이제 너의 건강을 회복할 작은 불씨가 생명의 불길로 타올랐으니 너는 조금도 두려워할 필요가 없다."

〈보기〉

ㄱ. 만물의 궁극적인 목적이 선을 지향하는 데 있다는 것을 아는 것
ㄴ. 세상이 제멋대로 흘러가는 것이 아니라 정의에 의해 다스려진다는 것을 깨닫는 것
ㄷ. 자신이 박탈당했다고 여기는 모든 것, 즉 재산, 품위, 권좌, 명성 등을 되찾을 방도를 아는 것

① ㄱ
② ㄴ
③ ㄱ, ㄴ
④ ㄴ, ㄷ
⑤ ㄱ, ㄴ, ㄷ

제2회
삼성 온라인 GSAT

〈문항 수 및 시험시간〉

삼성 온라인 GSAT		
영역	문항 수	시험시간
수리	20문항	30분
추리	30문항	30분

삼성 온라인 GSAT

제2회 모의고사

문항 수 : 50문항
시험시간 : 60분

제 1 영역 수리

01 12살인 철민이는 2살 위인 누나와 여동생이 있다. 아버지의 나이는 철민이, 누나, 여동생 나이 합의 2배이다. 아버지와 철민이의 나이 차이가 여동생 나이의 10배와 같다고 할 때, 여동생의 나이는 몇 살인가?

① 5살
② 6살
③ 8살
④ 9살
⑤ 10살

02 1에서 10까지 적힌 숫자카드를 임의로 두 장을 동시에 뽑을 때, 뽑은 두 카드에 적힌 수의 곱이 홀수일 확률은?

① $\frac{5}{7}$
② $\frac{7}{8}$
③ $\frac{5}{9}$
④ $\frac{2}{9}$
⑤ $\frac{1}{9}$

03 다음은 8개국 무역수지에 대한 국제통계 자료이다. 이에 대한 설명으로 옳지 않은 것은?

〈8개국 무역수지〉

(단위 : 억 USD)

구분	한국	그리스	노르웨이	뉴질랜드	대만	독일	러시아	미국
7월	408	26	70	28	240	863	224	952
8월	401	20	71	24	246	879	231	862
9월	408	22	70	25	225	987	254	929
10월	419	21	80	28	267	919	249	951
11월	453	20	82	27	253	965	266	987
12월	450	25	84	30	256	827	311	935

① 한국 무역수지의 전월 대비 증가량이 가장 많았던 달은 11월이다.
② 뉴질랜드의 무역수지는 8월 이후 지속해서 증가하였다.
③ 그리스의 12월 무역수지의 전월 대비 증가율은 20%이다.
④ 10월부터 12월 사이 한국의 무역수지 변화 추이와 같은 양상을 보이는 나라는 2개국이다.
⑤ 12월 무역수지가 7월 대비 감소한 나라는 그리스, 독일, 미국이다.

04 다음은 1년 동안 S병원을 찾은 당뇨병 환자에 대한 자료이다. 이에 대한 설명으로 옳지 않은 것은?

〈당뇨병 환자 수〉

(단위 : 명)

나이 \ 당뇨병	경증		중증	
	여성	남성	여성	남성
50세 미만	9	13	8	10
50세 이상	9	19	10	22

① 여성 환자 중 중증 환자의 비율은 50%이다.
② 경증 환자 중 남성 환자의 비율은 중증 환자 중 남자 환자의 비율보다 높다.
③ 50세 이상 환자 수는 50세 미만 환자 수의 1.5배이다.
④ 중증 여성 환자의 비율은 전체 당뇨병 환자의 18%이다.
⑤ 50세 미만 환자 중 중증 남성 환자의 비율은 25%이다.

05 다음은 S사에서 일부지역을 대상으로 연도별 건물 및 아파트를 건설할 수 있는 택지공급실적을 조사하여 표로 정리한 것이다. 이에 대한 〈보기〉의 설명 중 옳지 않은 것을 모두 고르면?

〈연도별 일부지역 택지공급실적〉

(단위 : 만 m^2)

구분	서울특별시	부산광역시	대구광역시	인천광역시	광주광역시	대전광역시	울산광역시
2004년	41	69	74	98	59	204	0
2005년	18	136	92	89	125	173	10
2006년	21	167	85	230	130	160	77
2007년	16	158	60	110	139	24	88
2008년	447	152	52	124	489	10	40
2009년	152	149	129	329	46	410	61
2010년	131	66	75	282	45	190	96
2011년	86	23	22	442	64	170	144
2012년	336	3	385	68	0	10	180
2013년	251	448	100	947	10	0	0
2014년	781	0	0	84	0	0	0
2015년	38	0	0	0	0	0	107
2016년	184	0	0	0	0	0	0
2017년	0	50	0	39	0	0	80
2018년	80	20	45	10	0	20	10
2019년	50	123	152	50	0	0	20
2020년	0	14	43	0	0	0	0
2021년	0	2	36	0	0	60	0
2022년	38	0	0	0	0	60	0
2023년	0	192	112	26	0	0	0

〈보기〉

ㄱ. 2011 ~ 2023년 동안 택지공급실적이 0인 연도가 가장 많은 지역은 대전광역시이다.
ㄴ. 2023년 전체 광역시 택지공급실적은 330만 m^2이다.
ㄷ. 2004 ~ 2019년 동안 택지공급실적이 0이 아닌 지역이 1곳뿐이었던 연도는 2번이다.
ㄹ. 2004 ~ 2023년 동안 택지공급실적이 260만 m^2 이상인 연도가 가장 많은 지역은 인천광역시이다.

① ㄱ, ㄷ
② ㄴ, ㄷ
③ ㄷ, ㄹ
④ ㄱ, ㄴ, ㄹ
⑤ ㄱ, ㄷ, ㄹ

※ 다음은 2023년도 관측지점별 기상 평년값을 나타낸 자료이다. 이어지는 질문에 답하시오. **[6~7]**

〈관측지점별 기상 평년값〉

(단위 : ℃, mm)

구분	평균 기온	최고 기온	최저 기온	강수량
속초	12	15	8	1,402
철원	10	16	5	1,391
춘천	11	17	6	1,347
강릉	14	18	9	1,465
동해	13	16	8	1,278
충주	11	19	6	1,212
서산	11	17	7	1,285

06 관측지점 중 최고 기온이 17℃ 이상이며, 최저 기온이 7℃ 이상인 지점의 강수량의 합은?

① 3,025mm
② 2,955mm
③ 2,835mm
④ 2,750mm
⑤ 2,670mm

07 다음 중 자료에 대한 설명으로 옳은 것은?

① 동해의 최고 기온과 최저 기온의 평균은 12℃이다.
② 속초는 관측지점 중 평균 기온이 두 번째로 높다.
③ 최고 기온과 최저 기온의 차이가 가장 큰 관측지점은 서산이다.
④ 평균 기온, 최고·최저 기온이 가장 높은 관측지점은 강릉이다.
⑤ 강수량이 많은 관측지점 3곳은 순서대로 강릉, 속초, 춘천이다.

※ 다음은 방치자전거 수거 현황이다. 이어지는 질문에 답하시오. **[8~9]**

〈방치자전거 수거 현황〉

(단위 : 대)

시도별	2021년	2022년	2023년
전국	3,740	4,705	4,417
서울특별시	998	960	985
부산광역시	202	220	204
대구광역시	138	178	194
인천광역시	390	407	455
광주광역시	170	7	43
대전광역시	28	564	472
울산광역시	129	48	55
세종특별자치시	157	133	151
경기도	635	985	580
강원도	30	106	111
충청북도	189	162	168
충청남도	136	73	346
전라북도	120	325	280
전라남도	63	54	31
경상북도	220	118	35
경상남도	60	312	217
제주특별자치도	75	53	90

08 2021년부터 2023년까지 경기도에서 수거한 방치자전거의 총 대수로 옳은 것은?

① 1,900대
② 2,020대
③ 2,080대
④ 2,180대
⑤ 2,200대

09 다음 중 자료에 대한 〈보기〉의 설명 중 옳지 않은 것을 모두 고르면?

〈보기〉

ㄱ. 전국의 방치자전거 수거 대수는 2021년부터 2023년까지 매년 증가하였다.
ㄴ. 부산광역시의 방치자전거 수거 대수는 2022년과 2023년 모두 울산광역시보다 많다.
ㄷ. 2021년에 방치자전거 수거 대수가 200대 이상인 시도는 7곳이다.

① ㄱ
② ㄴ
③ ㄱ, ㄷ
④ ㄴ, ㄷ
⑤ ㄱ, ㄴ, ㄷ

※ 다음은 지식재산권 심판청구 현황에 대한 자료이다. 이어지는 질문에 답하시오. **[10~11]**

〈지식재산권 심판청구 현황〉

(단위 : 건, 개월)

구분		2020년	2021년	2022년	2023년
심판청구 건수	합계	9,820	9,350	8,720	9,100
	특허	8,900	8,560	8,100	8,420
	실용신안	100	83	65	60
	디자인	80	67	75	65
	상표	740	640	480	555
심판처리 건수	합계	9,200	9,310	8,840	9,130
	특허	8,330	8,630	8,250	8,480
	실용신안	87	75	67	55
	디자인	63	65	63	60
	상표	720	540	460	535
심판처리 기간	특허·실용신안	8	8	11	10
	디자인·상표	7	8	9	8

10 **다음 중 자료에 대한 설명으로 옳지 않은 것은?**

① 2020년부터 2023년까지 수치가 계속 증가한 항목은 하나도 없다.
② 심판청구 건수보다 심판처리 건수가 더 많은 해도 있다.
③ 2020년부터 2023년까지 건수가 지속적으로 감소한 항목은 2개이다.
④ 2023년에는 특허・실용신안의 심판처리 기간이 2020년에 비해 20% 이상 더 길어졌다.
⑤ 2022년에는 모든 항목에서 다른 해보다 건수가 적고 기간이 짧다.

11 **다음 중 2020년 대비 2023년 실용신안 심판청구 건수 감소율은?**

① 38%
② 40%
③ 42%
④ 46%
⑤ 48%

※ 다음은 2023년 범죄유형별 두려움에 대한 자료이다. 이어지는 질문에 답하시오. **[12~13]**

〈2023년 범죄유형별 두려움〉

(단위 : 명)

두려움 유형	전혀 그렇지 않다	그렇지 않은 편이다	보통이다	그런 편이다	매우 그렇다
절도	360	725	350	200	18
강도	372	746	335	182	18
폭행	367	729	340	189	28
사기	377	730	345	178	23
기물파손	412	750	329	143	19
가택침입	338	623	332	301	59
협박	508	722	287	113	23

12 다음 중 자료에 대한 〈보기〉의 설명 중 옳지 않은 것을 모두 고르면?

〈보기〉

ㄱ. 절도에 대하여 '보통이다'라고 응답한 사람의 수는 '매우 그렇다'라고 응답한 사람 수의 20배 이상이다.
ㄴ. 기물파손에 대하여 '매우 그렇다'라고 응답한 사람의 수는 협박에 대하여 '매우 그렇다'라고 응답한 사람의 수보다 많다.
ㄷ. 가택침입에 대하여 '전혀 그렇지 않다'라고 응답한 사람의 수는 강도에 대하여 '그런 편이다'라고 응답한 사람의 수보다 많다.
ㄹ. 모든 유형에서 '전혀 그렇지 않다'라고 응답한 사람의 수가 두 번째로 많다.

① ㄱ, ㄴ
② ㄱ, ㄷ
③ ㄴ, ㄷ
④ ㄴ, ㄹ
⑤ ㄷ, ㄹ

13 두려움 유형들 중 두 번째로 많은 사람들이 '그렇지 않은 편이다'라고 대답한 두려움 유형으로 옳은 것은?

① 절도
② 강도
③ 폭행
④ 사기
⑤ 기물파손

※ 다음은 유형별 재산범죄 발생 추이에 대한 자료이다. 이어지는 질문에 답하시오. **[14~15]**

〈유형별 재산범죄 발생 추이〉

(단위 : 천 건)

연도	전체	절도	장물	사기	횡령	배임	손괴
2014년	450	170	15	180	25	15	45
2015년	465	180	15	190	25	10	45
2016년	490	185	10	210	20	15	50
2017년	470	150	18	220	25	10	47
2018년	465	180	36	184	25	10	30
2019년	510	190	25	200	27	13	55
2020년	515	210	25	185	23	17	55
2021년	520	205	20	200	26	15	54
2022년	565	225	35	220	27	13	45
2023년	570	235	30	210	25	16	54

14 다음 중 자료에 대한 설명으로 옳지 않은 것은?

① 조사기간 동안 전체 재산범죄 발생건수는 2017년과 2018년에 각각 전년 대비 감소하였으나, 2019년부터 지속적으로 증가하였다.

② 장물범죄 발생건수는 2018년에 36천 건으로 전년 대비 100% 증가하였다.

③ 2017년과 2018년 절도의 발생건수를 비교하면 절도는 2017년 대비 2018년에 20% 증가하였다.

④ 조사기간 동안 사기의 발생건수는 항상 절도의 발생건수보다 많았다.

⑤ 전체 재산범죄 발생건수는 2023년에 가장 많았다.

15 다음 중 2021년 전체 재산범죄 중 횡령이 차지하는 비율은?

① 5%
② 6%
③ 7%
④ 8%
⑤ 9%

※ 다음은 우리나라 배기량별 승용차 수출액에 대한 자료이다. 이어지는 질문에 답하시오. **[16~17]**

〈배기량별 승용차 수출액〉

(단위 : 천만 달러)

구분			2022년 4분기	2023년 1분기	2023년 2분기	2023년 3분기	2023년 4분기
경차	1,000cc 이하	휘발유	26	23	20	14	23
소형	1,000cc 초과 1,500cc 이하	휘발유	165	147	145	125	170
	1,500cc 이하	경유	3	5	4	3	7
중대형	1,500cc 초과 2,000cc 이하	휘발유	455	390	400	290	440
		경유	65	55	58	57	60
	2,000cc 초과	휘발유	300	220	275	200	310
		경유	57	50	60	40	60

16 다음 중 자료에 대한 설명으로 옳지 않은 것은?

① 2022년 4분기에 수출액이 두 번째로 높은 승용차 종류는 배기량 2,000cc 초과 휘발유 중대형 승용차이다.

② 2023년 1분기에 전 분기보다 수출액이 증가한 승용차 종류는 한 종류이다.

③ 2023년 4분기의 모든 승용차 종류의 수출액은 전년 동분기보다 모두 증가했다.

④ 2023년 4분기의 소형 휘발유 승용차의 수출액은 전 분기 대비 36% 증가했다.

⑤ 2023년 2분기에 배기량 1,500cc 초과 2,000cc 이하 휘발유 중대형 승용차의 수출액은 같은 분기 경차 수출액의 20배이다.

17 2023년 4분기 휘발유 승용차의 전체 매출액은 동년 1분기보다 얼마나 증가했는가?

① 163천만 달러
② 165천만 달러
③ 167천만 달러
④ 170천만 달러
⑤ 172천만 달러

18 다음은 우리나라 제조업 상위 3개 업종 종사자수를 나타낸 자료이다. 이를 꺾은선 그래프로 변형하려고 할 때 가장 알맞은 것은?

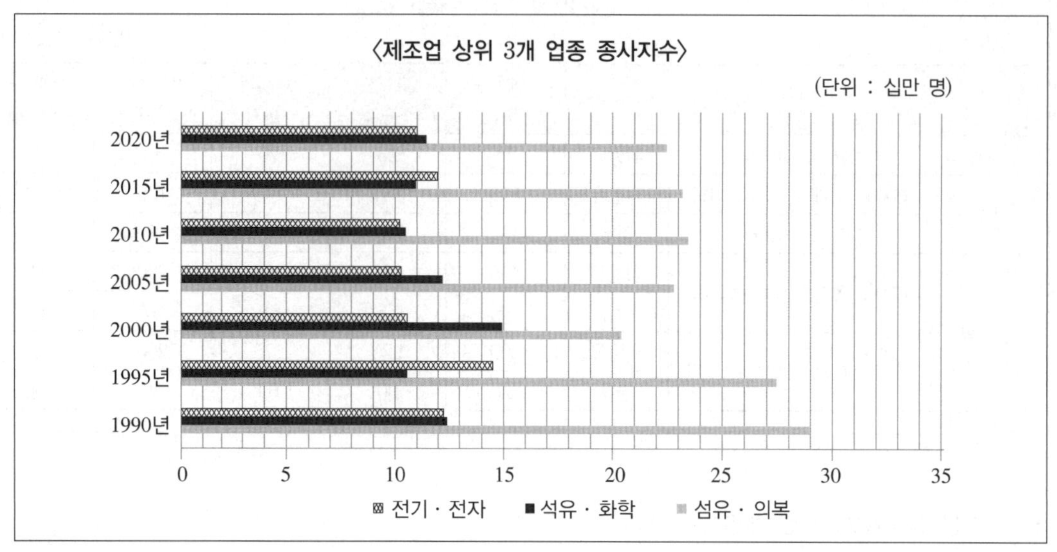

① 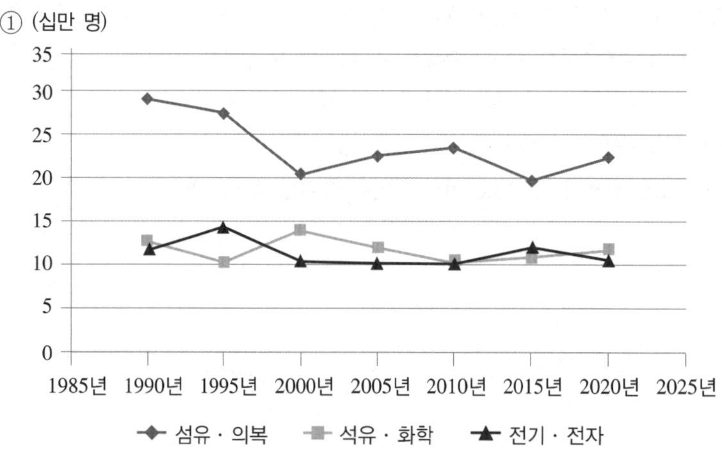

② 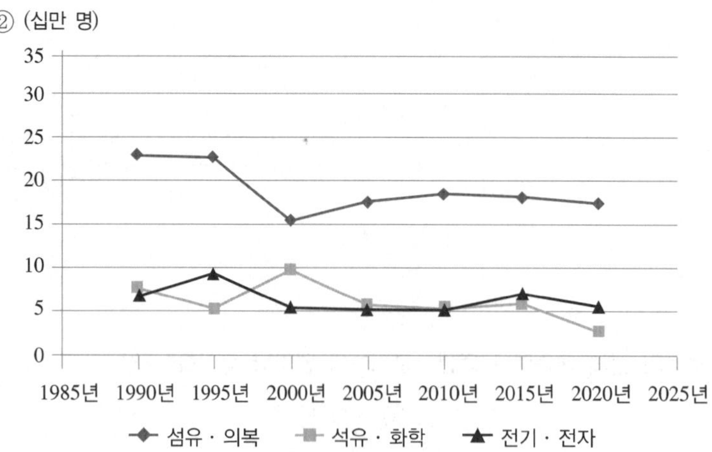

③
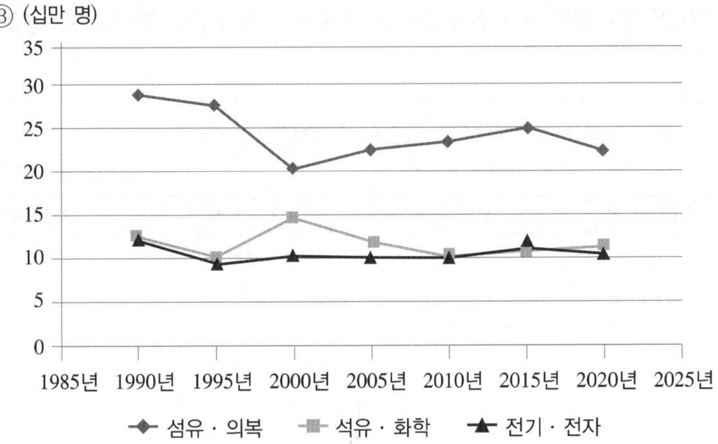
(십만 명)
35
30
25
20
15
10
5
0
1985년 1990년 1995년 2000년 2005년 2010년 2015년 2020년 2025년
섬유 · 의복
석유 · 화학
전기 · 전자

④
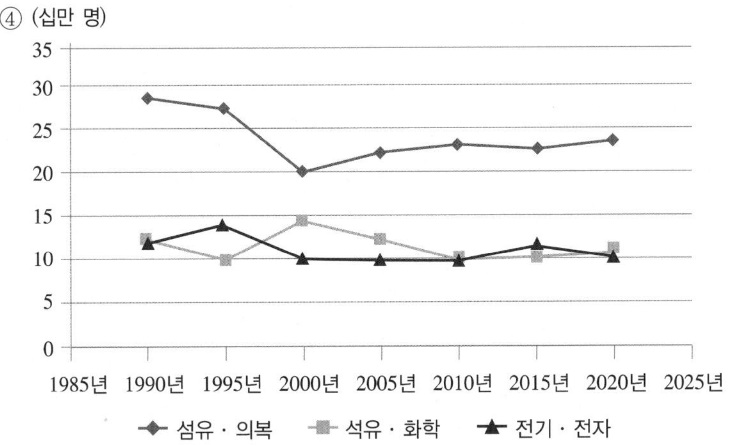
(십만 명)
35
30
25
20
15
10
5
0
1985년 1990년 1995년 2000년 2005년 2010년 2015년 2020년 2025년
섬유 · 의복
석유 · 화학
전기 · 전자

⑤
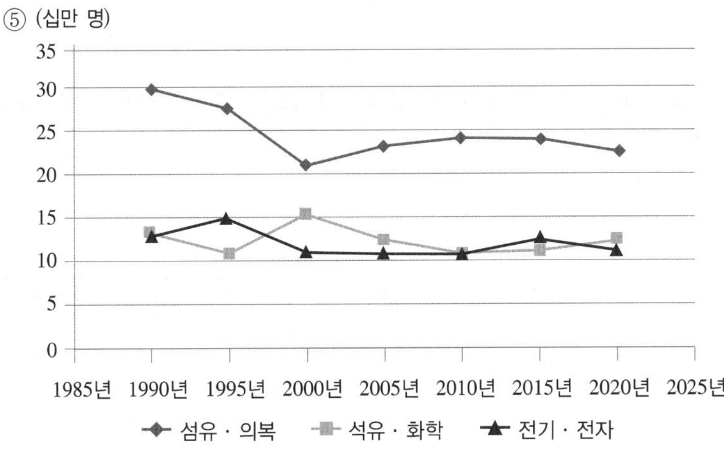
(십만 명)
35
30
25
20
15
10
5
0
1985년 1990년 1995년 2000년 2005년 2010년 2015년 2020년 2025년
섬유 · 의복
석유 · 화학
전기 · 전자

19 어떤 세균 배양지에 항균 용액을 떨어뜨린 후 시간에 따른 세균 수가 다음과 같은 일정한 규칙으로 변화할 때, 10시간 후 세균의 수는?

〈항균 용액 투여 후 세균의 수 변화〉

(단위 : 백만 마리)

기간	1시간 후	2시간 후	3시간 후	4시간 후
세균 수	19	$\frac{19}{3}$	$\frac{19}{5}$	$\frac{19}{7}$

① 1.2백만 마리
② 1백만 마리
③ 0.8백만 마리
④ 0.5백만 마리
⑤ 0.2백만 마리

20 다음은 청개구리와 황소개구리의 개체 수 변화에 대한 자료이다. 이와 같은 일정한 변화가 지속될 때 2024년 청개구리와 황소개구리의 개체 수는?

〈청개구리 · 황소개구리 개체 수 변화〉

(단위 : 만 마리)

구분	2016년	2017년	2018년	2019년	2020년
청개구리	5	6	8	12	20
황소개구리	50	47	44	41	38

	청개구리	황소개구리
①	200만 마리	25만 마리
②	200만 마리	26만 마리
③	260만 마리	26만 마리
④	260만 마리	25만 마리
⑤	300만 마리	26만 마리

제2영역 추리

※ 제시된 명제가 모두 참일 때, 다음 중 빈칸에 들어갈 명제로 가장 적절한 것을 고르시오. [1~3]

01

전제1. 양식 자격증이 없다면 레스토랑에 취직할 수 없다.
전제2. 양식 자격증을 획득하려면 양식 실기시험에 합격해야 한다.
결론. ____________________

① 양식 실기시험에 합격하면 레스토랑에 취직할 수 있다.
② 레스토랑에 취직하려면 양식 실기시험에 합격해야 한다.
③ 양식 자격증이 있으면 레스토랑에 취직할 수 있다.
④ 양식 실기시험에 합격하면 양식 자격증을 획득할 수 있다.
⑤ 레스토랑에 취직할 수 없다면 양식 자격증이 없는 것이다.

02

전제1. 창의적인 문제해결을 하기 위해서는 브레인스토밍을 해야 한다.
전제2. 브레인스토밍을 하기 위해서는 상대방의 아이디어를 비판해서는 안 된다.
결론. ____________________

① 상대방의 아이디어를 비판하지 않으면 창의적인 문제해결이 가능하다.
② 상대방의 아이디어를 비판하지 않으면 브레인스토밍을 할 수 있다.
③ 브레인스토밍을 하면 창의적인 문제해결이 가능하다.
④ 창의적인 문제해결을 하기 위해서는 상대방의 아이디어를 비판해서는 안 된다.
⑤ 브레인스토밍을 하지 않으면 상대방의 아이디어를 비판하게 된다.

03

전제1. 갈매기는 육식을 하는 새이다.
전제2. ____________________
전제3. 바닷가에 사는 새는 갈매기이다.
결론. 헤엄을 치는 새는 육식을 한다.

① 바닷가에 살지 않는 새는 헤엄을 치지 않는다.
② 갈매기는 헤엄을 친다.
③ 육식을 하는 새는 바닷가에 살지 않는다.
④ 헤엄을 치는 새는 육식을 하지 않는다.
⑤ 갈매기가 아니어도 육식을 하는 새는 있다.

04 **다음 〈조건〉을 만족할 때 추론할 수 있는 것으로 옳은 것은?**

〈조건〉

- 도봉산은 북악산보다 높다.
- 북악산은 관악산보다 낮다.
- 북한산은 도봉산과 관악산보다 높다.

① 도봉산이 관악산보다 높다.
② 관악산이 도봉산보다 높다.
③ 관악산이 가장 낮다.
④ 북악산이 가장 낮다.
⑤ 북악산은 도봉산보다 낮지만, 북한산보다 높다.

05 **어떤 지역의 교장 선생님 5명(가～마)는 이번 년도에 각기 다른 5개의 고등학교(A～E학교)로 배정받는다고 한다. 다음 〈조건〉을 참고할 때, 반드시 참인 것은?**

〈조건〉

- 하나의 고등학교에는 한 명의 교장 선생님이 배정받는다.
- 이전에 배정받았던 학교로는 다시 배정되지 않는다.
- 가와 나는 C학교와 D학교에 배정된 적이 있다.
- 다와 라는 A학교와 E학교에 배정된 적이 있다.
- 마가 배정받은 학교는 B학교이다.
- 다가 배정받은 학교는 C학교이다.

① 가는 A학교에 배정된 적이 있다.
② 나는 E학교에 배정된 적이 있다.
③ 다는 D학교에 배정된 적이 있다.
④ 가는 확실히 A학교에 배정될 것이다.
⑤ 라가 배정받은 학교는 D학교일 것이다.

06 미국, 영국, 중국, 프랑스에 파견된 4명의 외교관(A ~ D)는 1년에 한 번, 한 명씩 새로운 국가로 파견된다. 다음 〈조건〉을 참고할 때, 반드시 참인 것은?

〈조건〉

- 두 번 연속 같은 국가에 파견될 수는 없다.
- A는 작년에 영국에 파견되어 있었다.
- C와 D는 이번에 프랑스에 파견되지는 않는다.
- D는 작년에 중국에 파견되어 있었다.
- C가 작년에 파견된 나라는 미국이다.
- B가 이번에 파견된 국가는 중국이다.

① A가 이번에 파견된 국가는 영국이다.
② C가 이번에 파견된 국가는 미국이다.
③ D가 이번에 파견된 국가는 프랑스다.
④ B가 작년에 파견된 국가는 프랑스일 것이다.
⑤ A는 작년에 영국, 또는 미국에 파견되었을 것이다.

07 S씨는 순서도를 그리기 위해서 6가지 질문(가 ~ 바)을 준비하였다. 정해진 순서에 따라 6개의 질문을 차례로 배치해야 맞는 순서도를 그릴 수 있다고 한다. 다음 〈조건〉을 참고하여 두 번째로 배치해야 하는 질문이 나일 때, 마지막으로 배치해야 할 질문은?

〈조건〉

- 나 바로 다음에는 라가 있어야 한다.
- 바는 라와 다의 사이에 있다.
- 다는 바와 가 보다는 뒤에 있다.
- 마와 바 사이에는 한 개의 질문이 있다.

① 가
② 다
③ 라
④ 마
⑤ 바

08 음식을 만들기 위해서는 준비된 재료 7가지(가 ~ 사)를 정해진 순서대로 넣어야 한다. 다음 〈조건〉을 참고하여 마지막에 넣는 재료가 가일 때, 두 번째 넣어야 할 재료는?

〈조건〉

- 모든 재료는 차례로 한 번씩만 넣는다.
- 가 바로 앞에 넣는 재료는 라이다.
- 사는 라보다는 먼저 넣지만, 나보다 늦게 넣는다.
- 마는 다와 나의 사이에 넣는 재료이다.
- 다는 마보다 먼저 들어간다.
- 바는 다보다 먼저 들어간다.

① 다
② 나
③ 마
④ 바
⑤ 아

09 S학원에서 10명의 학생(가 ~ 차)을 차례로 한 줄로 세우려고 한다. 다음 〈조건〉을 참고하여 7번째에 오는 학생이 사일 때, 3번째에 올 학생은?

〈조건〉

- 자 학생과 차 학생은 결석하여 줄을 서지 못했다.
- 가보다 다가 먼저 서 있다.
- 마는 다와 아보다 먼저 서있다.
- 아는 가와 바 사이에 서있다.
- 바는 나보다는 먼저 서있지만, 가보다는 뒤에 있다.
- 라는 사와 나의 뒤에 서있다.

① 가
② 나
③ 마
④ 바
⑤ 아

10 **한 회사에서 건물의 엘리베이터 6대(1호기 ~ 6호기)를 6시간에 걸쳐 점검하고자 한다. 한 시간에 한 대씩만 검사한다고 할 때, 다음에 근거하여 바르게 추론한 것은?**

- 제일 먼저 검사하는 것은 5호기이다.
- 가장 마지막에 검사하는 것은 6호기가 아니다.
- 2호기는 6호기보다 먼저 검사한다.
- 3호기는 두 번째로 먼저 검사하며, 그 다음으로 검사하는 것은 1호기이다.

① 6호기는 4호기보다 늦게 검사한다.

② 마지막으로 검사하는 엘리베이터는 4호기는 아니다.

③ 4호기 다음으로 검사할 것은 2호기이다.

④ 2호기는 세 번째에 검사한다.

⑤ 6호기는 1호기 다다음에 검사하며, 5번째로 검사하게 된다.

11 **한 레스토랑의 코스 요리는 총 7개의 코스로 구성되어 있으며, 하나의 순서 당 서로 다른 한 종류의 요리가 나온다. 다음에 근거하여 바르게 추론한 것은?**

- 가장 먼저 나오는 것은 스프이다.
- 스프와 생선 튀김 사이에는 치킨 샐러드를 준다.
- 생선 튀김은 스테이크보다 앞에 나온다.
- 버섯 파스타는 4번째 순서이다.
- 가장 마지막으로는 푸딩을 준다.
- 치즈 케이크는 스테이크보다는 뒤에 나온다.

① 치즈 케이크는 5번째 이전 순서에 나온다.

② 치킨 샐러드는 버섯 파스타보다 늦게 나온다.

③ 스테이크 바로 다음 순서는 버섯 파스타가 아닌 치즈 케이크이다.

④ 생선 튀김을 먹은 다음에는 치킨 샐러드가 나올 것이다.

⑤ 스테이크를 먹었다면 코스의 절반보다 조금 더 남았다고 봐야 한다.

12 한 마트에서는 4층짜리 매대에 과일들을 진열해 놓았다. 매대의 각 층에는 서로 다른 과일이 한 종류씩 진열되어 있을 때, 다음에 근거하여 바르게 추론한 것은?

- 정리된 과일은 사과, 귤, 감, 배의 네 종류이다.
- 사과 위에는 아무 과일도 존재하지 않는다.
- 배는 감보다 아래쪽에 올 수 없다.
- 귤은 감보다는 높이 위치해 있지만, 배보다 높이 있는 것은 아니다.

① 사과는 3층 매대에 있을 것이다.
② 귤이 사과 바로 아래층에 있을 것이다.
③ 배는 감 바로 위층에 있을 것이다.
④ 귤은 감과 배 사이에 있다.
⑤ 귤은 가장 아래층에 있을 것이다.

13 어느 유치원에서 아이들 8명(a ~ h)을 짝지어 승합차에 태우려고 한다. 다음의 〈조건〉에 따라 아이들을 배치해 승합차에 태울 때, 배치로 적절한 것은?

〈조건〉

- 아이들은 두 명씩 짝을 이룬다.
- 두 명씩 네 줄로 앉혀야 한다.
- a와 e는 짝이 될 수 없다.
- c의 바로 다음 줄에는 h가 올 수 없다.
- b는 d와 짝이 될 수는 있지만, 바로 다음 줄에 올 수는 없다(b 다음에 d나, d 다음에 b는 안 됨).
- f가 g와 짝이라면, a와 h도 짝을 이뤄야 한다.

① (a, c), (e, h), (d, f), (b, g)
② (b, d), (a, f), (c, h), (e, g)
③ (a, e), (b, d), (c, h), (f, g)
④ (a, h), (b, c), (d, g), (f, g)
⑤ (b, d), (f, g), (a, c), (e, h)

14 S사의 마케팅팀 직원 7명(A ~ G)이 세 대의 승용차를 나누어 타고 다른 장소로 이동하려고 한다. 다음 〈조건〉을 모두 만족하도록 차량 배치를 한다면 가장 적절한 것은?

〈조건〉

- 세 대의 승용차를 모두 이용한다.
- 2명, 2명, 3명으로 나누어 탑승해야 한다.
- B와 D는 한 차에 탑승할 수 없다.
- E는 세 명이 탄 차에 탑승해야 한다.
- E와 F가 한 차에 탔다면 A와 C도 한 차에 타야 한다.
- A는 D와 F 중에 한 사람과는 함께 타야 한다.

① (A, D, G), (B, F), (C, E)
② (A, B, E), (C, F), (D, G)
③ (C, E, G), (B, F), (A, D)
④ (B, C, G), (A, D), (E, F)
⑤ (B, D, G), (C, F), (A, E)

15 백화점에서 함께 쇼핑을 한 A ~ E는 일정 금액 이상 구매 시 추첨을 통해 경품을 제공하는 백화점 이벤트에 응모하였다. 얼마 후 당첨자가 발표되었고, A ~ E 중 1명이 1등에 당첨되었다. 다음 A ~ E의 대화에서 한 명이 거짓말을 한다고 할 때, 1등 당첨자는?

A : C는 1등이 아닌 3등에 당첨됐어.
B : D가 1등에 당첨됐고, 나는 2등에 당첨됐어.
C : A가 1등에 당첨됐어.
D : C의 말은 거짓이야.
E : 나는 5등에 당첨되었어.

① A
② B
③ C
④ D
⑤ E

※ 다음 제시된 도형의 규칙을 보고 물음표에 들어갈 도형으로 가장 적절한 것을 고르시오. **[16~18]**

16

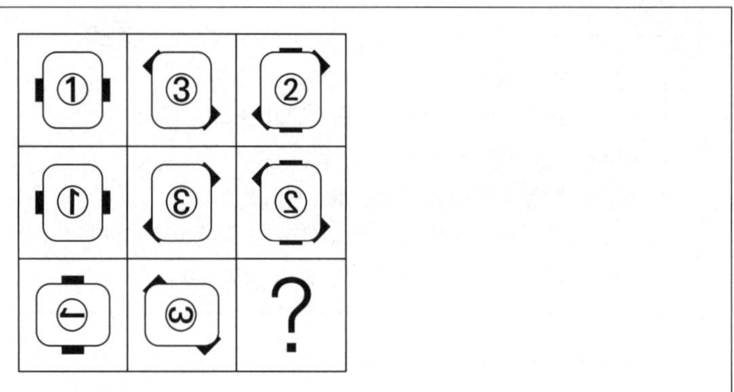

①

②

③

④

⑤

17

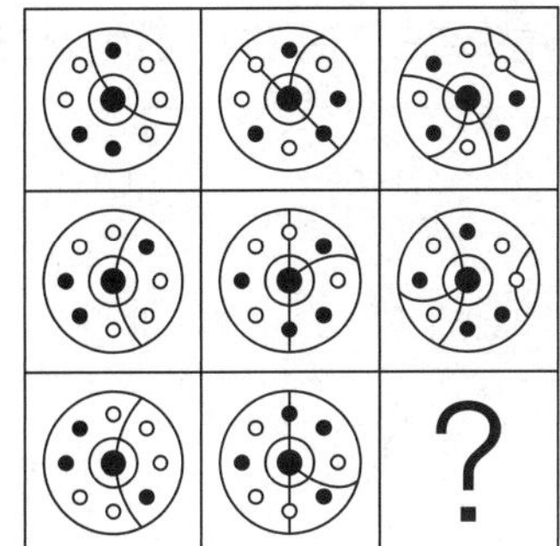

① 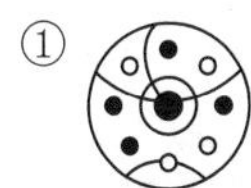

② 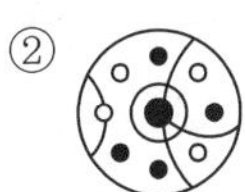

③ 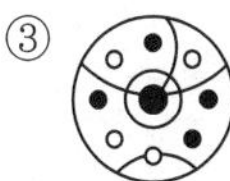

④ 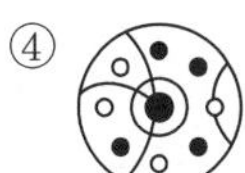

⑤

18

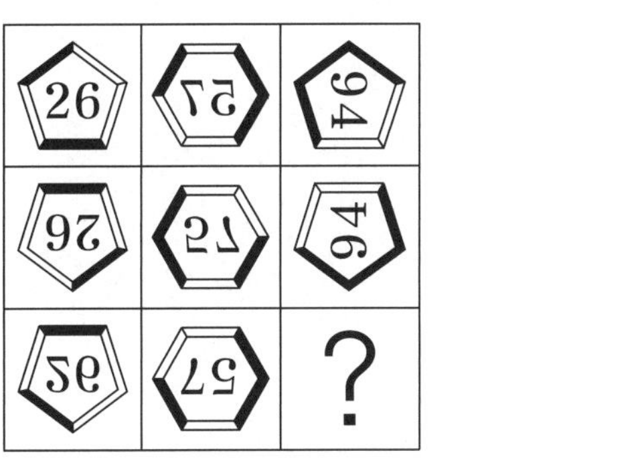

① 

② 

③ 

④ 

⑤

※ 다음 도식에서 기호들은 일정한 규칙에 따라 문자를 변화시킨다. 물음표에 들어갈 알맞은 문자를 고르시오 (단, 규칙은 가로와 세로 중 한 방향으로만 적용된다). **[19~22]**

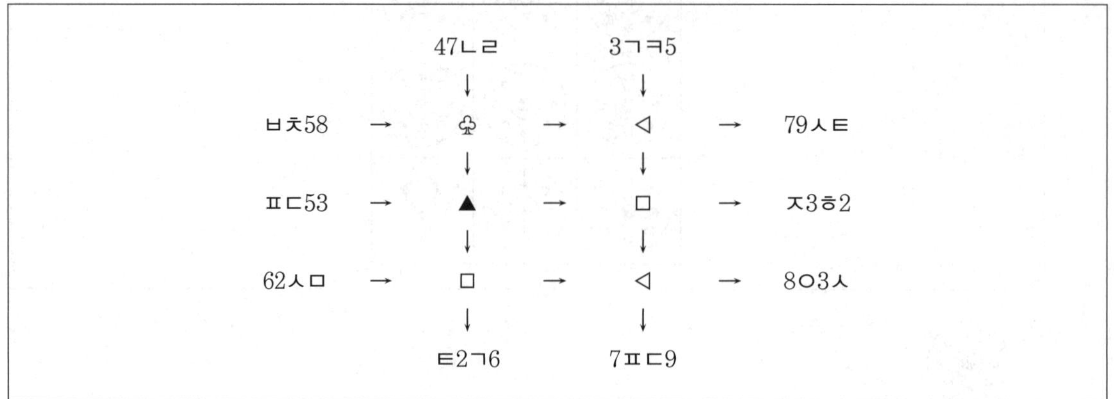

19

ㄷ5ㅇ6 → ◁ → ▲ → ?

① ㅊ4ㅂ6
② ㅂ3ㅊ7
③ ㄴ6ㅎ9
④ ㄱ3ㅅ7
⑤ ㄴ4ㅂ8

20

ㅇ2ㄴ8 → □ → ♧ → ?

① 35ㄷㅇ
② 24ㅊㅅ
③ 28ㅇㄴ
④ 12ㅈㅎ
⑤ 34ㅊㄴ

21

? → ▲ → □ → ㄷㄱ42

① 7ㅅㄷ3
② 3ㅅㄷ7
③ ㅅ73ㄷ
④ ㅅ7ㄷ3
⑤ 37ㄷㅅ

22

? → ♧ → ◁ → P3ㄴM

① ㄴP3M
② ㄱPN2
③ N3ㄴK
④ ㄱKN2
⑤ NP3ㄴ

※ 다음 중 제시된 문단을 논리적 순서대로 바르게 나열한 것을 고르시오. **[23~24]**

23

(가) 매년 수백만 톤의 황산이 애팔래치아 산맥에서 오하이오 강으로 흘러들어 간다. 이 황산은 강을 붉게 물들이고 산성으로 변화시킨다. 이렇듯 강이 붉게 물드는 것은 티오바실러스라는 세균으로 인해 생성된 침전물 때문이다. 철2가 이온($Fe2^{+}$)과 철3가 이온($Fe3^{+}$)의 용해도가 이러한 침전물의 생성에 중요한 역할을 한다.

(나) 애팔래치아 산맥의 석탄 광산에 있는 황철광에는 이황화철(FeS2)이 함유되어 있다. 티오바실러스는 이 황철광에 포함된 이황화철(FeS2)을 산화시켜 철2가 이온($Fe2^{+}$)과 강한 산인 황산을 만든다. 이 과정에서 티오바실러스는 일차적으로 에너지를 얻는다. 일단 만들어진 철2가 이온($Fe2^{+}$)은 티오바실러스에 의해 다시 철3가 이온($Fe3^{+}$)으로 산화되는데, 이 과정에서 또 다시 티오바실러스는 에너지를 이차적으로 얻는다.

(다) 이황화철(FeS2)의 산화는 다음과 같이 가속된다. 티오바실러스에 의해 생성된 황산은 황철광을 녹이게 된다. 황철광이 녹으면 황철광 안에 들어 있던 이황화철(FeS2)은 티오바실러스와 공기 중의 산소에 더 노출되어 화학반응이 폭발적으로 증가하게 된다. 티오바실러스의 생장과 번식에는 이와 같이 에너지의 원료가 되는 이황화철(FeS2)과 산소 그리고 세포 구성에 필요한 무기질이 꼭 필요하다. 이러한 환경조건이 자연적으로 완비된 광산 지역에서는 일반적인 방법으로 티오바실러스의 생장을 억제하기가 힘들다. 이황화철(FeS2)과 무기질이 다량으로 광산에 있으므로 이 경우 오하이오 강의 오염을 막기 위한 방법은 광산을 밀폐시켜 산소의 공급을 차단하는 것뿐이다.

(라) 철2가 이온($Fe2^{+}$)은 강한 산(pH 3.0 이하)에서 물에 녹은 상태를 유지한다. 그러한 철2가 이온($Fe2^{+}$)은 자연 상태에서 pH 4.0 ~ 5.0 사이가 되어야 철3가 이온($Fe3^{+}$)으로 산화된다. 놀랍게도 티오바실러스는 강한 산에서 잘 자라고 강한 산에 있는 철2가 이온($Fe2^{+}$)을 적극적으로 산화시켜 철3가 이온($Fe3^{+}$)을 만든다. 그리고 물에 녹지 않는 철3가 이온($Fe3^{+}$)은 다른 무기 이온과 결합하여 붉은 침전물을 만든다. 환경에 영향을 미칠 정도로 다량의 붉은 침전물을 만들기 위해서는 엄청난 양의 철2가 이온($Fe2^{+}$)과 강한 산이 있어야 한다. 이것들은 어떻게 만들어지는 것일까?

① (가) – (나) – (라) – (다)
② (가) – (라) – (나) – (다)
③ (라) – (가) – (다) – (나)
④ (라) – (나) – (가) – (다)
⑤ (라) – (나) – (다) – (가)

24

(가) 이러한 수평적 연결은 사물인터넷 서비스로 새로운 성장 동력을 모색할 수 있다. 예를 들어, 스마트 컵인 프라임베실(개인에게 필요한 수분 섭취량을 알려줌), 스마트 접시인 탑뷰(음식의 양을 측정함), 스마트 포크인 해피포크(식사 습관개선을 돕는 스마트 포크. 식사 속도와 시간, 1분간 떠먹는 횟수 등을 계산해 식사 습관을 분석함)를 연결하면 식생활 습관을 관리할 수 있을 것이다. 이를 식당, 병원, 헬스케어 센터에서 이용하면 고객의 식생활을 부가 서비스로 관리할 수 있다.

(나) 마치 100m 달리기를 하듯 각자의 트랙에서 목표를 향해 전력 질주하던 시대가 있었다. 선택과 집중의 논리로 수직 계열화를 통해 효율을 확보하고, 성능을 개선하고자 했었다. 그런데 세상이 변하고 있다. 고객 혹은 사용자를 중심으로 기존의 제품과 서비스가 재정의되고 있는 것이다. 이러한 산업의 패러다임적 전환을 신성장 동력이라 말한다.

(다) 기존의 가스 경보기를 만들려면 미세한 가스도 놓치지 않는 센서의 성능, 오래 지속되는 배터리, 크게 알릴 수 있는 알람 소리, 인테리어에 잘 어울리는 멋진 제품 디자인이 필요하다. 그런데 아무리 좋은 가스 경보기를 만들어도 사람의 안전을 담보하지는 못한다. 만약 집에서 가스 경보기가 울리면 아마 창문을 열어 환기시키고, 가스 밸브를 잠그고, 119에 신고를 해야 할 것이다. 사람의 안전을 담보하는, 즉 연결 지배성이 높은 가스 경보기는 이런 일을 모두 해내야 한다. 이런 가스 경보기를 만들려면 전기, 전자, 통신, 기계, 인테리어, 디자인 등의 도메인들이 사용자 경험을 중심으로 연결돼야 한다. 이를 수평적 연결이라 부른다.

(라) 똑똑한 사물인터넷은 점점 더 다양해진다. SK텔레콤의 ‘누구’나 아마존 ‘에코’ 같은 스마트 스피커는 사용자가 언제 어디든, 일상에서 인공 비서로 사용되는 시대가 되었다. 그리고 귀뚜라미 보일러의 사물인터넷 서비스는 보일러 쪽으로 직접 가지 않아도 스마트폰 전용 앱으로 보일러를 관리한다. 이제 보일러가 언제, 얼마나, 어떻게 쓰이는지, 그리고 보일러의 상태는 어떠한지, 사용하는 방식과 에너지 소모 등의 정보도 얻을 수 있다. 4차산업혁명의 전진기지 역할을 하는 사물인터넷 서비스는 이제 거스를 수 없는 대세이다.

① (나) – (가) – (다) – (라)
② (나) – (다) – (가) – (라)
③ (다) – (가) – (라) – (나)
④ (다) – (나) – (가) – (라)
⑤ (라) – (나) – (가) – (다)

※ 다음 제시문의 내용이 참일 때 항상 거짓인 것을 고르시오. [25~26]

25

토크빌이 미국에서 관찰한 정치 과정 가운데 가장 놀랐던 것은 바로 시민들의 정치적 결사였다. 미국인들은 어려서부터 스스로 단체를 만들고 스스로 규칙을 제정하여 그에 따라 행동하는 것을 관습화해왔다. 이에 미국인들은 어떤 사안이 발생할 경우 국가기관이나 유력자의 도움을 받기 전에 스스로 단체를 결성하여 집합적으로 대응하는 양상을 보인다. 미국의 항구적인 지역 자치의 단위인 타운, 시티, 카운티조차도 주민들의 자발적인 결사로부터 형성된 단체였다.

미국인들의 정치적 결사는 결사의 자유에 대한 완벽한 보장을 기반으로 실현된다. 일단 하나의 결사로 뭉친 개인들은 언론의 자유를 보장받으면서 자신들의 집약된 견해를 널리 알린다. 이러한 견해에 호응하는 지지자들의 수가 점차 늘어날수록 이들은 더욱 열성적으로 결사를 확대해간다. 그런 다음에는 집회를 개최하여 자신들의 힘을 표출한다. 집회에서 가장 중요한 요소는 대표자를 선출하는 기회를 만드는 것이다. 집회로부터 선출된 지도부는 물론 공식적으로 정치적 대의제의 대표는 아니다. 하지만 이들은 도덕적인 힘을 가지고 자신들의 의견을 반영한 법안을 미리 기초하여 그것이 실제 법률로 제정되게끔 공개적으로 입법부에 압력을 가할 수 있다.

토크빌은 이러한 정치적 결사가 갖는 의미에 대해 독특한 해석을 펼친다. 그에 따르면, 미국에서는 정치적 결사가 다수의 횡포에 맞서는 보장책으로서의 기능을 수행한다. 미국의 입법부는 미국 시민의 이익을 대표하며, 의회 다수당은 다수 여론의 지지를 받는다. 이를 고려하면 언제든 '다수의 이름으로' 소수를 배제한 입법권의 행사가 가능해짐에 따라 입법 활동에 대한 다수의 횡포가 나타날 수 있다. 토크빌은 이러한 다수의 횡포를 제어할 수 있는 정치 제도가 없는 상황에서 소수 의견을 가진 시민들의 정치적 결사는 다수의 횡포에 맞설 수 있는 유일한 수단이라고 보았다. 더불어 토크빌은 시민들의 정치적 결사가 소수자들이 다수의 횡포를 견제할 수 있는 수단으로 온전히 기능하기 위해서는 도덕의 권위에 호소해야 한다고 보았다. 왜냐하면 힘이 약한 소수자가 호소할 수 있는 것은 도덕의 권위뿐이기 때문이다.

① 미국 정치는 다수에 의한 지배를 정당화하는 체제를 토대로 한다.
② 미국에서는 처음에 자발적 결사로 시작된 단체도 항구적 자치 단체로 성장할 수 있다.
③ 미국 시민들은 정치적 결사를 통해 실제 법률 제정과 관련하여 입법부에 압력을 행사할 수 있다.
④ 토크빌에 따르면 미국에서 소수자는 도덕의 권위에 도전함으로써 다수의 횡포에 저항해야 한다.
⑤ 토크빌에 따르면 미국에서 정치적 결사는 시민들의 소수 의견이 배제된 입법 활동을 제어하는 역할을 한다.

26

기원전 3천 년쯤 처음 나타난 원시 수메르어 문자 체계는 두 종류의 기호를 사용했다. 한 종류는 숫자를 나타냈고, 1, 10, 60 등에 해당하는 기호가 있었다. 다른 종류의 기호는 사람, 동물, 사유물, 토지 등을 나타냈다. 두 종류의 기호를 사용하여 수메르인들은 많은 정보를 보존할 수 있었다.
이 시기의 수메르어 기록은 사물과 숫자에 한정되었다. 쓰기는 시간과 노고를 요구하는 일이었고, 기호를 읽고 쓸 줄 아는 사람은 얼마 되지 않았다. 이런 고비용의 기호를 장부 기록 이외의 일에 활용할 이유가 없었다. 현존하는 원시 수메르어 문서 가운데 예외는 하나뿐이고, 그 내용은 기록하는 일을 맡게 된 견습생이 교육을 받으면서 반복해서 썼던 단어들이다. 지루해진 견습생이 자기 마음을 표현하는 시를 적고 싶었더라도 그는 그렇게 할 수 없었다. 원시 수메르어 문자 체계는 완전한 문자 체계가 아니었기 때문이다. 완전한 문자 체계란 구어의 범위를 포괄하는 기호 체계, 즉 시를 포함하여 사람들이 말하는 것은 무엇이든 표현할 수 있는 체계이다. 반면에 불완전한 문자 체계는 인간 행동의 제한된 영역에 속하는 특정한 종류의 정보만 표현할 수 있는 기호 체계다. 라틴어, 고대 이집트 상형문자, 브라유 점자는 완전한 문자 체계이다. 이것들로는 상거래를 기록하고, 상법을 명문화하고, 역사책을 쓰고, 연애시를 쓸 수 있다. 이와 달리 원시 수메르어 문자 체계는 수학의 언어나 음악 기호처럼 불완전했다. 그러나 수메르인들은 불편함을 느끼지 않았다. 그들이 문자를 만들어 쓴 이유는 구어를 고스란히 베끼기 위해서가 아니라 거래 기록의 보존처럼 구어로는 하지 못할 일을 하기 위해서였기 때문이다.

① 원시 수메르어 문자 체계는 구어를 보완하는 도구였다.
② 원시 수메르어 문자 체계는 감정을 표현하는 일에 적합하지 않았다.
③ 원시 수메르어 문자를 당시 모든 구성원이 사용할 줄 아는 것은 아니었다.
④ 원시 수메르어 문자는 사물과 숫자를 나타내는 데 상이한 종류의 기호를 사용하였다.
⑤ 원시 수메르어 문자와 마찬가지로 고대 이집트 상형문자는 구어의 범위를 포괄하지 못했다.

※ 다음 제시문에 대한 반론으로 가장 적절한 것을 고르시오. [27~28]

27

> 상업 광고는 기업은 물론이고 소비자에게도 요긴하다. 기업은 마케팅 활동의 주요한 수단으로 광고를 적극적으로 이용하여 기업과 상품의 인지도를 높이려 한다. 소비자는 소비 생활에 필요한 상품의 성능, 가격, 판매 조건 등의 정보를 광고에서 얻으려 한다. 광고를 통해 기업과 소비자가 모두 이익을 얻는다면 이를 규제할 필요는 없을 것이다. 그러나 광고에서 기업과 소비자의 이익이 상충되는 경우도 있고 광고가 사회 전체에 폐해를 낳는 경우도 있어, 다양한 규제 방식이 모색되었다.
> 이때 문제가 된 것은 과연 광고로 인한 피해를 책임질 당사자로서 누구를 상정할 것인가였다. 초기에는 '소비자 책임 부담 원칙'에 따라 광고 정보를 활용한 소비자의 구매 행위에 대해 소비자가 책임을 져야 한다고 보았다. 여기에는 광고 정보가 정직한 것인지와는 상관없이 소비자는 이성적으로 이를 판단하여 구매할 수 있어야 한다는 전제가 있었다. 그래서 기업은 광고에 의존하여 물건을 구매한 소비자가 입은 피해에 대하여 책임을 지지 않았고, 광고의 기만성에 대한 입증 책임도 소비자에게 있었다.

① 상업 광고는 소비자에게 전혀 도움이 되지 않는다.

② 광고가 소비자에게 해를 끼칠 수 있기 때문에 광고를 규제해야 한다.

③ 시장의 독과점 상황이 광범위해지면서 소비자의 자유로운 선택이 어려워졌다.

④ 소비자 책임 부담 원칙에 따르면 소비자는 합리적인 선택을 할 수 있다.

⑤ 소비자 책임 부담 원칙에 따라 소비자는 광고로 입은 피해를 자신이 입증해야 한다.

28

스피노자의 윤리학을 이해하기 위해서는 코나투스(Conatus)라는 개념이 필요하다. 스피노자에 따르면 실존하는 모든 사물은 자신의 존재를 유지하기 위해 노력하는데, 이것이 바로 그 사물의 본질인 코나투스라는 것이다. 정신과 신체를 서로 다른 것이 아니라 하나로 보았던 그는 정신과 신체에 관계되는 코나투스를 충동이라 부르고, 다른 사물들과 같이 인간도 자신을 보존하고자 하는 충동을 갖고 있다고 보았다. 특히 인간은 자신의 충동을 의식할 수 있다는 점에서 동물과 차이가 있다며 인간의 충동을 욕망이라고 하였다. 즉, 인간에게 코나투스란 삶을 지속하고자 하는 욕망을 의미한다.

스피노자는 선악의 개념도 코나투스와 연결 짓는다. 그는 사물이 다른 사물과 어떤 관계를 맺느냐에 따라 선이 되기도 하고 악이 되기도 한다고 말한다. 코나투스의 관점에서 보면 선이란 자신의 신체적 활동 능력을 증가시키는 것이며, 악은 자신의 신체적 활동 능력을 감소시키는 것이다. 이를 정서의 차원에서 설명하면 선은 자신에게 기쁨을 주는 모든 것이며, 악은 자신에게 슬픔을 주는 모든 것이다. 한마디로 인간의 선악에 대한 판단은 자신의 감정에 따라 결정된다는 것을 의미한다.

이러한 생각을 토대로 스피노자는 코나투스인 욕망을 긍정하고 욕망에 따라 행동하라고 이야기한다. 슬픔은 거부하고 기쁨을 지향하라는 것, 그것이 곧 선의 추구라는 것이다. 그리고 코나투스는 타자와의 관계에 영향을 받으므로 인간에게는 타자와 함께 자신의 기쁨을 증가시킬 수 있는 공동체가 필요하다고 말한다. 그 안에서 자신과 타자 모두의 코나투스를 증가시킬 수 있는 기쁨의 관계를 형성하라는 것이 스피노자의 윤리학이 우리에게 하는 당부이다.

① 자신의 힘을 능동적으로 발휘하여 욕망을 성취할 수 있을 때 비로소 진정한 자유의 기쁨을 누릴 수 있다.

② 인간의 모든 행동은 욕망에 의해 생겨나며, 욕망이 없다면 무기력한 존재가 될 수밖에 없다.

③ 인간을 포함한 모든 동물은 삶에 대한 본능적 의지인 코나투스를 가지고 있다.

④ 욕망은 채우고 채워도 완전히 충족될 수 없으므로 욕망의 결핍이 주는 고통으로부터 벗어나기 위해 욕망을 절제해야 한다.

⑤ 타자와의 관계 속에서 촉발되는 감정에 휘둘릴 수 있으므로 자신의 욕망에 대한 주체적 태도를 지녀야 한다.

29 다음 제시문을 토대로 〈보기〉를 바르게 해석한 것은?

진나라 때 지어진 '여씨춘추'에서는 음악을 인간의 자연스러운 감정이 표출되어 형성된 것이자 백성 교화의 수단으로 인식하면서도 즐거움을 주는 욕구의 대상으로 보는 것에 주안점을 두었다. 지배층의 사치스러운 음악 향유를 거론하며 음악을 아예 거부하는 묵자에 대해 이는 인간의 자연적 욕구를 거스르는 것이라 비판하고, 좋은 음악이란 신분, 연령 등을 막론하고 모든 사람들에게 즐거움을 주는 것이라고 주장하였다.
여씨춘추에 따르면, 천지를 채운 기(氣)가 음악을 통해 균형을 이루는데, 음악의 조화로운 소리가 자연의 기와 공명하여 천지의 조화에 기여할 수 있고, 인체 내에서도 기의 원활한 순환을 돕는다. 음악은 우주 자연의 근원에서 비롯되어 음양의 작용에 따라 자연에서 생겨나지만, 조화로운 소리는 적절함을 위해 인위적 과정을 거쳐야 한다고 지적하고, 좋은 음악은 소리의 세기와 높낮이가 적절해야 한다고 주장하였다.
음악에 대한 여씨춘추의 입장은 인간의 선천적 욕구의 추구를 인정하면서도 음악을 통한 지나친 욕구의 추구는 적절히 통제되어야 한다는 것이라 할 수 있다. 이러한 입장은 여씨춘추의 '생명을 귀하게 여긴다.'는 '귀생(貴生)'의 원칙을 통해 분명하게 확인할 수 있다. 이 원칙에 따르면, 인간은 자연적인 욕구에 따라 음악을 즐기면서도 그것이 생명에 도움이 되는지의 여부에 따라 그것의 좋고 나쁨을 판단하고 취사선택해야 한다. 이에 따라 여씨춘추에서는 개인적인 욕구에 따른 일차적인 자연적 음악보다 인간의 감정과 욕구를 절도 있게 표현한 선왕(先王)들의 음악을 더 중시하였다. 그리고 선왕들의 음악이 민심을 교화하는 도덕적 기능이 있다고 지적하였다.

〈보기〉

욕구가 일어나지 않는 마음 상태를 이상적으로 본 장자(莊子)는 음악을 우주 자연의 근원에서 비롯되었다고 전제하면서 음악을 천지 만물의 조화와 결부하여 설명하였다. 음악이 인간의 삶에서 결여될 수 없다고 주장한 그는 의미 있는 음악이란 사람의 자연스러운 감정에 근본을 두면서도 형식화되어야 함을 지적하고, 선왕(先王)들이 백성들을 위해 제대로 된 음악을 만들었다고 보았다.

① 장자는 여씨춘추와 같이 인간의 욕구가 자연스럽게 표출된 상태를 이상적으로 보았다.
② 장자는 여씨춘추와 달리 음악이 우주 자연의 근원에서 비롯되었다고 보았다.
③ 장자는 여씨춘추와 달리 인위적으로 창작된 음악을 부정적으로 평가하였다.
④ 장자는 여씨춘추와 달리 음악에는 정제된 인간의 감정이 담겨야 한다고 보았다.
⑤ 장자는 여씨춘추와 같이 선왕의 음악에 대한 가치를 긍정적으로 평가하였다.

30 다음 제시문을 읽고 추론할 수 있는 것을 〈보기〉에서 모두 고르면?

> 박람회의 목적은 여러 가지가 있다. 박람회를 개최하려는 사람들은 우선 경제적인 효과를 따진다. 박람회는 주최하는 도시뿐 아니라 인접 지역, 크게는 국가적인 차원에서 경제 활성화의 자극이 된다. 박람회에서 전시되는 다양한 최신 제품들은 이러한 기회를 이용하여 소비자들에게 훨씬 가깝게 다가가게 되고, 판매에서도 큰 성장을 이룰 수 있다. 그 밖에도 박람회장 자체가 최신 유형의 건축물과 다양한 오락 시설을 설치하여 거의 이상적이면서 완벽한 모델도시를 보여줌으로써 국가적 우월성을 확보할 수 있다.
> 그러나 이러한 실질적이고 명목적인 이유들 외에도 박람회가 가지고 있는 사회적인 효과가 있다. 박람회장이 보여주는 이미지는 바로 '다양성'에 있다. 수많은 다양한 볼거리에서 사람들은 마법에 빠져든다. 그러나 보다 자세하게 그 다양성을 살펴보면 그것에는 결코 다양하지 않은 박람회 주최국가와 도시의 지도이념이 숨어 있음을 확인하게 된다. 박람회의 풍성한 진열품, 다양한 세계의 민족과 인종들은 주최국가의 의도를 표현하고 있다. 그런 의미에서 박람회는 그것이 가지고 있는 다양성에도 불구하고 결국은 주최국가와 도시의 인종관, 국가관, 세계관, 진보관이 하나로 뒤섞여서 나타나는 '이데올로기적 통일성'을 표현하는 또 다른 방식이라고 할 수 있다. 여기서 '이데올로기적 통일성'이라고 사용할 때 특히 의식적으로 나타내려는 바는, 한 국가가 국내외에서 자신의 의지를 표현하려고 할 때 구성하는 주요 성분들이다. 이는 '신념, 가치, 근심, 선입관, 반사작용'의 총합으로서 역사적인 시간에 따라 변동한다. 그러나 중요한 것은 당시의 '사회적 인식'을 기초로 해서 당시의 기득권 사회가 이를 그들의 합법적인 위치의 정당성과 권력을 위해 진행하고 있는 투쟁에서 의식적으로 조작된 정치적 무기로서 조직, 설립, 통제를 위한 수단으로 사용하고 있다는 점이다. 19 ~ 20세기의 박람회는 바로 그런 측면을 고스란히 가지고 있는 가장 대표적인 한 공간이었다.

〈보기〉

ㄱ. 글쓴이는 박람회의 경제적 효과뿐만 아니라 사회적 효과에도 주목하고 있다.
ㄴ. 정부는 박람회의 유치 및 운영을 통하여 노동, 이민, 인종 등에서 일어나는 불협화음을 조정하는 '헤게모니의 유지'를 관철시키려 한다.
ㄷ. 박람회는 한 집단의 사회적인 경험에 합법적인 정당성과 소명의식을 확보하기 위한 장치로서의 '상징적 우주(Symbolic Universe)'라고 할 수 있다.
ㄹ. 박람회는 지배계급과 피지배계급 간의 갈등을 다양한 볼거리 속에서 분산시켜, 노동계급에 속하는 사람들을 하나의 개인으로 '타자화(他者化)'하고 정책에 순응하게 하려는 전략의 산물이다.

① ㄱ, ㄷ
② ㄱ, ㄴ, ㄷ
③ ㄱ, ㄴ, ㄹ
④ ㄴ, ㄷ, ㄹ
⑤ ㄱ, ㄴ, ㄷ, ㄹ

www.sdedu.co.kr

제3회
삼성 온라인 GSAT

〈문항 수 및 시험시간〉

삼성 온라인 GSAT		
영역	문항 수	시험시간
수리	20문항	30분
추리	30문항	30분

삼성 온라인 GSAT

제3회 모의고사

문항 수 : 50문항
시험시간 : 60분

제1영역 수리

01 등산을 하는 데 올라갈 때는 시속 3km로 걷고, 내려올 때는 올라갈 때보다 5km 더 먼 길을 시속 4km로 걷는다. 올라갔다가 내려올 때 총 3시간이 걸렸다면, 올라갈 때 걸은 거리는 몇 km인가?

① 3km
② 4km
③ 5km
④ 6km
⑤ 7km

02 은탁이는 1, 1, 1, 2, 2, 3을 가지고 여섯 자릿수의 암호를 만들어야 한다. 이때 가능한 암호의 개수는 몇 가지인가?

① 30가지
② 42가지
③ 60가지
④ 72가지
⑤ 84가지

03 다음은 어느 해 개최된 올림픽에 참가한 6개국의 성적이다. 이에 대한 설명으로 옳지 않은 것은?

〈국가별 올림픽 성적〉

(단위 : 명, 개)

국가	참가선수	금메달	은메달	동메달	메달 합계
A	240	4	28	57	89
B	261	2	35	68	105
C	323	0	41	108	149
D	274	1	37	74	112
E	248	3	32	64	99
F	229	5	19	60	84

① 획득한 금메달 수가 많은 국가일수록 은메달 수는 적었다.
② 금메달을 획득하지 못한 국가가 가장 많은 메달을 획득했다.
③ 참가선수의 수가 많은 국가일수록 획득한 동메달 수도 많았다.
④ 획득한 메달의 합계가 큰 국가일수록 참가선수의 수도 많았다.
⑤ 참가선수가 가장 적은 국가의 메달 합계는 전체 6위이다.

04 다음은 A, B, C 세 사람의 신장과 체중을 비교한 자료이다. 이에 대한 설명으로 옳은 것은?

〈A, B, C의 신장 · 체중 비교표〉

(단위 : cm, kg)

구분	2010년		2015년		2020년	
	신장	체중	신장	체중	신장	체중
A	136	41	152	47	158	52
B	142	45	155	51	163	49
C	138	42	153	48	166	55

① 세 사람 모두 신장과 체중은 계속 증가하였다.
② 세 사람의 신장 순위는 2010년과 2020년이 동일하다.
③ 2015년 C는 세 사람 중 가장 키가 크다.
④ 2010년 대비 2020년에 신장이 가장 많이 증가한 사람은 C이다.
⑤ 2010년 대비 2015년에 체중이 가장 많이 증가한 사람은 B이다.

05 다음은 카페 방문자를 대상으로 카페에서의 개인컵 사용률을 조사한 자료이다. 이에 대한 설명으로 옳은 것은?

〈카페에서의 개인컵 사용률〉

(단위 : 명, %)

구분		조사대상자 수	개인컵 사용률
성별	남성	100	10
	여성	100	20
연령대별	20대 미만	40	15
	20대	55	40
	30대	65	20
	40대	40	15
지역별	수도권	115	37
	수도권 외	85	23

※ 항목별 조사대상자 수는 200명으로 동일하나 조사대상자는 다름

① 조사대상자 중 개인컵 사용자 수는 남성이 여성의 2배이다.

② 조사대상자 중 20·30대는 65% 이상이다.

③ 개인컵 사용률이 가장 높은 연령대는 조사대상자 중 개인컵 사용자 수도 가장 많다.

④ 40대 조사대상자에서 개인컵 사용자 수 중 2명이 남성이라면, 여성의 수는 남성의 3배이다.

⑤ 수도권 지역의 개인컵 사용률은 수도권 외 지역보다 15%p 높다.

06 다음은 업소별 월평균 방역횟수에 대한 자료이다. 이에 대한 설명으로 옳지 않은 것은?

〈업소별 월평균 방역횟수〉

(단위 : 회)

구분		2022년		2023년	
		수도권	수도권 외	수도권	수도권 외
공공기관		10	5	15	7
사기업	대기업	18	15	21	16
	중소기업	8	4	13	11
	개인기업	3	1	10	6
학교		10	7	16	15
병원		62	58	88	70
학원・독서실		6	4	8	7
카페		8	6	10	9
식당		11	8	13	10
PC방		7	5	9	6
목욕탕・찜질방		7	1	6	4
노래방		2	1	4	4
유흥업소		2	1	3	2

① 2022년 대비 2023년 공공기관의 월평균 방역횟수 증가율은 수도권 지역이 수도권 외 지역보다 10%p 높다.

② 2022년 사기업 중 수도권 지역과 수도권 외 지역의 월평균 방역횟수의 차이가 가장 큰 곳은 중소기업이고, 2023년에는 개인기업이다.

③ 2023년 수도권 지역의 월평균 방역횟수가 가장 많은 곳과 가장 적은 곳의 차이는 85회이다.

④ 수도권 지역과 수도권 외 지역의 2022년 월평균 방역횟수가 차이가 가장 큰 곳은 목욕탕・찜질방이다.

⑤ 2022년 수도권 외 지역의 카페와 식당의 월평균 방역횟수의 평균횟수는 PC방의 월평균 방역횟수보다 많다.

07 다음은 ○○공사의 부대시설 현황 일부이다. 이에 대한 〈보기〉의 설명 중 옳지 않은 것을 모두 고르면?

〈부대시설 현황〉

(단위 : 개)

구분	영업소	휴게소	주유소
경부선	32	31	30
남해선	25	10	10
88올림픽선	11	6	4
서해안선	27	17	17
울산선	1	0	0
익산 ~ 포항선	5	5	5
호남선(논산 ~ 천안선)	20	11	10
중부선(대전 ~ 통영선)	29	17	17
평택충주선	17	0	0
중부내륙선	23	10	10
영동선	21	12	12
중앙선	6	14	14
동해선	6	4	4
서울 외곽순환선	1	0	0
합계	224	137	133

〈보기〉

ㄱ. 휴게소가 없는 노선은 영업소의 수가 3개 이하이다.
ㄴ. 휴게소의 수와 주유소의 수가 일치하지 않는 노선은 모두 3개이다.
ㄷ. 영업소 수에 대한 휴게소 수의 비율이 가장 높은 노선은 경부선이다.
ㄹ. 영업소, 휴게소, 주유소 모두 경부선이 가장 많다.

① ㄱ, ㄴ
② ㄱ, ㄷ
③ ㄴ, ㄷ
④ ㄴ, ㄹ
⑤ ㄷ, ㄹ

※ 다음은 수출입 형태별 화물실적 자료이다. 이를 보고 이어지는 질문에 답하시오. **[8~9]**

〈수출입 형태별 화물실적〉

구분		총계		해상		항공	
		건수 (백만 건)	중량 (백만 톤)	건수 (백만 건)	중량 (백만 톤)	건수 (백만 건)	중량 (백만 톤)
2022년	수출	13	285	6	271	7	14
	수입	46	715	12	702	34	13
2023년	수출	15	300	6	282	9	18
	수입	58	726	14	712	44	14

08 2022년과 2023년에 해상을 통해 수입한 화물실적의 총건수와 항공을 통해 수입한 총건수의 차이는?

① 49백만 건
② 50백만 건
③ 51백만 건
④ 52백만 건
⑤ 53백만 건

09 자료에 대한 〈보기〉의 설명 중 옳지 않은 것을 모두 고르면?

〈보기〉

ㄱ. 2022년 수출 건수 및 수입 건수의 총합은 60백만 건 이상이다.
ㄴ. 해상을 통한 수출 중량은 2022년과 2023년 모두 290백만 톤 미만이다.
ㄷ. 2022년 대비 2023년에 항공을 통한 수출은 건수와 중량 모두 증가하였다.

① ㄱ
② ㄷ
③ ㄱ, ㄴ
④ ㄴ, ㄷ
⑤ ㄱ, ㄴ, ㄷ

※ 다음은 2023년 발화요인에 따른 월별 화재발생 현황이다. 이를 보고 이어지는 질문에 답하시오. **[10~11]**

〈2023년 발화요인에 따른 월별 화재발생 현황〉

(단위 : 건)

구분	합계	전기적 요인	기계적 요인	화학적 요인	가스누출	교통사고	부주의	기타
합계	23,105	5,930	2,710	605	210	505	9,500	3,645
1월	2,283	665	354	36	32	53	738	405
2월	1,980	595	240	30	15	43	807	250
3월	2,142	590	256	53	10	37	893	303
4월	1,853	383	156	45	19	37	890	323
5월	1,740	420	190	32	22	46	775	255
6월	1,785	355	160	53	8	38	865	306
7월	2,097	705	175	84	10	40	780	303
8월	2,260	760	255	95	13	32	750	355
9월	1,430	297	115	52	12	44	680	230
10월	1,650	360	255	45	18	42	685	245
11월	1,653	293	227	33	25	45	760	270
12월	2,232	507	327	47	26	48	877	400

10 2023년 5월 화재발생 건수가 많은 순으로 발화요인을 바르게 나열한 것은?

① 기타 – 부주의 – 기계적 요인 – 전기적 요인 – 화학적 요인 – 가스누출 – 교통사고
② 부주의 – 전기적 요인 – 기타 – 기계적 요인 – 화학적 요인 – 교통사고 – 가스누출
③ 부주의 – 전기적 요인 – 기타 – 기계적 요인 – 교통사고 – 가스누출 – 화학적 요인
④ 부주의 – 전기적 요인 – 기타 – 기계적 요인 – 교통사고 – 화학적 요인 – 가스누출
⑤ 부주의 – 기타 – 기계적 요인 – 전기적 요인 – 가스누출 – 교통사고 – 화학적 요인

11 자료에 대한 〈보기〉의 설명 중 옳지 않은 것을 모두 고르면?

〈보기〉

ㄱ. 가스누출로 인한 화재발생 건수는 10월 대비 11월에 증가하였다.
ㄴ. 2월 부주의로 인한 화재발생 건수는 동월 기타 요인으로 인한 화재발생 건수의 3배 이상이다.
ㄷ. 매월 기계적 요인으로 인한 화재발생 건수는 기타 요인으로 인한 화재발생 건수보다 적다.
ㄹ. 2023년에 세 번째로 많은 화재발생 건수를 차지하는 발화요인은 기계적 요인이다.

① ㄱ, ㄴ
② ㄱ, ㄷ
③ ㄴ, ㄷ
④ ㄴ, ㄹ
⑤ ㄷ, ㄹ

※ S편의점은 새로 출시된 상품을 매장에 입고하기 위해 매장 방문고객 중 남성 500명, 여성 500명을 대상으로 상품별 선호도를 다음과 같이 조사하였다. 이를 보고 이어지는 질문에 답하시오. **[12~13]**

〈사전 선호도 조사 결과〉

후보 상품	종류	남성	여성
A	도시락	74%	41%
B	빵	46%	66%
C	음료	26%	42%
D	도시락	61%	84%
E	음료	78%	52%

※ 응답자는 후보 상품에 대해 '선호' 또는 '비선호'로 응답하였으며, 조사 결과는 '선호' 응답 비율을 의미함

12 사전 선호도 조사 결과에 대한 〈보기〉의 설명 중 옳은 것을 모두 고르면?

〈보기〉

ㄱ. 후보 상품 중 음료에 대한 남성의 선호도는 여성보다 높다.
ㄴ. B상품을 매장에 입고한다면 남성보다 여성이 더 소비할 것으로 예측할 수 있다.
ㄷ. 남성의 경우, 후보 상품 중 빵보다 도시락에 대한 선호도가 높다.

① ㄱ
② ㄴ
③ ㄱ, ㄷ
④ ㄴ, ㄷ
⑤ ㄱ, ㄴ, ㄷ

13 S편의점이 다음 방식에 따라 입고 상품을 선정한다고 할 때, 매장에 입고될 상품으로 옳은 것은?

〈입고 상품 선정 방식〉

- 적합점수가 가장 높은 상품 1개를 선정한다.
- 적합점수는 A ~ E상품에 대한 각 성별의 사전 선호도 점수와 예산점수를 모두 합산한 값으로 도출한다.
- 사전 선호도 점수는 각 성별의 사전 선호도 조사의 응답률을 10으로 나누어 합한다.
- A ~ E상품별 입고 시 필요 예산은 다음과 같으며, 필요 예산이 가장 적은 식품부터 10, 8, 6, 4, 2점의 예산점수를 부여한다.

상품	A	B	C	D	E
필요 예산	250만 원	310만 원	140만 원	710만 원	440만 원

① A
② B
③ C
④ D
⑤ E

※ S사는 모든 직원을 대상으로 자사의 내부 개선에 필요한 사항에 대해 설문 조사를 실시하였다. 설문 조사 결과가 다음과 같을 때, 이어지는 질문에 답하시오. **[14~15]**

〈내부 개선 사항에 대한 설문 조사 결과〉

개선 사항 \ 근속연수	5년 미만	5년 이상 20년 미만	20년 이상
근무 형태 유연화	19%	23%	15%
육아 휴직 활성화	11%	19%	27%
연차 사용 보장	27%	10%	23%
임금 인상	11%	24%	5%
사내 문화 개선	28%	18%	15%
기타	4%	6%	15%

※ 모든 직원은 6개의 항목 중 개선 필요성이 가장 높은 1개의 항목을 선택함

14 다음 중 설문 조사 결과에 대한 설명으로 옳은 것은?

① 직원을 근속연수로 구분하였을 때, 근속연수별로 가장 높은 응답률을 보인 항목은 동일하다.
② 연차 사용 보장이 필요하다고 응답한 직원 중 근속연수가 5년 미만인 직원 수가 제일 많다.
③ 근속연수가 20년 이상인 직원들은 육아 휴직 활성화 항목을 가장 많이 선택하였다.
④ 근속연수가 길수록 사내 문화 개선의 필요성을 높게 인식한다.
⑤ 근속연수가 20년 이상인 직원들의 경우 임금 인상에 대해 부정적이다.

15 이번 설문 조사에 참여한 직원 수가 총 900명이라고 할 때, 자료에 대한 〈보기〉의 설명 중 옳은 것을 모두 고르면?

〈보기〉

ㄱ. 근속연수별 직원의 비율이 1 : 1 : 1이라면, 근무 형태 유연화를 선택한 직원은 150명 이상이다.
ㄴ. 근속연수별 직원의 비율이 3 : 5 : 1이라면, 육아 휴직 활성화를 선택한 직원 중 근속연수가 20년 이상인 직원의 수가 가장 많다.
ㄷ. 근속연수별 직원의 비율이 4 : 3 : 2라면, 근속연수가 20년 이상인 직원 중 사내 문화 개선을 선택한 직원은 40명 이상이다.

① ㄱ
② ㄴ
③ ㄱ, ㄷ
④ ㄴ, ㄷ
⑤ ㄱ, ㄴ, ㄷ

※ 다음은 주요 직업별 종사자 총 2,000명을 대상으로 주 평균 여가시간을 조사한 자료이다. 이를 보고 이어지는 질문에 답하시오. **[16~17]**

〈주요 직업별 주 평균 여가시간〉

구분	1시간 미만	1시간 이상 3시간 미만	3시간 이상 5시간 미만	5시간 이상	응답자 수
일반회사직	22%	45%	20%	13%	420명
자영업자	36%	35%	25%	4%	180명
공교육직	4%	12%	34%	50%	300명
사교육직	30%	27%	25%	18%	200명
교육 외 공무직	30%	28%	24%	18%	400명
연구직	67%	1%	7%	25%	260명
의료직	52%	5%	2%	41%	240명

16 다음 중 자료에 대한 설명으로 옳지 않은 것은?

① 전체 응답자 중 교육에 종사하는 사람이 차지하는 비율은 27% 미만이다.
② 일반회사직 종사자와 자영업자 모두 주 평균 여가시간이 '1시간 이상 3시간 미만'이라고 응답한 인원이 가장 많다.
③ 공교육직 종사자의 응답 비율이 높은 순서대로 나열한 것과 교육 외 공무직 종사자의 응답 비율이 높은 순서대로 나열한 것은 반대의 추이를 보인다.
④ 연구직 종사자와 의료직 종사자의 응답 비율의 차가 가장 큰 구간은 '5시간 이상'이다.
⑤ '3시간 이상 5시간 미만'에 가장 많이 응답한 직업군은 없다.

17 자료에 대한 〈보기〉의 설명 중 옳은 것을 모두 고르면?

〈보기〉

ㄱ. 전체 응답자 중 공교육직 종사자가 차지하는 비율은 연구직 종사자보다 3%p 높다.
ㄴ. 공교육직 종사자의 응답 비율이 가장 높은 구간의 응답자 수는 사교육직 종사자의 응답 비율이 가장 높은 구간의 응답자 수의 1.5배이다.
ㄷ. '5시간 이상'이라고 응답한 교육 외 공무직 종사자 비율은 연구직 종사자보다 낮지만, 응답자 수는 더 많다.

① ㄱ
② ㄴ
③ ㄷ
④ ㄱ, ㄴ
⑤ ㄴ, ㄷ

18 다음 표는 범죄별 발생 및 검거 건수에 대해 성별로 조사한 자료이다. 이를 보고 그래프로 나타낸 것으로 옳지 않은 것은?(단, 모든 그래프의 단위는 '만 건'이다)

〈범죄별 발생 및 검거 건수〉

(단위 : 만 건)

구분		발생 건수	검거 건수
남성 범죄자	살인	11	8
	폭행	118	110
	강간	21	13
	사기	55	32
	합계	205	163
여성 범죄자	살인	4	2
	폭행	38	35
	강간	2	2
	사기	62	28
	합계	106	67

① 남성 범죄자 범죄별 발생 및 검거 건수

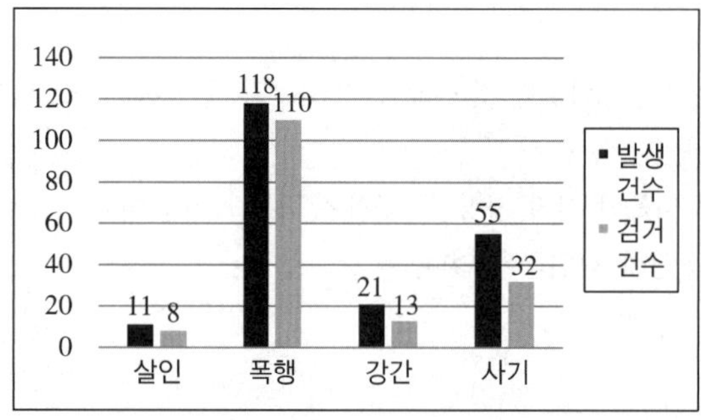

② 여성 범죄자 범죄별 발생 및 검거 건수

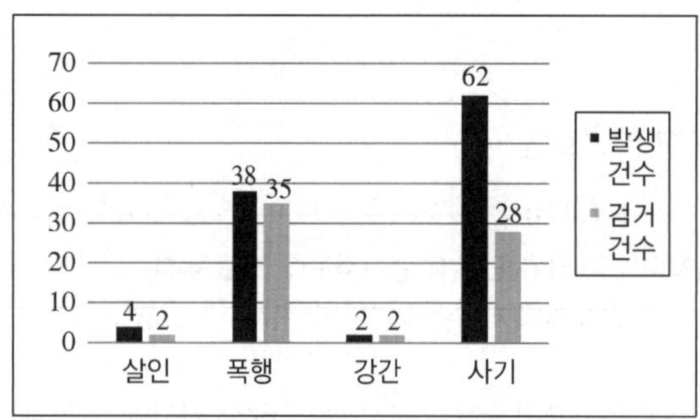

③ 전체 범죄별 발생 및 검거 건수

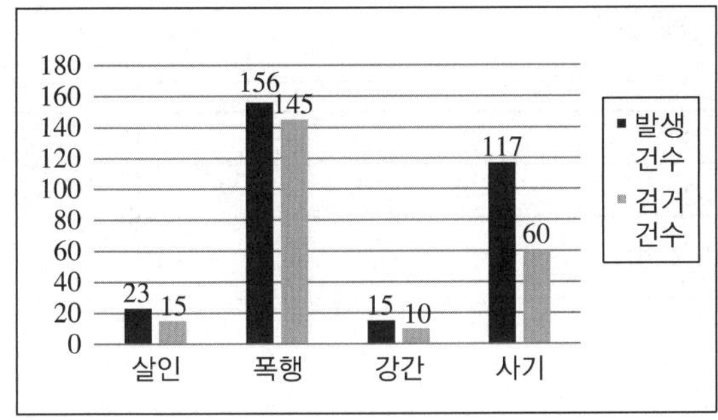

④ 성별 범죄 발생 및 검거 건수

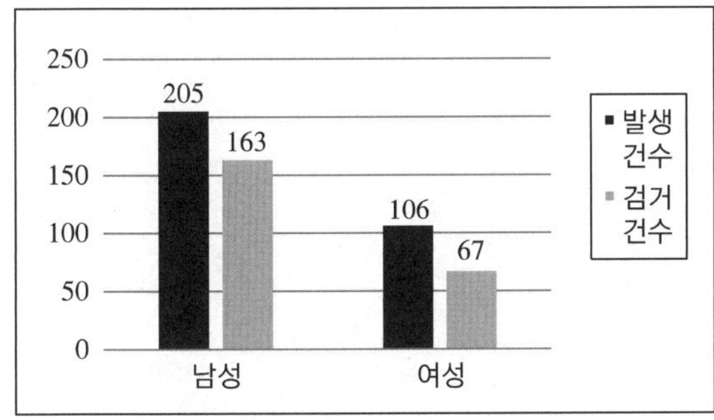

⑤ 남녀 범죄별 발생 건수

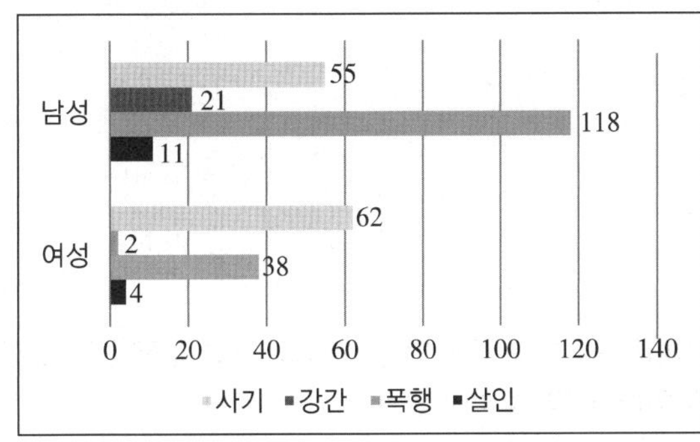

19 다음은 선풍기 조립공장의 작업 인원수별 시간당 생산량을 나타낸 자료이다. 인원수별 생산량의 관계가 주어진 자료와 같을 때 ㉠과 ㉡에 들어갈 숫자는?

작업인원	1	2	3	4	5
생산량	8	㉠	48	–	㉡

※ 생산량$=a$(작업인원수)$^2+b^2$(작업인원수), 단, $b>0$

	㉠	㉡
①	16	248
②	24	240
③	16	960
④	24	120
⑤	32	282

20 어항 안에 A금붕어와 B금붕어가 각각 1,675마리, 1,000마리가 있다. 다음과 같이 일정한 규칙으로 금붕어가 팔리고 있다면, 10일차에 남아있는 금붕어는 각각 몇 마리인가?

(단위 : 마리)

구분	1일 차	2일 차	3일 차	4일 차	5일 차
A금붕어	1,675	1,554	1,433	1,312	1,191
B금붕어	1,000	997	992	983	968

	A금붕어	B금붕어
①	560마리	733마리
②	586마리	733마리
③	621마리	758마리
④	700마리	758마리
⑤	782마리	783마리

제2영역 추리

※ 제시된 명제가 모두 참일 때, 다음 중 빈칸에 들어갈 명제로 가장 적절한 것을 고르시오. [1~3]

01

전제1. 약속을 지키지 않으면 다른 사람에게 신뢰감을 줄 수 없다.
전제2. 메모하는 습관이 없다면 약속을 지킬 수 없다.
결론. ____________________

① 다른 사람에게 신뢰감을 줄 수 없으면 약속을 지키지 않는다.
② 메모하는 습관이 없으면 다른 사람에게 신뢰감을 줄 수 있다.
③ 약속을 지키지 않으면 메모하는 습관이 없다.
④ 메모하는 습관이 있으면 다른 사람에게 신뢰감을 줄 수 있다.
⑤ 다른 사람에게 신뢰감을 주려면 메모하는 습관이 있어야 한다.

02

전제1. 지구 온난화를 해소하려면 탄소 배출을 줄여야 한다.
전제2. 지구 온난화가 해소되지 않으면 기후 위기가 발생한다.
결론. ____________________

① 탄소 배출을 줄이면 지구 온난화가 해소된다.
② 기후 위기가 발생하면 지구 온난화가 해소된다.
③ 탄소 배출을 줄이면 기후 위기가 발생하지 않는다.
④ 지구 온난화를 해소하려면 기후 위기가 발생하지 않아야 한다.
⑤ 기후 위기가 발생하지 않으려면 탄소 배출을 줄여야 한다.

03

전제1. 강아지를 좋아하는 사람은 자연을 좋아한다.
전제2. ____________________
결론. 자연을 좋아하지 않는 사람은 산을 좋아하지 않는다.

① 강아지를 좋아하지 않는 사람은 자연을 좋아한다.
② 산을 좋아하는 사람은 자연을 좋아하지 않는다.
③ 강아지를 좋아하지 않는 사람은 산을 좋아하지 않는다.
④ 강아지를 좋아하는 사람은 산을 좋아하지 않는다.
⑤ 자연을 좋아하지 않는 사람은 강아지를 좋아한다.

04 A ~ E는 아파트 101 ~ 105동 중 서로 다른 동에 각각 살고 있다. 다음 제시된 내용이 모두 참일 때, 다음 중 반드시 참인 것은?(단, 101 ~ 105동은 일렬로 나란히 배치되어 있다)

• A와 B는 서로 인접한 동에 산다.
• C는 103동에 산다.
• D는 C 바로 옆 동에 산다.

① A는 101동에 산다.
② B는 102동에 산다.
③ D는 104동에 산다.
④ A가 102동에 산다면 E는 105동에 산다.
⑤ B가 102동에 산다면 E는 101동에 산다.

05 A ~ E는 S시에서 개최하는 마라톤에 참가하였다. 제시된 〈조건〉이 모두 참일 때, 다음 중 항상 참이 아닌 것은?

〈조건〉

• A는 B와 C보다 앞서 달리고 있다.
• D는 A보다 뒤에 달리고 있지만, B보다는 앞서 달리고 있다.
• C는 D보다 뒤에 달리고 있지만, B보다는 앞서 달리고 있다.
• E는 C보다 뒤에 달리고 있지만, 다섯 명 중 꼴찌는 아니다.

① 현재 1등은 A이다.
② 현재 꼴찌는 B이다.
③ E는 C와 B 사이에서 달리고 있다.
④ D는 A와 C 사이에서 달리고 있다.
⑤ 현재 순위에 변동 없이 결승점까지 달린다면 C가 4등을 할 것이다.

06 **다음 〈조건〉을 바탕으로 C가 반드시 사내 워크숍에 참석하는 경우, 현 부서의 참석자를 타당하게 추론한 것은?(단, 부서의 총인원은 A, B, C, D, E 5명이다)**

〈조건〉

- B가 워크숍에 참여하면 E는 참여할 수 없다.
- D는 B와 E 모두가 참여하지 않을 경우에만 참석한다.
- A가 워크숍에 갈 경우 B 혹은 D 중의 한 명이 함께 참석한다.
- C가 워크숍에 참석하면 D는 참석하지 않는다.
- C가 워크숍에 참여하면 A도 참여한다.

① A, B, C
② A, C, D
③ A, B, C, D
④ A, B, C, E
⑤ A, C, D, E

07 **한 대학교의 기숙사에서는 기숙사에 거주하는 4명(가 ~ 라)을 1층부터 4층에 매년 새롭게 배정하고 있으며, 올해도 배정하려고 한다. 다음 〈조건〉을 참고할 때, 반드시 참인 것은?**

〈조건〉

- 한 번 거주한 층에는 다시 거주하지 않는다.
- 가와 라는 2층에 거주한 적이 있다.
- 나와 다는 3층에 거주한 적이 있다.
- 가와 나는 1층에 거주한 적이 있다.
- 가, 나, 라는 4층에 거주한 적이 있다.

① 다는 4층에 배정될 것이다.
② 라는 3층에 거주한 적이 있을 것이다.
③ 라는 1층에 거주한 적이 있을 것이다.
④ 다는 2층에 거주한 적이 있을 것이다.
⑤ 기숙사에 3년 이상 산 사람은 가밖에 없다.

08 S전자 서비스센터의 매니저들(A ~ D)은 이번에 서울, 인천, 과천, 세종의 4개의 다른 지점에서 근무하게 되었다. 다음 〈조건〉을 참고할 때, 반드시 참인 것은?

〈조건〉

- 한 번 근무했던 지점에서는 다시 근무하지 않는다.
- A와 C는 서울 지점에서 근무했었다.
- B와 D는 세종 지점에서 근무했었다.
- B는 이번에 과천 지점에서 일하게 되었다.

① A는 과천 지점에서 일한 적이 있다.
② C는 과천 지점에서 일한 적이 있다.
③ D는 인천 지점에서 일한 적이 있다.
④ A가 근무하게 되는 곳은 세종일 수도 있다.
⑤ D는 인천 지점에서 일할 것이다.

09 S회사의 팀장 P는 7가지 업무(A ~ G)에 대해서 효율성을 높이기 위해 순서를 정해서 수행하려고 한다. 다음 〈조건〉을 참고하여 가장 먼저 해야 하는 업무가 B일 때, 세 번째로 해야 할 업무는?

〈조건〉

- 중간에 수행하는 업무는 F이다.
- A는 F와 C 이후에 수행하는 업무이다.
- B 바로 다음에는 G를 수행한다.
- D와 E는 F 다음에 수행한다.
- E와 C 사이에 있는 업무는 두 가지이다.
- G와 F 사이에는 하나의 업무가 있다.
- D보다 나중에 하는 업무는 없다.

① A
② C
③ E
④ F
⑤ G

10 어떤 기업에서 식품 안전 기준을 만족하는 가공식품을 만들기 위해서는 8가지의 과정(가 ~ 아)을 정해진 순서대로 시행해야 한다. 다음 〈조건〉을 참고하여 가장 먼저 해야 하는 과정이 라일 때, 다섯 번째로 해야 할 과정은?

〈조건〉

- 8가지의 과정 중에서 나와 아는 안전성이 검증되지 않아 시행하지 않기로 하였다.
- 바와 라 사이에는 두 가지의 과정이 있다.
- 라 바로 다음으로 시행하는 과정은 마이다.
- 다는 마와 라보다는 이후지만, 사보다는 먼저 수행한다.
- 바 다음에 수행하는 것은 가다.
- 사보다는 바를 먼저 수행한다.

① 가
② 다
③ 라
④ 마
⑤ 바

11 어느 문구점에서는 3층짜리의 매대에 6개의 물품을 배치하여 팔고 있다. 다음에 근거하여 바르게 추론한 것은?

- 물품은 수정테이프, 색종이, 수첩, 볼펜, 지우개, 샤프이다.
- 샤프는 가장 아래층에 진열되어 있다.
- 볼펜은 매대의 중앙에 위치하고 있다.
- 색종이보다 아래에 있는 물품은 4종류이다.
- 지우개보다 아래 있는 물품은 없다.
- 수첩은 지우개와 색종이 사이에 있다.
- 각 매대에는 두 종류의 문구류가 있다.

① 매대 1층에는 샤프와 지우개가 있을 것이다.
② 볼펜보다 위에 있는 것은 색종이가 아니다.
③ 색종이는 샤프와 같은 층이다.
④ 수정테이프는 색종이보다는 아래층에 있다.
⑤ 색종이와 지우개 사이에 있는 것은 샤프이다.

12 한 고등학교는 5층으로 되어있는 건물에 위치한다. 총 8개의 학급(1 ~ 8반)을 각 층에 배치하려고 할 때, 다음에 근거하여 바르게 추론한 것은?

- 1층에는 학교에 하나뿐인 교장실과 교무실이 있어서 학급을 배치할 수 없다.
- 2층부터 5층에는 같은 수의 학급이 위치한다.
- 각 층에는 짝수반 하나, 홀수반 하나가 위치한다.
- 8반은 가장 위층에 있으며, 8반과 같은 층을 쓰는 반은 3반이다.
- 6반은 3반과 5반의 사이에 있다.
- 2반보다 아래에 있는 학급은 2개의 학급이다.
- 7반과 4반은 같은 층을 쓰며, 4반의 아래층에는 교장실과 교무실이 있다.

① 4층에는 6반과 5반이 있다.
② 5반보다 위에 있는 학급은 총 2개이다.
③ 2반은 3층에 위치하며, 7반과 같은 층을 쓴다.
④ 7반은 2층에 있으며, 7반 아래에 있는 학급은 없다.
⑤ 6반은 3층에 위치한다.

13 한 병원에서 입원 환자 10명(가 ~ 차)의 병실 배치도를 작성하려고 한다. 다음의 〈조건〉을 모두 만족하도록 환자들을 배치하려고 할 때, 적절한 것은?

〈조건〉

- 병실은 2인실, 3인실, 5인실이 있다.
- 가는 3인실에만 배치할 수 있다.
- 자는 5인실에는 배치할 수 없다.
- 라와 바는 같은 병실에 있어야 한다.
- 자와 차는 같은 병실을 쓸 수 없다.
- 다와 사가 같은 병실을 쓴다면, 자는 나와 같은 병실을 써야 한다.

① (나, 차), (가 다, 마), (라, 바, 사, 아, 자)
② (나, 자), (가, 라, 바), (다, 마, 사, 아, 차)
③ (가, 다), (나, 라, 자), (마, 바, 사, 아, 차)
④ (라, 바), (가, 나, 차), (다, 마, 사, 아, 자)
⑤ (라, 바), (나, 다, 자), (가, 마, 사, 아, 차)

14 **S초등학교에서 현장체험학습을 가기 위해 6명의 학생(가 ~ 바)을 일렬로 세우려고 한다. 다음 〈조건〉을 모두 만족하도록 배치할 때, 학생들의 배치로 적절한 것은?**

〈조건〉

- 총 6명의 학생을 모두 일렬로 배치해야 한다.
- 가는 맨 앞 또는 맨 뒤에 서야 한다.
- 나 뒤쪽에는 바가 올 수 없지만, 앞쪽에는 올 수 있다.
- 라는 다의 바로 뒤에 설 수 없다.
- 마와 라는 연달아 서야 한다.
- 다는 맨 앞 또는 맨 뒤에 설 수 없다.

① 가 – 나 – 바 – 마 – 라 – 다
② 가 – 다 – 마 – 라 – 바 – 나
③ 마 – 라 – 다 – 나 – 가 – 바
④ 바 – 다 – 마 – 나 – 라 – 가
⑤ 바 – 나 – 다 – 가 – 마 – 라

15 **매주 화요일에 진행되는 취업스터디에 A ~ E 5명의 친구가 함께 참여하고 있다. 스터디 불참 시 벌금이 부과되는 스터디 규칙에 따라 지난주 불참한 2명은 벌금을 내야 한다. 이들 중 2명이 거짓말을 하고 있다고 할 때, 다음 중 옳은 것은?**

A : 내가 다음 주에는 사정상 참석할 수 없지만 지난주에는 참석했어.
B : 지난주 불참한 C가 반드시 벌금을 내야 해.
C : 지난주 스터디에 A가 불참한 건 확실해.
D : 사실 나는 지난주 스터디에 불참했어.
E : 지난주 스터디에 나는 참석했지만, B는 불참했어.

① A와 B가 벌금을 내야 한다.
② A와 C가 벌금을 내야 한다.
③ A와 E가 벌금을 내야 한다.
④ B와 D가 벌금을 내야 한다.
⑤ D와 E가 벌금을 내야 한다.

※ 다음 제시된 도형의 규칙을 보고 물음표에 들어갈 도형으로 가장 적절한 것을 고르시오. [16~18]

16

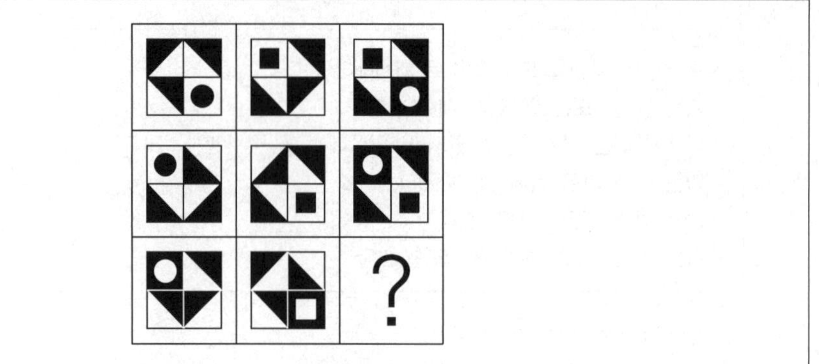

① 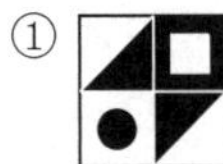

② 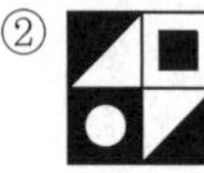

③ 

④ 

⑤ 

17

① 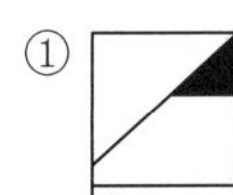

② 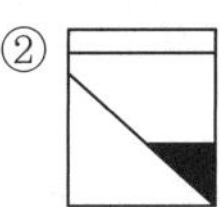

③

④ 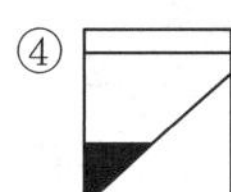

⑤

18

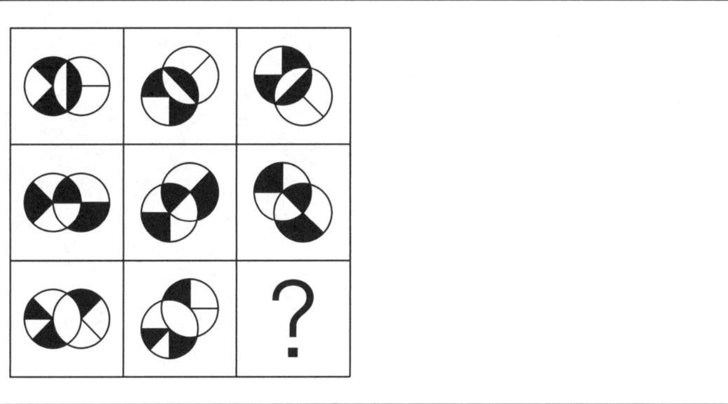

① 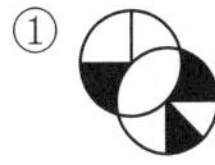

② 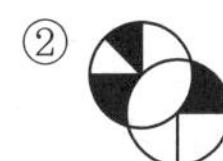

③ 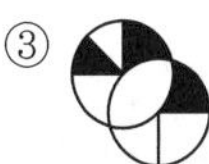

④ 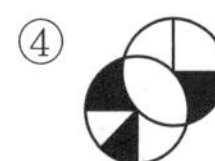

⑤ 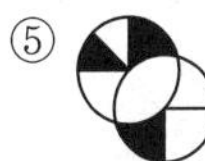

※ 다음 도식에서 기호들은 일정한 규칙에 따라 문자를 변화시킨다. 물음표에 들어갈 적절한 문자를 고르시오 (단, 규칙은 가로와 세로 중 한 방향으로만 적용된다). **[19~22]**

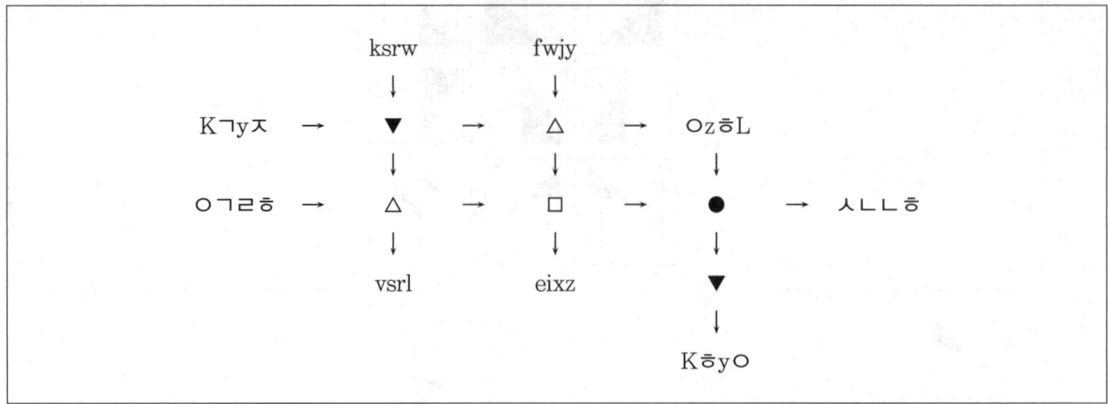

19

ㅅㄴㄹㅁ → ▼ → □ → ?

① ㅁㄴㄹㅅ
② ㅁㄹㄴㅅ
③ ㅁㅅㄴㄹ
④ ㅇㄱㄷㅂ
⑤ ㅅㄱㄹㄹ

20

isog → ● → △ → ?

① hsog
② iosg
③ gosi
④ hsng
⑤ irof

21

? → ▼ → ● → yenv

① neyv
② vney
③ yfnw
④ wyfn
⑤ wnfy

22

? → □ → △ → ㅇㅌㄷㄹ

① ㅈㄹㅋㄷ
② ㅊㄹㄷㅈ
③ ㅈㅊㄹㄷ
④ ㅅㅌㄴㄹ
⑤ ㅅㅌㄹㄴ

※ 다음 중 제시된 문단을 논리적 순서대로 바르게 나열한 것을 고르시오. **[23~24]**

23

먹을거리가 풍부한 현대인의 가장 큰 관심사 중 하나는 웰빙과 다이어트일 것이다. 현대인은 날씬한 몸매에 대한 열망이 지나쳐서 비만한 사람들이 나태하다고 생각하기도 하고, 심지어는 거식증으로 인해 사망한 패션 모델까지 있었다. 이러한 사회적 경향 때문에 우리가 먹는 음식물에 포함된 지방이나 기름 성분은 몸에 좋지 않은 '나쁜 성분'으로 매도당하기도 한다. 물론 과도한 지방 섭취, 특히 몸에 좋지 않은 지방은 비만의 원인이 되고 당뇨병, 심장병, 고혈압과 같은 각종 성인병을 유발하지만, 사실 지방은 우리 몸이 정상적으로 활동하는 데 필수적인 성분이다.

(가) 먹을 것이 풍족하지 않은 상황에서 생존에 필수적인 능력은 다름 아닌 에너지를 몸에 축적하는 능력이었다.

(나) 사실 비만과 다이어트의 문제는 찰스 다윈(Charles R. Darwin)의 진화론과 밀접한 관련이 있다. 찰스 다윈은 19세기 영국의 생물학자로 『종의 기원』이라는 책을 써서 자연선택을 통한 생물의 진화 과정을 설명하였다.

(다) 약 100년 전만 해도 우리나라를 비롯한 전 세계 대부분의 국가는 식량이 그리 풍족하지 않았다. 실제로 수십만 년 지속된 인류의 역사에서 인간이 매일 끼니 걱정을 하지 않고 살게 된 것은 최근 수십 년의 일이다.

(라) 생물체가 살아남고 번식을 해서 자손을 남길 수 있느냐 하는 것은 주위 환경과의 관계가 중요한 역할을 하는데, 자연선택이란 주위 환경에 따라 생존하기에 적합한 성질 또는 기능을 가진 종들이 그렇지 못한 종들보다 더 잘 살아남게 되어 자손을 남기게 된다는 개념이다.

그러므로 인류는 이러한 축적 능력이 유전적으로 뛰어난 사람들이 그렇지 않은 사람들보다 상대적으로 더 잘 살아남았을 것이다. 그렇게 살아남은 자들의 후손인 현대인들이 달거나 기름진 음식을 본능적으로 좋아하게 된 것은 진화의 당연한 결과였다. 그리하여 음식이 풍부한 현대 사회에서는 이러한 유전적 특성은 단점으로 작용하게 되었다. 지방이 풍부한 음식을 찾는 경향은 지나치게 지방을 축적하게 했고, 결국 부작용으로 이어졌다.

① (나) – (가) – (라) – (다)
② (나) – (다) – (가) – (라)
③ (나) – (라) – (다) – (가)
④ (다) – (가) – (나) – (라)
⑤ (다) – (라) – (가) – (나)

24

(가) 고전주의 예술관에 따르면 진리는 예술 작품 속에 이미 완성된 형태로 존재한다. 독자는 작가가 담아 놓은 진리를 '원형 그대로' 밝혀내야 하고 작품에 대한 독자의 감상은 언제나 작가의 의도와 일치해야 한다. 결국 고전주의 예술관에서 독자는 작품의 의미를 수동적으로 받아들이는 존재일 뿐이다. 하지만 작품의 의미를 해석하고 작가의 의도를 파악하는 존재는 결국 독자이다. 특히 현대 예술에서는 독자에 따라 작품에 대한 다양한 해석이 가능하다고 여긴다. 바로 여기서 수용미학이 등장한다.

(나) 이저는 텍스트 속에 독자의 역할이 들어있다고 보았다. 그러나 독자가 어떠한 역할을 수행할지는 정해져 있지 않기 때문에 독자는 텍스트를 읽는 과정에서 텍스트의 내용과 형식에 끊임없이 반응한다. 이러한 상호작용 과정을 통해 독자는 작품을 재생산한다. 텍스트는 다양한 독자에 따라 다른 작품으로 태어날 수 있으며, 같은 독자라도 시간과 장소에 따라 다른 작품으로 생산될 수 있는 것이다. 이처럼 텍스트와 독자의 상호작용을 강조한 이저는 작품의 내재적 미학에서 탈피하여 작품에 대한 다양한 해석의 가능성을 열어주었다.

(다) 야우스에 의해 제기된 독자의 역할을 체계적으로 정리한 사람이 '이저'이다. 그는 독자의 능동적 역할을 밝히기 위해 '텍스트'와 '작품'을 구별했다. 텍스트는 독자와 만나기 전의 것을, 작품은 독자가 텍스트와의 상호작용을 통해 그 의미가 재생산된 것을 가리킨다. 그런데 이저는 텍스트에는 '빈틈'이 많다고 보았다. 이 빈틈으로 인해 텍스트는 '불명료성'을 가진다. 텍스트에 빈틈이 많다는 것은 부족하다는 의미가 아니라 독자의 개입에 의해 언제나 새롭게 해석될 수 있다는 것을 의미한다.

(라) 수용미학을 처음으로 제기한 사람은 야우스이다. 그는 "문학사는 작품과 독자 간의 대화의 역사로 쓰여야 한다."고 주장했다. 이것은 작품의 의미는 작품 속에 갇혀 있는 것이 아니라 독자에 의해 재생산되는 것임을 말한 것이다. 이로부터 문학을 감상할 때 작품과 독자의 관계에서 독자의 능동성이 강조되었다.

① (가) – (다) – (라) – (가)
② (다) – (가) – (나) – (라)
③ (가) – (라) – (다) – (나)
④ (라) – (가) – (나) – (다)
⑤ (나) – (가) – (다) – (라)

※ 다음 제시문의 내용이 참일 때 항상 거짓인 것을 고르시오. [25~26]

25

글쓰기 양식은 글 내용을 담는 그릇으로 내용을 강제한다. 이런 측면에서 다산 정약용이 '원체(原體)'라는 문체를 통해 정치라는 내용을 담고자 했던 '양식 선택의 정치학'은 특별한 의미를 갖는다.
원체는 작가가 당대(當代)의 정치적 쟁점이 되는 핵심 개념을 액자화하여 새롭게 의미를 환기하려는 의도를, 과학적 방식에 의거하여 설득하려는 정치・과학적 글쓰기라고 할 수 있다. 당나라 한유(韓愈)가 다섯 개의 원체 양식의 문장을 지은 이후 후대의 학자들은 이를 모범으로 삼았다. 원체는 고문체는 아니지만 새롭게 부상한 문체로서, 당대 사상의 핵심 개념에 대해 정체성을 추구하는 분석적이고 학술적인 글쓰기이자 정치적 글쓰기로 정립되었다. 다산은 원체가 가진 이러한 정치・과학적 힘을 인식하고 『원정(原政)』이라는 글을 남겼다.
그런데 다산은 단순히 개인적인 차원에서 원체를 선택한 것이 아니었다. 그것은 새로운 시각의 정식화라는 당대의 문화적 추세를 반영한 것이었다. 다산의 원체와 유비될 수 있는 것으로 당시 새롭게 등장한 미술 사조인 정선(鄭敾)의 진경(眞景) 화법을 들 수 있다. 진경 화법에서 다산의 글쓰기와 구조적으로 유사한 점들을 찾을 수 있다. 진경 화법의 특징은 경관(景觀)을 모사하는 사경(寫景)에 있는 것이 아니라 회화적 재구성을 통하여 경관에서 받은 미적 감흥을 창조적으로 구현하는 데 있다. 이와 같은 진경 화법은 각 지방의 무수한 사경에서 터득한 시각의 정식화를 통해 만들어졌다. 실경을 새로운 기법을 통하여 정식화한 진경 화법은 다산이 전통적인 시무책(時務策) 형식을 탈피하고 새로운 관점으로 정치를 포착하고 표현하기 위해 채택한 원체의 글쓰기와 다를 바 없다. 다산이 쓴 『원정』은 기존 정치 개념의 답습 또는 모방이 아니라 정치의 정체성에 대한 질문을 통하여 그가 생각하는 정치에 관한 새로운 관점을 정식화하여 제시한 것이다.

① 원체는 분석적이고 과학적인 글쓰기 양식이다.
② 다산의 원체는 당대의 문화적 추세를 반영한다.
③ 진경 화법은 경관에서 받은 미적 감흥을 창조적으로 구현하였다.
④ 실물을 있는 그대로 모사하는 진경 화법은 『원정』과 구조적으로 유사하다.
⑤ 다산은 『원정』에서 기존의 정치 개념을 그대로 모방하기보다는 정치에 관한 새로운 관점을 제시하였다.

26

1970년대 이후 미국의 사회 규범과 제도는 소득 불균형을 심화시켰고 그런 불균형을 묵과했다고 볼 수 있다. 그 예로 노동조합의 역사를 보자. 한때 노동조합은 소득 불균형을 제한하는 역할을 하였고, 노동조합이 몰락하자 불균형을 억제하던 힘이 사라졌다.

제조업이 미국경제를 주도할 때 노동조합도 제조업 분야에서 가장 활발했다. 그러나 지금 미국경제를 주도하는 것은 서비스업이다. 이와 같은 산업구조의 변화는 기술의 발전이 주된 요인이지만 많은 제조업 제품을 주로 수입에 의존하게 된 것이 또 다른 요인이다. 이러한 사실에 기초하여 노동조합의 몰락은 산업구조의 변화가 그 원인이라는 견해가 지배적이었다. 그러나 노동조합이 전반적으로 몰락한 주요 원인을 제조업 분야의 쇠퇴에서 찾는 이러한 견해는 틀린 것으로 판명되었다.

1973년 전체 제조업 종사자 중 39%였던 노동조합원의 비율이 2005년에는 13%로 줄어들었을 뿐더러, 새롭게 부상한 서비스업 분야에서도 조합원들을 확보하지 못했다. 예를 들어 대표적인 서비스 기업인 월마트는 제조업에 비해 노동조합이 생기기에 더 좋은 조건을 갖추고 있었다. 월마트 직원들이 더 높은 임금과 더 나은 복리후생 제도를 요구할 수 있는 노동조합에 가입되어 있었더라면, 미국의 중산층은 수십만 명 더 늘었을 것이다. 그런데도 월마트에는 왜 노동조합이 없는가?

1960년대에는 노동조합을 인정하던 기업과 이에 관련된 이해집단들이 1970년대부터는 노동조합을 공격하기 시작했다. 1970년대 말과 1980년대 초에는, 노동조합을 지지하는 노동자 20명 중 적어도 한 명이 불법적으로 해고되었다. 1970년대 중반 이후 기업들은 보수적 성향의 정치적 영향력에 힘입어서 노동조합을 압도할 수 있게 되었다. 소득의 불균형에 강력하게 맞섰던 노동조합이 축소된 것이다. 이처럼 노동조합의 몰락은 정치와 기업이 결속한 결과이다.

① 1973년부터 2005년 사이에 미국 제조업에서는 노동조합원의 비율이 감소하였다.

② 1970년대 중반 이후 노동조합의 몰락에는 기업뿐 아니라 보수주의적 정치도 일조하였다.

③ 미국에서 제조업 상품의 수입의존도 상승은 서비스업이 경제를 주도하는 산업 분야가 되는 요인 중 하나였다.

④ 미국 제조업 분야 내에서의 노동조합 가입률 하락은 산업구조의 변화로 인한 서비스업의 성장 때문이다.

⑤ 1970년대 말 이후 미국 기업이 노동조합을 지지하는 노동자들에게 행한 조치 중에는 합법적이지 못한 경우도 있었다.

※ 다음 제시문에 대한 반론으로 가장 적절한 것을 고르시오. [27~28]

27

어떤 경제 주체의 행위가 자신과 거래하지 않는 제3자에게 의도하지 않게 이익이나 손해를 주는 것을 '외부성'이라 한다. 과수원의 과일 생산이 인접한 양봉업자에게 벌꿀 생산과 관련한 이익을 준다든지, 공장의 제품 생산이 강물을 오염시켜 주민들에게 피해를 주는 것 등이 대표적인 사례이다.
외부성은 사회 전체로 보면 이익이 극대화되지 않는 비효율성을 초래할 수 있다. 개별 경제 주체가 제3자의 이익이나 손해까지 고려하여 행동하지는 않을 것이기 때문이다. 예를 들어, 과수원의 이윤을 극대화하는 생산량이 Qa라고 할 때, 생산량을 Qa보다 늘리면 과수원의 이윤은 줄어든다. 하지만 이로 인한 과수원의 이윤 감소보다 양봉업자의 이윤 증가가 더 크다면, 생산량을 Qa보다 늘리는 것이 사회적으로 바람직하다. 하지만 과수원이 자발적으로 양봉업자의 이익까지 고려하여 생산량을 Qa보다 늘릴 이유는 없다.
전통적인 경제학은 이러한 비효율성의 해결책이 보조금이나 벌금과 같은 정부의 개입이라고 생각한다. 보조금을 받거나 벌금을 내게 되면 제3자에게 주는 이익이나 손해가 더 이상 자신의 이익과 무관하지 않게 되므로, 자신의 이익에 충실한 선택이 사회적으로 바람직한 결과로 이어진다는 것이다.

① 일반적으로 과수원은 양봉업자의 입장을 고려하지 않는다.
② 과수원 생산자는 자신의 의도와 달리 다른 사람들에게 손해를 끼칠 수 있다.
③ 과수원자에게 보조금을 지급한다면 생산량을 Qa보다 늘리려 할 것이다.
④ 정부의 개입을 통해 외부성으로 인한 비효율성을 줄일 수 있다.
⑤ 정부의 개입 과정에서 시간과 노력이 많이 들게 되면 비효율성이 늘어날 수 있다.

28

법과 정의의 관계는 법학의 고전적인 과제 가운데 하나이다. 때와 장소에 관계없이 누구에게나 보편적으로 받아들여질 수 있는 정의롭고 도덕적인 법을 떠올리게 되는 것은 자연스러운 일이다. 전통적으로 이런 법을 '자연법'이라 부르며 논의해 왔다. 자연법은 인위적으로 제정되는 것이 아니라 인간의 경험에 앞서 존재하는 본질적인 것으로서 신의 법칙이나 우주의 질서, 또는 인간 본성에 근원을 둔다. 특히 인간의 본성에 깃든 이성, 다시 말해 참과 거짓, 선과 악을 분별할 수 있는 인간만의 자질은 자연법을 발견해 낼 수 있는 수단이 된다.
서구 중세의 신학에서는 자연법을 인간 이성에 새겨진 신의 법이라고 이해하여 종교적 권위를 중시하였다. 이후 근대의 자연법 사상에서는 신학의 의존으로부터 독립하여 자연법을 오직 이성으로써 확인할 수 있다고 보았다. 이런 경향을 열었다고 할 수 있는 그로티우스(1583 ~ 1645)는 중세의 전통을 수용하면서도 인간 이성에 따른 자연법의 기초를 확고히 하였다. 그는 이성을 통해 확인되고 인간 본성에 합치하는 법 규범은 자연법이자 신의 의지라고 말하면서, 이 자연법은 신도 변경할 수 없는 본질적인 것이라고 주장하였다. 이성의 올바른 인도를 통해 다다르게 되는 자연법은 국가와 실정법을 초월하는 규범이라고 보았다.

① 자연법은 누구에게나 받아들여질 수 있어야 한다.
② 자연법은 명확히 확정하기 어렵기 때문에 현실적으로 효력을 갖춘 실정법만을 법으로 인정해야 한다.
③ 보통 인간만이 가지고 있는 자질이 자연법이 된다.
④ 근대부터 자연법을 신학으로부터 독립적으로 취급했다.
⑤ 그로티우스는 실정법과 자연법을 구별하여 다뤘다.

29 다음 제시문을 토대로 〈보기〉를 바르게 해석한 것은?

요즘 대세로 불리는 폴더블 스마트폰이나 커브드 모니터를 직접 보거나 사용해 본 적이 있는가? 혁신적인 디자인과 더불어 사용자에게 뛰어난 몰입감을 제공하며 시장에서 큰 인기를 끌고 있는 이 제품들의 사양을 자세히 보면 'R'에 대한 값이 표시되어 있음을 알 수 있다. 이 R은 반지름(Radius)을 뜻하며 제품의 굽혀진 곡률을 나타내는데, 이 R의 값이 작을수록 접히는 부분의 비는 공간이 없어 완벽하게 접힌다.
일반적으로 여러 층의 레이어로 구성된 패널은 접었을 때 앞면에는 줄어드는 힘인 압축응력이, 뒷면에는 늘어나는 힘인 인장응력이 동시에 발생한다. 이처럼 서로 반대되는 힘인 압축응력과 인장응력이 충돌하면서 패널의 구조에 영향을 주는 것을 '폴딩 스트레스'라고 하는데, 곡률이 작을수록 즉, 더 접힐수록 패널이 받는 폴딩 스트레스가 높아진다. 따라서 곡률이 상대적으로 작은 인폴딩 패널이 곡률이 큰 아웃폴딩 패널보다 개발 난이도가 높은 셈이다.

〈보기〉

S전자는 이번 행사에서 1.4R의 인폴딩 패널을 사용한 폴더블 스마트폰을 개발하는 데 성공했다고 발표했다. 이는 아웃폴딩 패널을 사용한 H기업이나 동일한 인폴딩 패널을 사용한 A기업의 폴더블 스마트폰보다 현저히 낮은 곡률이다.

① 이번에 H기업에서 새로 개발한 1.6R의 작은 곡률이 적용된 패널을 사용한 폴더블 스마트폰은 S전자에서 개발한 폴더블 스마트폰과 동일한 방식의 패널을 사용했을 것이다.
② 아웃폴딩 패널을 사용한 H기업의 폴더블 스마트폰은 이번에 S전자에서 개발한 폴더블 스마트폰보다 폴딩 스트레스가 낮을 것이다.
③ 인폴딩 패널을 사용한 A기업의 폴더블 스마트폰은 S전자에서 개발한 폴더블 스마트폰과 개발 난이도가 비슷했을 것이다.
④ 아웃폴딩 패널을 사용한 H기업의 폴더블 스마트폰의 R값이 인폴딩 패널을 사용한 A기업의 폴더블 스마트폰의 R값보다 작을 것이다.
⑤ S전자의 폴더블 스마트폰의 R값이 경쟁 기업보다 작은 것은 여러 층으로 구성된 패널의 층수를 타 기업의 패널보다 줄여 압축응력과 인장응력으로 인한 스트레스를 줄였기 때문일 것이다.

30 다음 중 '클라우드'를 ㉠으로 볼 수 있는 이유로 〈보기〉에서 적절한 것을 모두 고르면?

최근 들어 화두가 되는 IT 관련 용어가 있으니 바로 클라우드(Cloud)이다. 그렇다면 클라우드는 무엇인가? 클라우드란 인터넷상의 서버를 통해 데이터를 저장하고 이를 네트워크로 연결하여 콘텐츠를 사용할 수 있는 컴퓨팅 환경을 말한다.

그렇다면 클라우드는 기존의 웹하드와 어떤 차이가 있을까? 웹하드는 일정한 용량의 저장 공간을 확보해 인터넷 환경의 PC로 작업한 문서나 파일을 저장, 열람, 편집하고 다수의 사람과 파일을 공유할 수 있는 인터넷 파일 관리 시스템이다. 한편 클라우드는 이러한 웹하드의 장점을 수용하면서 콘텐츠를 사용하기 위한 소프트웨어까지 함께 제공한다. 그리고 저장된 정보를 개인 PC나 스마트폰 등 각종 IT 기기를 통하여 언제 어디서든 이용할 수 있게 한다. 이것은 클라우드 컴퓨팅 기반의 동기화 서비스를 통해 가능하다. 즉, 클라우드 컴퓨팅 환경을 기반으로 사용자가 보유한 각종 단말기끼리 동기화 절차를 거쳐 동일한 데이터와 콘텐츠를 이용할 수 있게 하는 시스템인 것이다.

클라우드는 구름(cloud)과 같이 무형의 형태로 존재하는 하드웨어, 소프트웨어 등의 컴퓨팅 자원을 자신이 필요한 만큼 빌려 쓰고 이에 대한 사용 요금을 지급하는 방식의 컴퓨팅 서비스이다. 여기에는 서로 다른 물리적인 위치에 존재하는 컴퓨팅 자원을 가상화 기술로 통합해 제공하는 기술이 활용된다.

클라우드는 평소에 남는 서버를 활용하므로 클라우드 환경을 제공하는 운영자에게도 유용하지만, 사용자 입장에서는 더욱 유용하다. 개인적인 데이터 저장 공간이 따로 필요하지 않기에 저장 공간의 제약도 극복할 수 있다. 가상화 기술과 분산 처리 기술로 서버의 자원을 묶거나 분할하여 필요한 사용자에게 서비스 형태로 제공되기 때문에 개인의 컴퓨터 가용률이 높아지는 것이다. 이러한 높은 가용률은 자원을 유용하게 활용하는 ㉠ <u>그린 IT 전략</u>과도 일치한다.

또한 클라우드 컴퓨팅을 도입하는 기업 또는 개인은 컴퓨터 시스템을 유지·보수·관리하기 위하여 들어가는 비용과 서버의 구매 및 설치 비용, 업데이트 비용, 소프트웨어 구매 비용 등 엄청난 비용과 시간, 인력을 줄일 수 있고 에너지 절감에도 기여할 수 있다. 하지만 서버가 해킹 당할 경우 개인 정보가 유출될 수 있고, 서버 장애가 발생하면 자료 이용이 불가능하다는 단점도 있다. 따라서 사용자들이 안전한 환경에서 서비스를 이용할 수 있도록 보안에 대한 대책을 강구하고 위험성을 최소화할 수 있는 방안을 마련하여야 한다.

〈보기〉

ㄱ. 남는 서버를 활용하여 컴퓨팅 환경을 제공함
ㄴ. 빌려 쓴 만큼 사용 요금을 지급하는 유료 서비스임
ㄷ. 사용자들이 안전한 환경에서 서비스를 이용하게 함
ㄹ. 저장 공간을 제공하여 개인 컴퓨터의 가용률을 높임

① ㄱ, ㄴ
② ㄱ, ㄹ
③ ㄴ, ㄷ
④ ㄷ, ㄹ
⑤ ㄱ, ㄷ, ㄹ

제4회
삼성 온라인 GSAT

〈문항 수 및 시험시간〉

삼성 온라인 GSAT		
영역	문항 수	시험시간
수리	20문항	30분
추리	30문항	30분

삼성 온라인 GSAT

제4회 모의고사

문항 수 : 50문항
시험시간 : 60분

제1영역 수리

01 어떤 일을 소미가 혼자 하면 12일, 세정이와 미나 둘이서 하면 4일이 걸린다. 이 일을 소미, 세정, 미나가 다 같이 하면 며칠이 걸리겠는가?

① 2일
② 3일
③ 4일
④ 5일
⑤ 6일

02 S사는 전 직원을 대상으로 유연근무제에 대한 찬반투표를 진행하였다. 그 결과 전체 직원의 80%가 찬성하였고, 20%는 반대하였다. 전 직원의 40%는 여직원이고, 유연근무제에 찬성한 직원의 70%는 남직원이었다. 여직원 한 명을 뽑았을 때, 이 직원이 유연근무제에 찬성했을 확률은?(단, 모든 직원은 찬성이나 반대의 의사표시를 하였다)

① $\frac{1}{5}$
② $\frac{2}{5}$
③ $\frac{3}{5}$
④ $\frac{4}{6}$
⑤ $\frac{5}{6}$

03 다음은 암 발생률 추이에 대한 자료이다. 이에 대한 설명으로 옳은 것은?

〈암 발생률 추이〉

(단위 : %)

구분	2017년	2018년	2019년	2020년	2021년	2022년	2023년
위암	32	31	29	26	24	25	26
간암	24	24	23	21	20	20	21
폐암	14	17	19	20	21	22	24
대장암	5	5	6	6	7	8	9
유방암	2	2	2	3	2	3	6
자궁암	8	8	7	6	7	5	5

① 위암의 발생률은 점차 감소하는 추세를 보이고 있다.

② 폐암의 경우 발생률이 계속적으로 증가하고 있으며, 전년 대비 2023년 암 발생률 증가폭이 다른 암에 비해서 가장 크다.

③ 2017년 대비 2023년에 발생률이 증가한 암은 폐암, 대장암, 유방암이다.

④ 2023년에 위암으로 죽은 사망자 수가 가장 많으며, 이러한 추세는 지속될 것으로 보인다.

⑤ 자궁암의 경우 발생률이 지속적으로 감소하는 추세를 보이고 있다.

04 국내의 유통업체 S사는 몽골 시장으로 진출하기 위해 현지에 진출해 있는 기업들이 경험한 진입 장벽에 대하여 다음과 같이 조사하였다. 다음 조사 결과에 대한 설명으로 옳은 것은?

S사는 몽골 시장의 진입 장벽에 해당하는 주요 요인 4가지를 선정하였고, 현지 진출 기업들은 경험을 바탕으로 요인별로 0 ~ 10점 사이의 점수를 부여하였다.

〈진출 기업 업종별 몽골 시장 진입 장벽〉

(단위 : 점)

구분	몽골 기업의 시장 점유율	초기 진입 비용	현지의 엄격한 규제	문화적 이질감
유통업	7	5	9	2
제조업	5	3	8	4
서비스업	4	2	6	8
식·음료업	6	7	5	6

※ 점수가 높을수록 해당 요인이 강력한 진입 장벽으로 작용함

① 유통업의 경우, 타 업종에 비해 높은 초기 진입 비용이 강력한 진입 장벽으로 작용한다.
② S사의 경우, 현지의 엄격한 규제가 몽골 시장의 진입을 방해하는 요소로 작용할 가능성이 크다.
③ 제조업의 경우, 타 업종에 비해 높은 몽골 기업의 시장 점유율이 강력한 진입 장벽으로 작용한다.
④ 문화적 이질감이 가장 강력한 진입 장벽으로 작용하는 업종은 식·음료업이다.
⑤ 서비스업의 경우, 타 업종에 비해 시장으로의 초기 진입 비용이 가장 많이 든다.

05 다음은 S회사에서 만든 기계제품의 가격을 연도별로 표시한 것이다. 이에 대한 설명으로 옳지 않은 것은?

〈연도별 기계제품의 가격〉

(단위 : 만 원)

구분	2019년	2020년	2021년	2022년	2023년
가격	200	230	215	250	270
재료비	105	107	99	110	115
인건비	55	64	72	85	90
수익	40	59	44	55	65

① 제품의 가격 증가율은 2023년도에 가장 크다.
② 재료비의 증가폭이 가장 큰 해에는 제품 가격 증가폭도 가장 크다.
③ 제품의 원가에서 인건비는 꾸준히 증가하였다.
④ 2021 ~ 2023년에 재료비와 인건비의 증감 추이는 같다.
⑤ 2019 ~ 2023년에 재료비와 수익의 증감 추이는 같다.

06 다음은 카페 판매음료에 대한 연령별 선호도를 조사한 자료이다. 이에 대한 〈보기〉의 설명 중 옳은 것을 모두 고르면?

〈연령별 카페 판매음료 선호도〉

(단위 : %)

구분	20대	30대	40대	50대
아메리카노	42	47	35	31
카페라테	8	18	28	42
카페모카	13	16	2	1
바닐라라테	9	8	11	3
핫초코	6	2	3	1
에이드	3	1	1	1
아이스티	2	3	4	7
허브티	17	5	16	14

〈보기〉

ㄱ. 연령대가 높아질수록 아메리카노에 대한 선호율은 낮아진다.
ㄴ. 아메리카노와 카페라테의 선호율 차이가 가장 적은 연령대는 40대이다.
ㄷ. 20대와 30대의 선호율 하위 3개 메뉴는 동일하다.
ㄹ. 40대와 50대의 선호율 상위 2개 메뉴가 전체 선호율의 70% 이상이다.

① ㄱ, ㄴ
② ㄱ, ㄹ
③ ㄴ, ㄷ
④ ㄴ, ㄹ
⑤ ㄷ, ㄹ

07 다음은 2023년 월별 공항철도 여객수송실적을 나타낸 자료이다. 이에 대한 설명으로 옳은 것은?

〈2023년 월별 공항철도 여객수송실적〉

(단위 : 만 명)

월	수송인원	승차인원	유입인원
1월	582	284	290
2월	550	270	( )
3월	633	302	330
4월	623	300	322
5월	653	315	338
6월	636	310	325
7월	643	316	326
8월	( )	310	360
9월	633	285	348
10월	687	304	382
11월	670	( )	380
12월	690	301	390

※ 유입인원 : 다른 철도를 이용하다가 공항철도로 환승하여 최종 종착지에 내린 승객의 수

※ (수송인원)=(승차인원)+(유입인원)

① 2023년 공항철도의 수송인원은 매월 증가하고 있다.

② 2023년 3분기 공항철도 총 수송인원은 1,950만 명 이상이다.

③ 2월 공항철도 유입인원은 1월에 비해 10만 명 감소하였다.

④ 11월은 승차인원이 가장 적은 달로, 6월보다 18만 명 더 적었다.

⑤ 8월은 수송인원이 가장 많았던 달로, 12월보다 20만 명 더 많았다.

※ 다음은 S기업의 하청업체 300개사를 대상으로 실시한 개선필요사항에 대한 조사 결과이다. 이를 보고 이어지는 질문에 답하시오. **[8~9]**

S기업은 하청업체 300개사를 생산 분야에 따라 세 가지로 분류하여 업체들이 S기업에게 요구하는 개선필요사항을 조사하였다. 각 하청업체는 개선이 필요하다고 생각하는 사항을 한 가지 또는 두 가지를 선택하였다.

〈S기업 하청업체 대상 개선필요사항 조사 결과〉

(단위 : 개)

개선필요사항 \ 생산 분야	낸드플래시	DRAM	기타
하청단계별 업무범위 명확화	13	9	23
납품기한의 변동성 완화	55	48	22
납품단가 변동사유 구체화	35	44	15
파견 직원 처우개선	28	22	6
일방적인 계약내용 결정	40	34	12
비상시 대응인력 지원	6	7	4
기타	2	2	3

08 다음 중 자료에 대한 설명으로 옳지 않은 것은?

① 세 가지 생산 분야 모두 개선필요사항에 기타로 응답한 하청업체의 수가 가장 적다.
② S기업의 하청업체 중 낸드플래시 생산 분야의 하청업체의 수가 가장 많다.
③ 파견 직원의 처우개선을 개선필요사항으로 응답한 업체 수 중 DRAM 생산 분야의 하청업체 수는 낸드플래시 생산 분야의 하청업체 수보다 적다.
④ 개선필요사항 항목 중에서 납품기한의 변동을 줄여야 한다고 응답한 하청업체의 수가 가장 많다.
⑤ 총 130개의 하청업체가 개선필요사항 조사에 복수응답을 하였다.

09 다음 중 조사 결과에 따라 추론한 것으로 옳지 않은 것을 〈보기〉에서 모두 고르면?

〈보기〉

ㄱ. S기업은 낸드플래시 생산에 있어서 하청단계별 업무범위를 명확히 하는 것이 가장 시급하다.
ㄴ. S기업은 DRAM 생산에 있어서 납품기한의 정정을 줄이기 위해 생산계획 단계에서부터 대응성을 높일 필요가 있다.
ㄷ. S기업의 낸드플래시 생산 분야와 DRAM 생산 분야의 하청업체 수는 동일하다.

① ㄱ
② ㄴ
③ ㄱ, ㄷ
④ ㄴ, ㄷ
⑤ ㄱ, ㄴ, ㄷ

※ 다음은 S사의 차량기지 견학 안전체험 현황이다. 이를 보고 이어지는 질문에 답하시오. **[10~11]**

〈차량기지 견학 안전체험 건수 및 인원 현황〉

(단위 : 건, 명)

구분	2019년		2020년		2021년		2022년		2023년	
	건수	인원	건수	인원	건수	인원	건수	인원	건수	인원
고덕	24	611	36	897	33	660	21	436	17	321
도봉	30	644	31	761	24	432	28	566	25	336
방화	64	900	㉡	978	51	978	㉣	404	29	520
신내	49	650	49	512	31	388	17	180	25	390
천왕	68	㉠	25	603	32	642	30	566	29	529
모란	37	766	27	643	31	561	20	338	22	312
합계	272	4,437	241	4,394	㉢	3,661	145	2,490	㉤	2,408

10 다음 중 빈칸 안에 들어갈 수치가 바르게 연결된 것은?

① ㉠ – 846
② ㉡ – 75
③ ㉢ – 213
④ ㉣ – 29
⑤ ㉤ – 145

11 다음 중 자료에 대한 〈보기〉의 설명 중 옳은 것을 모두 고르면?

〈보기〉

ㄱ. 방화 차량기지 견학 안전체험 건수는 2020년부터 2023년까지 전년 대비 매년 감소하였다.
ㄴ. 2021년 고덕 차량기지의 안전체험 건수 대비 인원수는 도봉 차량기지의 안전체험 건수 대비 인원수보다 크다.
ㄷ. 2020년부터 2022년까지 고덕 차량기지의 전년 대비 안전체험 건수의 증감추이는 인원수의 증감추이와 동일하다.
ㄹ. 신내 차량기지의 안전체험 인원수는 2019년 대비 2023년에 50% 이상 감소하였다.

① ㄱ, ㄴ
② ㄱ, ㄷ
③ ㄴ, ㄷ
④ ㄴ, ㄹ
⑤ ㄷ, ㄹ

※ 다음은 2023년 지역별 상수도 민원 건수에 대한 자료이다. 이를 보고 이어지는 질문에 답하시오. **[12~13]**

〈지역별 상수도 민원건수〉

(단위 : 건)

구분	민원내용				
	낮은 수압	녹물	누수	냄새	유충
서울특별시	554	682	102	244	118
경기도	110	220	70	130	20
대구광역시	228	327	87	360	64
인천광역시	243	469	183	382	72
부산광역시	248	345	125	274	68
강원도	65	81	28	36	7
대전광역시	133	108	56	88	18
광주광역시	107	122	87	98	11
울산광역시	128	204	88	107	16
제주특별자치도	12	76	21	20	3
세종특별자치시	47	62	41	32	9

12 자료에 대한 〈보기〉의 설명 중 옳은 것을 모두 고르면?

〈보기〉

ㄱ. 경기도의 민원건수 중 35%는 녹물에 대한 것이다.
ㄴ. 대구광역시의 냄새에 대한 민원건수는 강원도의 10배이고, 제주특별자치도의 18배이다.
ㄷ. 세종특별자치시와 대전광역시의 민원내용별 민원건수의 합계는 부산광역시보다 작다.
ㄹ. 수도권에서 가장 많은 민원은 녹물에 대한 것이고, 가장 적은 민원은 유충에 대한 것이다.

① ㄱ, ㄴ
② ㄱ, ㄷ
③ ㄱ, ㄹ
④ ㄴ, ㄷ
⑤ ㄴ, ㄹ

13 다음 중 자료를 보고 나타낼 수 없는 그래프는?

① 수도권과 수도권 외 지역 상수도 민원건수 발생 현황
② 광역시의 녹물 민원건수 발생 현황
③ 수도권 전체 민원건수 중 녹물에 대한 민원 비율
④ 지역별 민원건수 구성비
⑤ 지역별 유충 발생건수 현황

※ 다음은 위험물안전관리자 선임 현황이다. 이를 보고 이어지는 질문에 답하시오. **[14~15]**

〈위험물안전관리자 선임 현황〉

구분	2022년		2023년	
	제조소(개)	선임자(명)	제조소(개)	선임자(명)
서울특별시	262	335	256	334
부산광역시	307	249	302	211
대구광역시	171	125	155	144
인천광역시	328	283	315	296
광주광역시	119	95	117	82
대전광역시	137	95	135	90
울산광역시	763	290	697	309
세종특별자치시	65	37	65	33
경기도	895	688	850	675
강원도	458	292	439	285
충청북도	571	464	585	350
충청남도	758	410	760	376
전라북도	483	288	434	299
전라남도	858	405	830	406
경상북도	746	522	758	534
경상남도	587	327	586	337
제주특별자치도	134	109	130	105
합계	7,642	5,014	7,414	4,866

14 2022년에 위험물안전관리자 선임자 수가 가장 많은 행정구역과 가장 적은 행정구역의 선임자 수의 차이는?

① 634명
② 638명
③ 645명
④ 649명
⑤ 651명

15 자료에 대한 〈보기〉의 설명 중 옳지 않은 것을 모두 고르면?

〈보기〉

ㄱ. 제조소 수가 500개 이상인 행정구역의 수는 2022년과 2023년이 동일하다.
ㄴ. 2022년과 2023년에 제조소 수가 가장 많은 행정구역은 동일하다.
ㄷ. 2023년에 제조소 수가 세 번째로 적은 행정구역은 대전광역시이다.

① ㄱ
② ㄷ
③ ㄱ, ㄴ
④ ㄴ, ㄷ
⑤ ㄱ, ㄴ, ㄷ

※ 다음은 연령대 및 성별 소득에서 주식투자가 차지하는 비율을 조사한 자료이다. 이를 보고 이어지는 질문에 답하시오. **[16~17]**

〈연령대 및 성별 소득 대비 주식투자비율〉

구분		비율	구분		비율
20대	전체	30%	50대	전체	10%
	남성	34%		남성	18%
	여성	22%		여성	4%
30대	전체	25%	60대	전체	5%
	남성	37%		남성	11%
	여성	18%		여성	2%
40대	전체	20%			
	남성	26%			
	여성	10%			

16 다음 중 자료에 대한 〈보기〉의 설명 중 옳은 것을 모두 고르면?

〈보기〉

ㄱ. 남성의 소득 대비 주식투자비율은 연령대가 높아질수록 낮아지고 있다.
ㄴ. 남성과 여성의 소득 대비 주식투자비율의 차이가 가장 큰 연령대는 30대이고, 가장 작은 연령대는 60대이다.
ㄷ. 전체 20대의 소득 대비 주식투자비율은 60대의 5배이다.

① ㄴ
② ㄷ
③ ㄱ, ㄴ
④ ㄱ, ㄷ
⑤ ㄴ, ㄷ

17 다음은 조사대상자의 연령대별 평균 연소득을 나타낸 표이다. 위의 자료를 참고할 때, 표의 ㉠~㉤을 큰 순서대로 바르게 나열한 것은?

〈조사대상자의 연령대별 평균 연소득〉

구분	20대	30대	40대	50대	60대
평균 연소득(만 원)	3,200	5,000	6,500	8,800	9,000
주식투자금(만 원)	㉠	㉡	㉢	㉣	㉤

① ㉠－㉡－㉢－㉣－㉤
② ㉡－㉠－㉢－㉣－㉤
③ ㉡－㉢－㉠－㉣－㉤
④ ㉢－㉠－㉡－㉣－㉤
⑤ ㉢－㉡－㉠－㉣－㉤

18 다음은 2019년부터 2023년까지 연도별 동물찻길 사고를 나타낸 표이다. 이를 참고하여 그래프로 나타낸 것으로 옳지 않은 것은?(단, 모든 그래프의 단위는 '건'이다)

〈연도별 동물찻길 사고〉

(단위 : 건)

구분	1월	2월	3월	4월	5월	6월	7월	8월	9월	10월	11월	12월
2019년	94	55	67	224	588	389	142	112	82	156	148	190
2020년	85	55	62	161	475	353	110	80	74	131	149	149
2021년	78	37	61	161	363	273	123	67	69	95	137	165
2022년	57	43	69	151	376	287	148	63	70	135	86	76
2023년	60	40	44	112	332	217	103	66	51	79	79	104

※ 1분기(1 ~ 3월), 2분기(4 ~ 6월), 3분기(7 ~ 9월), 4분기(10 ~ 12월)

① 1 ~ 6월 5개년 합

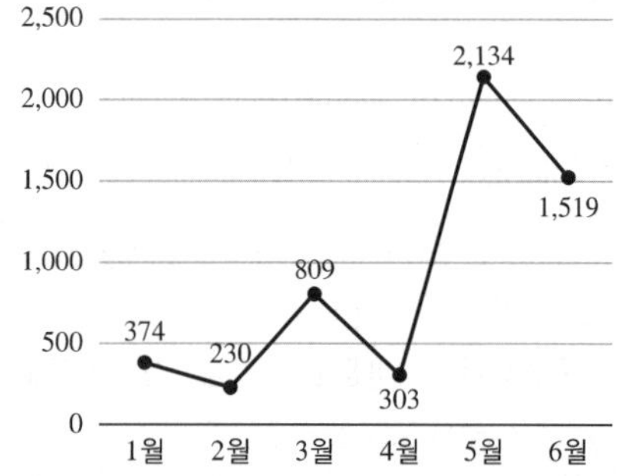

② 7 ~ 12월 5개년 합

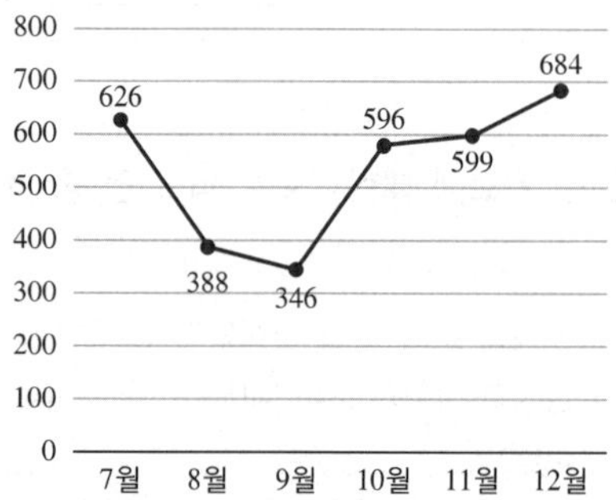

③ 연도별 건수 합

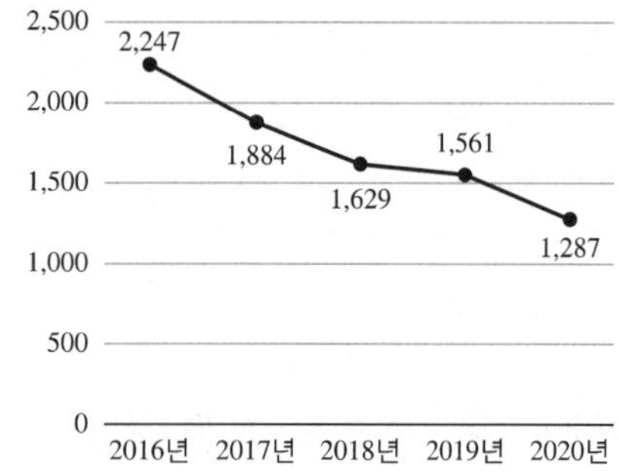

④ 연도별 1분기 합

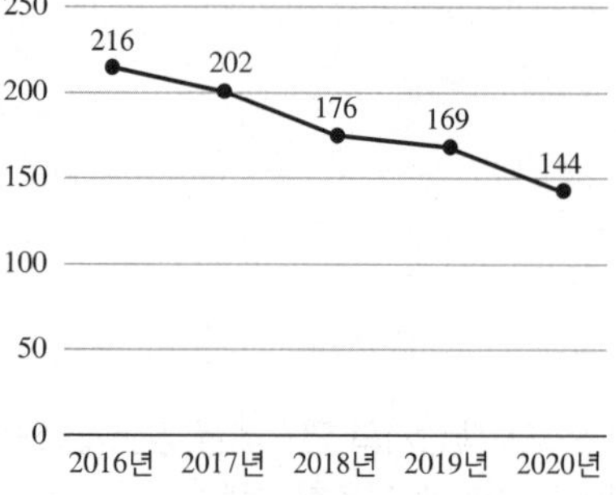

⑤ 연도별 3분기 합

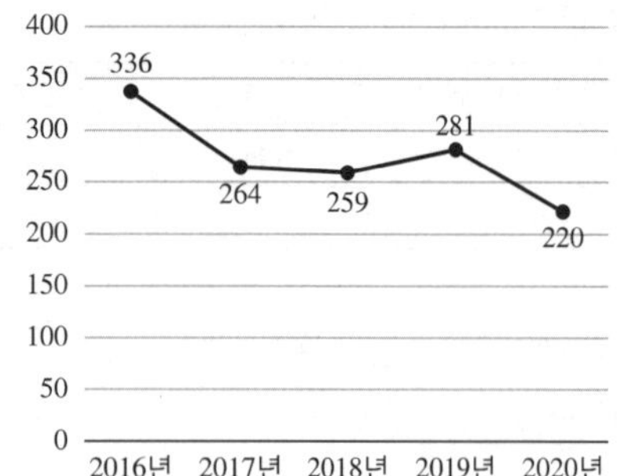

19 하노이의 탑의 원판 개수에 따른 원판의 최소 이동 횟수가 다음과 같은 규칙을 보일 때 원판 8개를 이동시킬 때의 최소 이동 횟수는?

〈원판의 최소 이동 횟수〉

(단위 : 회)

원판 개수	1	2	3	4	5
최소 이동 횟수	1	3	7	15	31

① 127회
② 255회
③ 511회
④ 1,023회
⑤ 2,047회

20 다음은 S기업의 판매 점포 수별 영업이익을 나타낸 자료이다. 점포 수에 대한 자료와 영업이익의 관계를 나타낸 식이 다음과 같을 때, ㉠에 들어갈 숫자는?

점포 수(개)	1	6	8
영업이익(억 원)	1.25	㉠	528

※ (영업이익)$=\left[\frac{(\text{점포 수})}{a}\right]^2+(\text{점포 수})^b$

① 128
② 225
③ 256
④ 384
⑤ 512

제2영역 추리

※ 제시된 명제가 모두 참일 때, 다음 중 빈칸에 들어갈 명제로 가장 적절한 것을 고르시오. [1~3]

01

전제1. 문제를 빠르게 푸는 사람은 집중력이 좋다.
전제2. 침착하지 않은 사람은 집중력이 좋지 않다.
결론. ____________________

① 집중력이 좋으면 문제를 빠르게 푸는 사람이다.
② 집중력이 좋으면 침착한 사람이다.
③ 집중력이 좋지 않으면 문제를 빠르게 푸는 사람이 아니다.
④ 문제를 빠르게 푸는 사람은 침착한 사람이다.
⑤ 침착한 사람은 집중력이 좋은 사람이다.

02

전제1. 어떤 집은 낙서가 되어 있다.
전제2. 낙서가 되어 있는 것은 대부분 벽지이고, 낙서가 있는 모든 벽지는 분홍색이다.
결론. ____________________

① 모든 집은 분홍색이다.
② 분홍색인 것은 모두 집이다.
③ 분홍색 벽지의 어떤 집은 벽에 낙서가 되어 있다.
④ 낙서가 되어 있는 것은 모두 벽지이다.
⑤ 어떤 벽지로 되어 있는 것은 분홍색이 아니다.

03

전제1. 디자인팀의 팀원은 모두 포토샵 자격증을 가지고 있다.
전제2. ____________________
결론. 컴퓨터 활용능력 자격증을 가지고 있지 않은 사람은 디자인팀이 아니다.

① 디자인팀이 아닌 사람은 컴퓨터 활용능력 자격증을 가지고 있다.
② 컴퓨터 활용능력 자격증을 가지고 있는 사람은 포토샵 자격증을 가지고 있다.
③ 디자인팀이 아닌 사람은 포토샵 자격증을 가지고 있지 않다.
④ 컴퓨터 활용능력 자격증을 가지고 있지 않은 사람은 포토샵 자격증을 가지고 있다.
⑤ 컴퓨터 활용능력 자격증을 가지고 있지 않은 사람은 포토샵 자격증을 가지고 있지 않다.

04 S사에서는 이번 주 월 ~ 금 건강검진을 실시한다. 서로 요일이 겹치지 않도록 하루를 선택하여 건강검진을 받아야 할 때, 다음 중 반드시 참인 것은?

- 이사원은 최사원보다 먼저 건강검진을 받는다.
- 김대리는 최사원보다 늦게 건강검진을 받는다.
- 박과장의 경우 금요일에는 회의로 인해 건강검진을 받을 수 없다.
- 이사원은 월요일 또는 화요일에 건강검진을 받는다.
- 홍대리는 수요일에 출장을 가므로 수요일 이전에 건강검진을 받아야 한다.
- 이사원은 홍대리보다는 늦게, 박과장보다는 먼저 건강검진을 받는다.

① 홍대리는 월요일에 건강검진을 받는다.

② 박과장은 수요일에 건강검진을 받는다.

③ 최사원은 목요일에 건강검진을 받는다.

④ 최사원은 박과장보다 먼저 건강검진을 받는다.

⑤ 박과장은 최사원보다 먼저 건강검진을 받는다.

05 다음 〈조건〉을 만족할 때 추론할 수 있는 것으로 옳은 것은?

〈조건〉

- 희정이는 세영이보다 낮은 층에 산다.
- 세영이는 은솔이보다 높은 층에 산다.
- 은솔이는 희진이 옆집에 산다.

① 세영이는 희진이보다 높은 층에 산다.

② 희진이는 희정이보다 높은 층에 산다.

③ 은솔이는 희정이보다 높은 층에 산다.

④ 세영이가 가장 낮은 층에 산다.

⑤ 희정이가 가장 낮은 층에 산다.

06 철수는 종합병원에 방문했다. 오늘 철수는 A과, B과, C과 모두 진료를 받아야 하는데, 가장 빠르게 진료를 받을 수 있는 경로는?

> • 모든 과의 진료와 예약은 오전 9시 시작이다.
> • 모든 과의 점심시간은 오후 12시 30분부터 1시 30분이다.
> • A과와 C과는 본관에 있고, B과는 별관동에 있으며 본관과 별관동 이동에는 셔틀로 약 30분이 소요되며, 점심시간에는 셔틀이 운행하지 않는다.
> • A과는 오전 10시부터 오후 3시까지만 진료를 한다.
> • B과는 점심시간 후에 사람이 몰려 약 1시간의 대기시간이 필요하다.
> • A과 진료는 단순 진료로 30분 정도 소요될 예정이다.
> • B과 진료는 치료가 필요하여 1시간 정도 소요될 예정이다.
> • C과 진료는 정밀 검사가 필요하여 2시간 정도 소요될 예정이다.
> ※ 주어진 조건 외는 고려하지 않음

① A－B－C
② A－C－B
③ B－C－A
④ C－B－A
⑤ C－A－B

07 한 베이커리에서는 우유식빵, 밤식빵, 옥수수식빵, 호밀식빵을 납품하기로 한 단체 4곳(가 ~ 라)에 한 종류씩 납품한다. 다음 〈조건〉을 참고할 때, 반드시 참인 것은?

〈조건〉

> • 한 단체에 납품하는 빵은 종류가 겹치지 않도록 한다.
> • 우유식빵과 밤식빵은 가에 납품된 적이 있다.
> • 옥수수식빵과 호밀식빵은 다에 납품된 적이 있다.
> • 옥수수식빵은 라에 납품된다.

① 우유식빵은 나에도 납품된 적이 있다.
② 옥수수식빵은 가에도 납품된 적이 있다.
③ 호밀식빵은 가에 납품될 것이다.
④ 우유식빵은 다에 납품된 적이 있다.
⑤ 호밀식빵은 라에도 납품된 적이 있다.

08 한 회사에서는 폐수를 1급수로 만들기 위해서 정해진 순서대로 총 7가지 과정(A ~ G)을 거쳐야 한다. 다음 〈조건〉을 참고하여 5번째 과정이 F일 때, 네 번째로 해야 할 과정은?

〈조건〉

- F보다 뒤에 거치는 과정은 D와 B이다.
- A 바로 앞에 수행하는 과정은 C이다.
- A 바로 뒤에는 E를 수행한다.
- G는 E와 A보다 뒤에 수행하는 과정이다.

① A
② C
③ D
④ E
⑤ G

09 이번 주까지 A가 해야 하는 일들은 총 9가지(a ~ i)가 있고, 일주일 동안 월요일부터 매일 하나의 일을 한다. 다음 〈조건〉을 참고하여 A가 토요일에 하는 일이 b일 때, 화요일에 하는 일은?

〈조건〉

- 9개의 할 일 중에서 e와 g는 하지 않는다.
- d를 c보다 먼저 수행한다.
- c는 f보다 먼저 수행한다.
- i는 a와 f보다 나중에 수행한다.
- h는 가장 나중에 수행한다.
- a는 c보다 나중에 진행한다.

① a
② c
③ d
④ f
⑤ I

10 고등학생 L은 총 7과목(ㄱ ~ ㅅ)을 배웠다. 이 때 한 과목씩 순서대로 중간고사를 보려고 한다. 다음 〈조건〉을 참고하여 L이 세 번째로 시험 보는 과목이 ㄱ일 때, 네 번째로 시험 보는 과목은?

〈조건〉

- 7개의 과목 중에서 ㄷ은 시험을 보지 않는다.
- ㅅ은 ㄴ보다 나중에 시험 본다.
- ㄴ은 ㅂ보다 먼저 시험 본다.
- ㄹ은 ㅁ보다 나중에 시험 본다.
- ㄴ은 ㄱ과 ㄹ보다 나중에 시험 본다.

① ㄴ
② ㄹ
③ ㅁ
④ ㅂ
⑤ ㅅ

11 S사에서는 옥상 정원을 조성하기 위해, 나무를 4줄로 심으려고 한다. 각 줄에 두 종류의 나무를 심을 때, 다음에 근거하여 바르게 추론한 것은?

- 은행나무는 가장 앞줄에 있다.
- 소나무와 감나무는 같은 줄에 있고, 느티나무의 바로 앞줄이다.
- 밤나무는 가장 뒷줄에 있다.
- 플라타너스는 감나무와 벚나무의 사이에 있다.
- 단풍나무는 소나무보다는 앞줄에 있지만, 벚나무보다는 뒤에 있다.

① 은행나무는 느티나무와 같은 줄에 있다.
② 벚나무는 첫 번째 줄에 있다.
③ 단풍나무는 플라타너스 옆에 있으며 세 번째 줄이다.
④ 플라타너스보다 뒤에 심은 나무는 없다.
⑤ 벚나무보다 뒤에 심어진 나무는 4종류이다.

12 **S사의 비품실에는 6개 층으로 된 선반이 있고, 규칙에 따라 항상 선반의 정해진 층에 회사 비품을 정리한다. 다음에 근거하여 바르게 추론한 것은?**

> • 선반의 홀수층에는 두 개의 물품을 두고, 짝수층에는 하나만 둔다.
> • 간식은 2층 선반에 위치한다.
> • 볼펜은 간식보다 아래층에 있다.
> • 보드마카와 스테이플러보다 위층에 있는 물품은 한 개이다.
> • 믹스커피와 종이컵은 같은 층에 있으며 간식의 바로 위층이다.
> • 화장지와 종이 사이에는 두 개의 물품이 위치하며, 화장지가 종이 위에 있다.
> • 볼펜 옆에는 메모지가 위치한다.

① 종이 아래에 있는 물품은 5가지이며, 그중 하나는 종이컵이다.
② 보드마카 위에는 간식이 위치한다.
③ 간식과 종이컵 사이에는 메모지가 있다.
④ 화장지는 4층에, 종이는 3층에 있다.
⑤ 메모지보다 아래층에 있는 물품은 2가지이다.

13 **S사에서 신입사원 연수를 위해 4명의 여성 신입사원(A ~ D)과 5명의 남성 신입사원(E ~ I)을 3개 조로 나누려고 한다. 다음의 〈조건〉을 모두 만족하게 조를 나눈다면, 가장 적절한 것은?**

〈조건〉

> • 인원수가 동일하도록 조를 나누어야 한다.
> • 여성만 있는 조나 남성만 있는 조가 있어서는 안 된다.
> • A와 E는 다른 조에 속해야 한다.
> • B와 D는 같은 조에 속해야 한다.
> • C와 F가 같은 조라면, G는 H와 같은 조여야 한다.
> • I는 A 또는 D 둘 중 한 명과는 같은 조여야 한다.
> • H는 여성이 한 명 있는 조에 속해야 한다.

① (B, C, D), (A, F, H), (E, G, I)
② (B, D), (A, C, F, I), (E, G, H)
③ (A, E, I), (B, D, G), (C, F, H)
④ (B, D, I), (C, E, F), (A, G, H)
⑤ (B, E, I), (C, D, G), (A, F, H)

14 한 시상식에서 참여자 10명(a ~ j)의 좌석 배치표를 짜려고 한다. 다음 〈조건〉을 모두 만족하도록 배치표를 짜려고 할 때, 가장 적절한 것은?

〈조건〉

- 총 네 개의 테이블이 있다.
- 테이블 당 각각 2명, 2명, 3명, 3명이 앉아야 한다.
- a와 c는 한 팀이므로 같은 테이블에 앉아야 한다.
- d는 e 또는 f 중 최소 한 명과는 같은 테이블에 있어야 한다.
- b와 j는 같은 테이블에 있어서는 안 된다.
- g는 세 명이 있는 테이블에만 앉을 수 있다.
- h는 a와는 따로 앉고, g와는 같은 테이블에 앉아야 한다.

① (a, c), (d, f), (b, g, h), (e, i, j)
② (a, c), (d, g), (b, e, f), (h, I, j)
③ (b, i), (g, h), (a, c, d), (e, f, j)
④ (b, j), (d, e), (a, c, h), (f, g, i)
⑤ (c, e), (d, f), (a, b, i), (g, h, j)

15 연극 동아리 회원인 갑 ~ 무 5명은 얼마 남지 않은 연극 연습을 위해 동아리 회장으로부터 동아리 방의 열쇠를 빌렸으나, 얼마 뒤 이들 중 1명이 동아리 방의 열쇠를 잃어버렸다. 다음 대화에서 2명이 거짓말을 한다고 할 때, 열쇠를 잃어버린 사람은?

갑 : 나는 누군가가 회장에게 열쇠를 받는 것을 봤어. 난 열쇠를 갖고 있던 적이 없어.
을 : 나는 회장에게 열쇠를 받지 않았어. 열쇠를 잃어버린 사람은 정이야.
병 : 나는 마지막으로 무가 열쇠를 가지고 있는 것을 봤어. 무가 열쇠를 잃어버린 게 확실해.
정 : 갑과 을 중 한 명이 회장에게 열쇠를 받았고, 그중 한 명이 열쇠를 잃어버렸어.
무 : 사실은 내가 열쇠를 잃어버렸어.

① 갑
② 을
③ 병
④ 정
⑤ 무

※ 다음 제시된 도형의 규칙을 보고 물음표에 들어갈 도형으로 가장 적절한 것을 고르시오. [16~18]

16

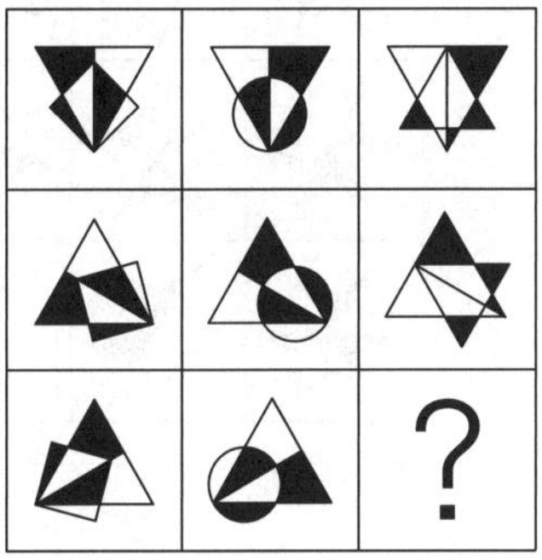

?

①

②

③

④

⑤

17

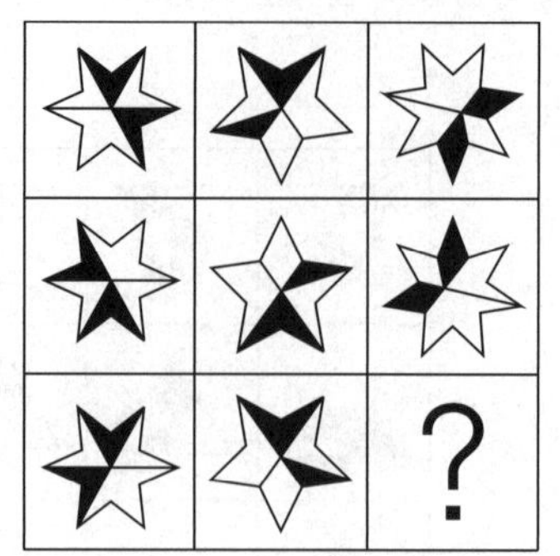

① 

② 

③ 

④ 

⑤ 

18

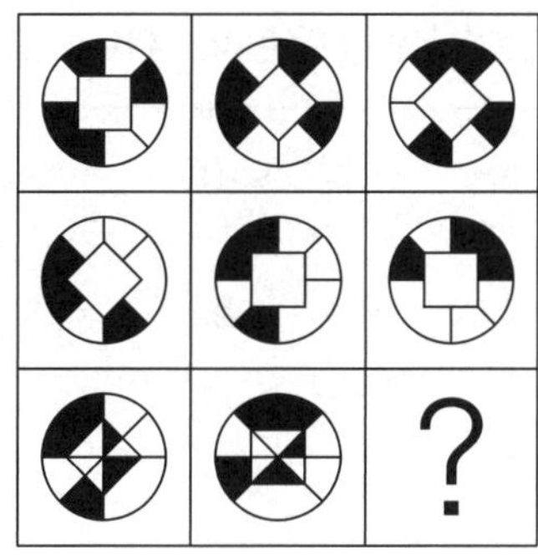

① 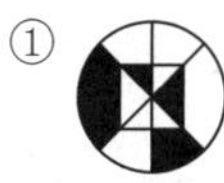

② 

③ 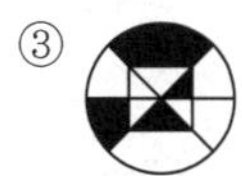

④ 

⑤ 

※ 다음 도식에서 기호들은 일정한 규칙에 따라 문자를 변화시킨다. 물음표에 들어갈 알맞은 문자를 고르시오 (단, 규칙은 가로와 세로 중 한 방향으로만 적용된다). **[19~22]**

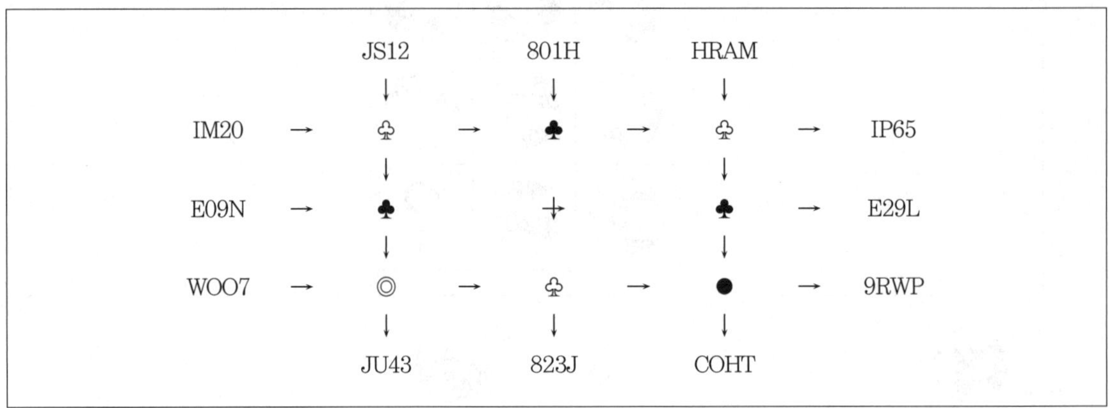

19

S7BS → ◎ → ● → ?

① BSS7
② SBS7
③ SSB7
④ 7SBS
⑤ 7BSS

20

WW4W → ● → ♧ → ?

① WWW4
② 4WWW
③ XYZ4
④ XY4Z
⑤ 4XYZ

21

? → ♧ → ● → TREE

① EETR
② EERT
③ EDRO
④ RRDO
⑤ ORED

22

? → ◎ → ● → ♣ → 53CG

① CH25
② CH32
③ HC35
④ HG25
⑤ HG35

※ 다음 중 제시된 문단을 논리적 순서대로 바르게 나열한 것을 고르시오. [23~24]

23

(가) 공공재원 효율적 활용을 지향하기 위해 사회 생산성 기여를 위한 공간정책이 마련되어야 함과 동시에 주민복지의 거점으로서 기능을 해야 한다. 또한 도시체계에서 다양한 목적의 흐름을 발생, 집중시키는 노드로서 다기능·복합화를 실현하여 범위의 경제를 창출하여 이용자 편의성을 증대시키고, 공공재원의 효율적 활용에도 기여해야 한다.

(나) 우리나라도 인구 감소 시대에 본격적으로 진입할 가능성이 높아지고 있다. 이미 비수도권의 대다수 시·군에서는 인구가 급속하게 줄어왔으며, 수도권 내 상당수의 시·군에서도 인구정체가 나타나고 있다. 인구감소 시대에 접어들게 되면, 줄어드는 인구로 인해 고령화 및 과소화가 급속하게 진전된 상태가 될 것이고, 그 결과 취약계층, 교통약자 등 주민의 복지수요가 늘어날 것이다.

(다) 앞으로 공공재원의 효율적 활용, 주민복지의 최소 보장, 자원배분의 정의, 공유재의 사회적 가치 및 생산에 대해 관심을 기울여야 할 것이다. 또한 인구 감소 시대에 대비하여 창조적 축소, 거점 간 또는 거점과 주변 간 네트워크화 등에 관한 논의, 그와 관련되는 국가와 지자체의 역할 분담, 그리고 이해관계 주체의 연대, 참여, 결속에 관한 논의가 계속적으로 다루어져야 할 것이다.

(라) 이러한 상황에서는 공공재원을 확보, 확충하기가 어렵게 되므로 재원의 효율적 활용 요구가 높아질 것이다. 실제로 현재 인구 감소에 따른 과소화, 고령화가 빠르게 전개되어온 지역에서 공공서비스 공급에 제약을 받고 있으며, 비용 효율성을 높여야 한다는 과제에 직면해 있다.

① (가) – (다) – (나) – (라)
② (가) – (라) – (나) – (다)
③ (나) – (가) – (라) – (다)
④ (나) – (라) – (다) – (가)
⑤ (나) – (라) – (가) – (다)

24

(가) 2018년 정부 통계에 따르면, 우리 연안 생태계 중 갯벌의 면적은 산림의 약 4%에 불과하지만 연간 이산화탄소 흡수량은 산림의 약 37%이며 흡수 속도는 수십 배에 달합니다.

(나) 연안 생태계는 대기 중 이산화탄소 흡수에 탁월합니다. 물론 연안 생태계가 이산화탄소를 얼마나 흡수할 수 있겠냐고 말하는 분도 계실 것입니다. 하지만 연안 생태계를 구성하는 갯벌과 염습지의 염생 식물, 식물성 플랑크톤 등은 광합성을 통해 대기 중 이산화탄소를 흡수하는데, 산림보다 이산화탄소 흡수 능력이 뛰어납니다.

(다) 2019년 통계에 따르면 우리나라의 이산화탄소 배출량은 세계 11위에 해당하는 높은 수준입니다. 그동안 우리나라는 이산화탄소 배출을 줄이려 노력하고, 대기 중 이산화탄소 흡수를 위한 산림 조성에 힘써 왔습니다. 그런데 우리가 놓치고 있는 이산화탄소 흡수원이 있습니다. 바로 연안 생태계입니다.

(라) 또한 연안 생태계는 탄소의 저장에도 효과적입니다. 연안의 염생 식물과 식물성 플랑크톤은 이산화탄소를 흡수하여 갯벌과 염습지에 탄소를 저장하는데 이 탄소를 블루카본이라 합니다. 산림은 탄소를 수백 년간 저장할 수 있지만 연안은 블루카본을 수천 년간 저장할 수 있습니다. 연안 생태계가 훼손되면 블루카본이 공기 중에 노출되어 이산화탄소 등이 대기 중으로 방출됩니다. 그러므로 블루카본이 온전히 저장되어 있도록 연안 생태계를 보호해야 합니다.

① (가) – (나) – (다) – (라)
② (다) – (가) – (나) – (라)
③ (다) – (나) – (가) – (라)
④ (다) – (라) – (나) – (가)
⑤ (나) – (다) – (가) – (라)

※ 다음 제시문의 내용이 참일 때 항상 거짓인 것을 고르시오. [25~26]

25

한국 사회의 근대화 과정은 급속한 산업화와 도시화라는 특징을 가진다. 1960년대 이후 급속한 근대화에 따라 전통적인 농촌공동체를 떠나 도시로 이주하는 사람들이 급격하게 증가하였으며, 이로 인해 전통적인 사회구조가 해체되었다. 이 과정에서 직계가족이 가치판단의 중심이 되는 가족주의가 강조되었다. 이는 전통적 공동체가 힘을 잃은 상황에서 가족이 매우 중요한 역할을 담당했기 때문이다. 국가의 복지가 부실한 상황에서 가족은 노동력의 재생산 비용을 담당했다.

가족은 물질적 생존의 측면뿐만 아니라 정서적 생존을 위해서도 중요한 보호막으로 기능했다. 말하자면, 전통적 사회구조가 약화되면서 나타나는 사회적 긴장과 불안을 해소하는 역할을 해 왔다는 것이다. 서구 사회의 근대화 과정에서는 개인의 자율적 판단과 선택을 강조하는 개인주의 윤리나 문화가 그러한 사회적 긴장과 불안을 해소하는 역할을 담당했다. 하지만 한국 사회의 경우 근대화가 급속하게 압축적으로 이루어졌기 때문에 서구 사회와 같은 근대적 개인주의 문화가 제대로 정착하지 못했다. 그래서 한국 사회에서는 가족주의의 문화가 근대화 과정의 긴장과 불안을 해소하는 역할을 담당하게 되었다.

한편, 전통적 공동체 문화는 학연과 지연을 매개로 하여 유사가족주의 형태로 나타났다. 1960년대 이후 농촌을 떠나온 사람들이 도시에서 만든 계나 동창회와 같은 것들이 유사가족주의의 단적인 사례이다.

① 근대화 과정을 거치면서 한국 사회에서는 가족주의가 강조되었다.
② 한국의 근대화 과정에서 전통적 공동체 문화는 유사가족주의로 변형되기도 했다.
③ 근대화 과정에서 한국의 가족주의 문화와 서구의 개인주의 문화는 유사한 역할을 수행했다.
④ 한국의 근대화 과정에서 서구의 개인주의 문화가 정착하지 못한 것은 가족주의 문화 때문이었다.
⑤ 한국의 근대화 과정에서 가족주의 문화는 급속한 산업화가 야기한 불안과 긴장을 해소하는 기제로 작용했다.

26

여러분이 컴퓨터 키보드의 @키를 하루에 몇 번이나 누르는지 한번 생각해 보라. 아마도 이메일 덕분에 사용 빈도가 매우 높을 것이다. 이탈리아에서는 '달팽이', 네덜란드에서는 '원숭이 꼬리'라 부르고 한국에서는 '골뱅이'라 불리는 이 '앳(at)'키는 한때 수동 타자기와 함께 영영 잊혀질 위기에 처하기도 하였다.
6세기에 @은 라틴어 전치사인 'ad'를 한 획에 쓰기 위한 합자(合字)였다. 그리고 시간이 흐르면서 @은 베니스, 스페인, 포르투갈 상인들 사이에 측정 단위를 나타내는 기호로 사용되었다. 베니스 상인들은 @을 부피의 단위인 암포라(Amphora)를 나타내는 기호로 사용하였으며, 스페인과 포르투갈의 상인들은 질량의 단위인 아로바(Arroba)를 나타내는 기호로 사용하였다. 스페인에서의 1아로바는 현재의 9.5kg에 해당하며, 포르투갈에서의 1아로바는 현재의 12kg에 해당한다. 이후에 @은 단가를 뜻하는 기호로 변화하였다. 예컨대 '복숭아 12개@1.5달러'로 표기한 경우 복숭아 12개의 가격이 18달러라는 것을 의미했다.
@키는 1885년 미국에서 언더우드 타자기에 등장하였고 20세기까지 자판에서 자리를 지키고 있었지만 사용 빈도는 점차 줄어들었다. 그런데 1971년 미국의 한 프로그래머가 잊혀지다시피 하였던 @키를 살려낸다. 연구개발 업체에서 인터넷상의 컴퓨터 간 메시지 송신기술 개발을 담당했던 그는 @키를 이메일 기호로 활용했던 것이다.

※ ad : 현대 영어의 'at' 또는 'to'에 해당하는 전치사

① @키는 1960년대 말 타자기 자판에서 사라지면서 사용 빈도가 점차 줄어들었다.
② @이 사용되기 시작한 지 1,000년이 넘었다.
③ @이 단가를 뜻하는 기호로 쓰였을 때, '토마토 15개@3달러'라면 토마토 15개의 가격은 45달러였을 것이다.
④ @은 전치사, 측정 단위, 단가, 이메일 기호 등 다양한 의미로 활용되어 왔다.
⑤ 스페인 상인과 포르투갈 상인이 측정 단위로 사용했던 1@는 그 질량이 동일하지 않았을 것이다.

※ 다음 제시문에 대한 반론으로 가장 적절한 것을 고르시오. [27~28]

27

어느 관현악단의 연주회장에서 연주가 한창 진행되는 도중에 휴대 전화의 벨 소리가 울려 음악의 잔잔한 흐름과 고요한 긴장이 깨져버렸다. 청중들은 객석 여기저기를 둘러보았다. 그런데 황급히 호주머니에서 휴대 전화를 꺼내 전원을 끄는 이는 다름 아닌 관현악단의 바이올린 주자였다. 연주는 계속되었지만 연주회의 분위기는 엉망이 되었고, 음악을 감상하던 많은 사람에게 찬물을 끼얹었다. 이와 같은 사고는 극단적인 사례이지만 공공장소의 소음이 심각한 사회 문제가 될 수 있다는 사실을 보여주고 있다.
소음 문제는 물질문명의 발달과 관련이 있다. 산업화가 진행됨에 따라 우리의 생활 속에는 '개인적 도구'가 증가하고 있다. 그러한 도구들 덕분에 우리의 생활은 점점 편리해지고 합리적이며 효율적으로 변해가고 있다. 그러나 그러한 이득은 개인과 그가 소유하고 있는 물건 사이의 관계에서 성립하는 것으로 그 관계를 넘어서면 전혀 다른 문제가 된다. 제한된 공간 속에서 개인적 도구가 넘쳐남에 따라, 개인과 개인, 도구와 도구, 그리고 자신의 도구와 타인과의 관계 등이 모순을 일으키는 것이다. 소음 문제도 마찬가지이다. 개인의 차원에서는 편리와 효율을 제공하는 도구들이, 전체의 차원에서는 불편과 비효율을 빚어내는 것이다. 그래서 많은 사회에서 개인적 도구가 타인의 권리를 침해하는 것을 방지하기 위하여 공공장소의 소음을 규제하고 있다.

① 사람들은 소음을 통해 자신의 권리를 침해받기도 한다.
② 문명이 발달함에 따라 소음 문제도 대두되고 있다.
③ 소음 문제는 보통 제한된 공간 속에서 개인적 도구가 과도함에 따라 발생한다.
④ 엿장수의 가위 소리와 같이 소리는 단순한 물리적 존재가 아닌 문화적 가치를 담은 존재가 될 수 있다.
⑤ 개인 차원에서 효율적인 도구들이 전체 차원에서는 문제가 될 수도 있다.

28

현대인은 타인의 고통을 주로 뉴스나 영화 등의 매체를 통해 경험한다. 타인의 고통을 직접 대면하는 경우와 비교할 때 그와 같은 간접 경험으로부터 연민을 갖기는 쉽지 않다. 더구나 현대 사회는 사적 영역을 침범하지 않도록 주문한다. 이런 존중의 문화는 타인의 고통에 대한 지나친 무관심으로 변질될 수 있다. 그래서인지 현대 사회는 소박한 연민조차 느끼지 못하는 불감증 환자들의 안락하지만 황량한 요양소가 되어 가고 있는 듯하다.
연민에 대한 정의는 시대와 문화, 지역에 따라 가지각색이지만, 다수의 학자들에 따르면 연민은 두 가지 조건이 충족될 때 생긴다. 먼저 타인의 고통이 그 자신의 잘못에서 비롯된 것이 아니라 우연히 닥친 비극이어야 한다. 다음으로 그 비극이 언제든 나를 엄습할 수도 있다고 생각해야 한다. 이런 조건에 비추어 볼 때 현대 사회에서 연민의 감정은 무뎌질 가능성이 높다. 현대인은 타인의 고통을 대부분 그 사람의 잘못된 행위에서 비롯된 필연적 결과로 보며, 자신은 그러한 불행을 예방할 수 있다고 생각하기 때문이다.

① 교통과 통신이 발달하면서 현대인들은 이전에 몰랐던 사람들의 불행까지도 의식할 수 있게 되었다.
② 직접적인 경험이 간접적인 경험보다 연민의 감정이 쉽게 생긴다.
③ 현대인들은 자신의 사적 영역을 존중받길 원한다.
④ 연민이 충족되기 위해선 타인의 고통이 자신의 잘못에서 비롯된 것이어야 한다.
⑤ 사람들은 비극이 나에게도 일어날 수 있다고 생각할 때 연민을 느낀다.

29 다음 제시문을 토대로 〈보기〉를 바르게 해석한 것은?

한국사 연구에서 임진왜란만큼 성과가 축적되어 있는 연구 주제는 많지 않다. 하지만 그 주제를 바라보는 시각은 지나치게 편향적이었다. 즉, 온 민족이 일치단결하여 '국난을 극복'한 대표적인 사례로만 제시되면서, 그 이면의 다양한 실상이 제대로 밝혀지지 않았다. 특히 의병의 봉기 원인은 새롭게 조명해 볼 필요가 있다. 종래에는 의병이 봉기한 이유를 주로 유교 이념에서 비롯된 '임금에 대한 충성'의 측면에서 해석해 왔다. 실제로 의병들을 모으기 위해 의병장이 띄운 격문(檄文)의 내용을 보면 이러한 해석이 일면 타당하다. 의병장은 거의가 전직 관료나 유생 등 유교 이념을 깊이 체득한 인물들이었다. 그러나 이러한 해석은 의병장이 의병을 일으킨 동기를 설명하는 데에는 적합할지 모르지만, 일반 백성들이 의병에 가담한 동기를 설명하는 데에는 충분치 못하다.

미리 대비하지 못하고 느닷없이 임진왜란을 당했던 데다가, 전쟁 중에 보였던 조정의 무책임한 행태로 인해 당시 조선 왕조에 대한 민심은 상당히 부정적이었다. 이러한 상황에서 백성들이 오로지 임금에 충성하기 위해서 의병에 가담했다고 보기는 어렵다. 임금에게 충성해야 한다는 논리로 가득한 한자투성이 격문의 내용을 백성들이 얼마나 읽고 이해할 수 있었는지도 의문이다. 따라서 의병의 주축을 이룬 백성들의 참여 동기는 다른 데서 찾아야 한다.

의병들은 서로가 혈연(血緣) 혹은 지연(地緣)에 의해 연결된 사이였다. 따라서 그들은 지켜야 할 공동의 대상을 가지고 있었으며 그래서 결속력도 높았다. 그 대상은 멀리 있는 임금이 아니라 가까이 있는 가족이었으며, 추상적인 이념이 아니라 그들이 살고 있던 마을이었다. 백성들이 관군에 들어가는 것을 기피하고 의병에 참여했던 까닭도, 조정의 명령에 따라 이리저리 이동해야 하는 관군과는 달리 의병은 비교적 지역 방위에만 충실하였던 사실에서 찾을 수 있다. 일부 의병을 제외하고는 의병의 활동 범위가 고을 단위를 넘어서지 않았으며, 의병들 사이의 연합 작전도 거의 이루어지지 않았다.

의병장의 참여 동기도 단순히 '임금에 대한 충성'이라는 명분적인 측면에서만 찾을 수는 없다. 의병장들은 대체로 각 지역에서 사회·경제적 기반을 확고히 갖춘 인물들이었다. 그러나 전쟁으로 그러한 기반을 송두리째 잃어버릴 위기에 처하게 되었다. 이런 상황에서 의병장들이 지역적 기반을 계속 유지하려는 현실적인 이해관계가 유교적 명분론과 결합하면서 의병을 일으키는 동기로 작용하게 된 것이다. 한편 관군의 잇단 패배로 의병의 힘을 빌리지 않을 수 없게 된 조정에서는 의병장에게 관직을 부여함으로써 의병의 적극적인 봉기를 유도하기도 했다. 기본적으로 관료가 되어야 양반으로서의 지위를 유지할 수 있었던 당시의 상황에서 관직 임명은 의병장들에게 큰 매력이 되었다.

〈보기〉

임진왜란 때 의병의 신분에 양반부터 천민까지 모두 있었다. 의병 활동을 벌이는 기간에는 계급이나 신분의 차이가 크지 않은 것으로 보이며, 의병장은 대개 전직 관원으로 문반 출신이 가장 많았고, 무인들은 수가 적었다. 그리고 덕망이 있어 고향에서 많은 사람들로부터 추앙을 받는 유생도 의병장이 있었다.

① 의병이 봉기에 참여한 데에는 나라에 대한 충성심이 컸겠어.
② 의병은 오직 임금을 지키기 위해 봉기에 참여했어.
③ 의병은 조정의 명령을 받으며 적군을 물리쳤어.
④ 의병장은 자신이 확립한 지역 기반을 지키기 위해 의병을 일으켰어.
⑤ 의병장은 관직에는 욕심이 없는 인물들이 대부분이었어.

30 다음 제시문에서 버클리의 견해와 부합하는 것을 〈보기〉에서 모두 고르면?

> 세계관은 세계의 존재와 본성, 가치 등에 관한 신념들의 체계이다. 세계를 해석하고 평가하는 준거인 세계관은 곧 우리 사고와 행동의 토대가 되므로, 우리는 최대한 정합성과 근거를 갖추도록 노력해야 한다. 모순되거나 일관되지 못한 신념은 우리의 사고와 행동을 교란할 것이므로 세계관에 대한 관심과 검토는 중요하다. 세계관을 이루는 여러 신념 가운데 가장 근본적인 수준의 신념은 '세계는 존재한다.'이다. 이 신념이 성립해야만 세계에 관한 다른 신념, 이를테면 세계가 항상 변화한다든가 불변한다든가 하는 등의 신념이 성립하기 때문이다.
>
> 실재론은 이 근본적 신념에 덧붙여 세계가 '우리 정신과 독립적으로' 존재함을 주장한다. 내가 만들어 날린 종이비행기는 멀리 날아가, 볼 수 없게 되었다 해도 여전히 존재한다. 이는 명확해서 논란의 여지가 없어 보이지만, 반실재론자는 이 상식에 도전한다. 유명한 반실재론자인 버클리는 세계의 독립적 존재를 부정한다. 그에 따르면, 우리가 감각 경험에 의존하지 않고는 세계를 인식할 수 없다고 한다. 그는 이를 바탕으로 세계에 관한 주장을 편다. 그에 의하면 '주관적' 성질인 색깔, 소리, 냄새, 맛 등은 물론, '객관적'으로 성립한다고 여겨지는 형태, 공간을 차지함, 딱딱함, 운동 등의 성질도 오로지 우리가 감각할 수 있을 때만 존재하는 주관적 속성이다. 세계 속의 대상과 현상이란 이런 속성으로 구성되므로 세계는 감각으로 인식될 때만 존재한다는 것이다.
>
> 버클리의 주장은 우리의 통념과 충돌한다. 당시 어떤 사람이 돌을 차면서 "나는 이렇게 버클리를 반박한다!"라고 외쳤다고 한다. 그는 날아간 돌이 엄연히 존재한다는 점을 근거로 버클리의 주장을 반박하고자 한 것이다. 그러나 버클리를 비롯한 반실재론자들이 부정한 것은 세계가 정신과 독립하여 그 자체로 존재한다는 신념이다. 따라서 돌을 찬 사람은 그들을 제대로 반박하지 못했다고 볼 수 있다.
>
> 최근까지도 새로운 형태의 반실재론이 제기되어 활발한 논의가 진행 중이다. 논증의 성패를 떠나 반실재론자는 타성에 젖은 실재론적 세계관의 토대에 대해 성찰할 기회를 제공한다. 또한 세계관에 대한 도전과 응전의 반복은 그 자체로 인간 지성이 상호 소통하면서 발전해 가는 과정을 보여준다.

〈보기〉

ㄱ. 번개가 치는 현상은 감각 경험으로 구성된 것이다.
ㄴ. '비둘기가 존재한다.'는 '비둘기가 지각된다.'와 같은 뜻이다.
ㄷ. 우리에게 지각되는 책상은 우리의 인식 이전에 그 자체로 존재한다.
ㄹ. 사과의 단맛은 주관적인 속성이며, 둥근 모양은 객관적 속성이다.

① ㄱ, ㄴ
② ㄱ, ㄷ
③ ㄴ, ㄷ
④ ㄴ, ㄹ
⑤ ㄷ, ㄹ

7권

삼성 온라인 GSAT
정답 및 해설

도서 동형 온라인 기출복원 모의고사 2회 쿠폰번호

APMH-00000-A10C2

※ **합격시대 홈페이지**(www.sdedu.co.kr/pass_sidae_new) > [이벤트] > 쿠폰번호 등록 시 도서 동형 온라인 기출복원 모의고사를 응시할 수 있습니다.

도서 동형 온라인 모의고사 4회 쿠폰번호

APMI-00000-86D03

※ **합격시대 홈페이지**(www.sdedu.co.kr/pass_sidae_new) > [이벤트] > 쿠폰번호 등록 시 도서 동형 온라인 모의고사를 응시할 수 있습니다.

온라인 모의고사 무료쿠폰

APMF-00000-ECEB7 (4회분 수록)

[쿠폰 사용 안내]

1. **합격시대 홈페이지**(www.sdedu.co.kr/pass_sidae_new)에 접속합니다.
2. 회원가입 후 홈페이지 상단의 [이벤트]를 클릭합니다.
3. 쿠폰번호를 등록합니다.
4. 내강의실 > 모의고사 > 합격시대 모의고사 클릭 후 응시합니다.

※ 본 쿠폰은 등록 후 30일간 이용 가능합니다.
※ iOS / macOS 운영체제에서는 서비스되지 않습니다.

문제풀이 용지

[문제풀이 용지 다운받는 방법]

1. SD에듀 도서 홈페이지에 접속(www.sdedu.co.kr/book)을 합니다.
2. 상단 카테고리 「도서업데이트」 클릭합니다.
3. 「온라인 GSAT 문제풀이 용지」 검색 후 다운로드를 합니다.

2023년 하반기 기출복원 모의고사 정답 및 해설

제1영역 수리

01	02	03	04	05	06	07	08	09	10	11	12	13	14	15	16	17	18	19	20
③	①	③	④	③	④	②	②	②	④	②	⑤	③	②	④	③	①	②	⑤	⑤

01

정답 ③

2020년 전교생 수가 200명인데 매년 2020년 전체 인원수의 5%씩 감소하므로 1년 후부터 5년 후까지 전교생 수는 다음과 같다.

- 1년 후 : 200−(200×0.05)=190명
- 2년 후 : 190−(200×0.05)=180명
- 3년 후 : 180−(200×0.05)=170명
- 4년 후 : 170−(200×0.05)=160명
- 5년 후 : 160−(200×0.05)=150명

따라서 5년 후에는 1년 후의 전교생 수보다 40명이 감소할 것이다.

02

정답 ①

8명의 선수 중 4명을 뽑는 경우의 수는 ${}_8C_4=\frac{8\times7\times6\times5}{4\times3\times2\times1}=70$가지이고, A, B, C를 포함하여 4명을 뽑는 경우의 수는 A, B, C를 제외한 5명 중 1명을 뽑으면 되므로 ${}_5C_1=5$가지이다.

따라서 구하고자 하는 확률은 $\frac{5}{70}=\frac{1}{14}$이다.

03

정답 ③

- 전년 대비 2022년 데스크탑 PC의 판매량 증감률 : $\frac{4,700-5,000}{5,000}\times100=\frac{-300}{5,000}\times100=-6\%$
- 전년 대비 2022년 노트북의 판매량 증감률 : $\frac{2,400-2,000}{2,000}\times100=\frac{400}{2,000}\times100=20\%$

04

정답 ④

2018년의 부품 수가 2017년보다 170−120=50개 늘었을 때, 불량품 수는 30−10=20개 늘었고, 2019년의 부품 수가 2018년보다 270−170=100개 늘었을 때, 불량품 수는 70−30=40개 늘었다. 그러므로 전년 대비 부품 수의 차이와 불량품 수의 차이 사이에는 5 : 2의 비례관계가 성립한다.

2022년 부품 수(A)를 x개, 2020년 불량품 수(B)를 y개라고 하면 2022년의 부품 수가 2021년보다 $(x-620)$개 늘었을 때, 불량품 수는 310−210=100개 늘었다.

즉, $(x-620):100=5:2 \rightarrow x-620=250$

$\therefore x=870$

2020년의 부품 수가 2019년보다 420−270=150개 늘었을 때, 불량품 수는 $(y-70)$개 늘었다.
즉, $150:(y-70)=5:2 \rightarrow y-70=60$
$\therefore\ y=130$
따라서 2022년 부품 수는 870개, 2020년 불량품 수는 130개이다.

05

정답 ③

남자가 소설을 대여한 횟수는 60회이고, 여자가 소설을 대여한 횟수는 80회이므로 $\frac{60}{80}\times100=75\%$이다.

오답분석

① 소설 전체 대여 횟수는 140회, 비소설 전체 대여 횟수는 80회이므로 옳다.
② 40세 미만의 전체 대여 횟수는 120회, 40세 이상의 전체 대여 횟수는 100회이므로 옳다.
④ 40세 미만의 전체 대여 횟수는 120회이고, 그중 비소설 대여 횟수는 30회이므로 $\frac{30}{120}\times100=25\%$이다.
⑤ 40세 이상의 전체 대여 횟수는 100회이고, 그중 소설 대여 횟수는 50회이므로 $\frac{50}{100}\times100=50\%$이다.

06

정답 ④

ㄱ. 자료를 통해 대도시 간 최대 예상 소요시간은 모든 구간에서 주중이 주말보다 적게 걸림을 알 수 있다.
ㄴ. 주중 전국 예상 교통량 중 수도권에서 지방으로 가는 예상 교통량의 비율은 $\frac{4}{40}\times100=10\%$이다.
ㄹ. 서울－광주 구간 주중 최대 예상 소요시간과 서울－강릉 구간 주말 최대 예상 소요시간은 3시간으로 같다.

오답분석

ㄷ. 지방에서 수도권으로 가는 주말 예상 교통량은 주중 예상 교통량의 $\frac{3}{2}=1.5$배이다.

07

정답 ②

ㄴ. 전년 대비 2021년 대형 자동차 판매량 증감율은 $\frac{150-200}{200}\times100=-25\%$로 판매량은 전년 대비 30% 미만으로 감소하였다.
ㄷ. 2020 ~ 2022년 동안 SUV 자동차의 총판매량은 300+400+200=900천 대이고, 대형 자동차의 총판매량은 200+150+100=450천 대이다. 따라서 2020 ~ 2022년 동안 SUV 자동차의 총판매량은 대형 자동차 총판매량의 $\frac{900}{450}=2$배이다.

오답분석

ㄱ. 2020 ~ 2022년 동안 판매량이 지속적으로 감소하는 차종은 '대형' 1종류이다.
ㄹ. 2021년 대비 2022년에 판매량이 증가한 차종은 '준중형'과 '중형'이다. 두 차종의 증가율을 비교하면 준중형은 $\frac{180-150}{150}\times100=20\%$, 중형은 $\frac{250-200}{200}\times100=25\%$로 중형 자동차가 더 높은 증가율을 나타낸다.

08

정답 ②

2019 ~ 2022년 동안 기타를 제외한 각 주류의 출고량 순위는 맥주－소주－탁주－청주－위스키 순으로 동일하나, 2023년에는 맥주－소주－탁주－위스키－청주 순으로 위스키와 청주의 순위가 바뀌었다.

오답분석

① 2019년 맥주 이외의 모든 주류의 출고량을 합한 값은 684+481+44+30+32=1,271천kL로, 맥주 출고량이 더 많다.

③ 2019년 대비 2023년에 출고량이 증가한 주류는 맥주, 소주, 청주, 위스키로 각각의 출고량 증가율을 구하면 다음과 같다.

- 맥주 : $\frac{1,702-1,571}{1,571}\times 100 ≒ 8.3\%$
- 소주 : $\frac{770-684}{684}\times 100 ≒ 12.6\%$
- 청주 : $\frac{47-44}{44}\times 100 ≒ 6.8\%$
- 위스키 : $\frac{49-30}{30}\times 100 ≒ 63.3\%$

따라서 2019년 대비 2023년에 출고량 증가율이 가장 높은 주류는 위스키이다.

④ 2020~2023년 동안 맥주와 청주의 전년 대비 증감추이는 '증가 – 감소 – 증가 – 감소'로 동일하다.

⑤ 2019~2023년 동안의 맥주 출고량의 절반은 785.5천kL, 787천kL, 764.5천kL, 855.5천kL, 851천kL로 매년 소주 출고량보다 많다.

09

정답 ②

- 평균 통화시간이 6 ~ 9분인 여성의 수 : $400\times\frac{18}{100}=72$명
- 평균 통화시간이 12분 초과인 남성의 수 : $600\times\frac{10}{100}=60$명

따라서 평균 통화시간이 6 ~ 9분인 여성의 수는 12분 초과인 남성의 수의 $\frac{72}{60}=1.2$배이다.

10

정답 ④

- 2023년 총투약일수가 150일인 경우 상급종합병원의 총약품비 : 2,686×150=402,900원
- 2022년 총투약일수가 120일인 경우 종합병원의 총약품비 : 2,025×120=243,000원

따라서 구하고자 하는 값은 243,000+402,900=645,900원이다.

11

정답 ②

2023년 3월에 사고가 가장 많이 발생한 도로의 종류는 특별·광역시도이지만, 사망자 수가 가장 많은 도로의 종류는 시도이다.

오답분석

① 특별·광역시도의 교통사고 발생 건수는 지속적으로 증가한다.

③ 해당 기간 동안 부상자 수가 감소하는 도로는 없다.

④ 사망자 수가 100명을 초과하는 것은 2023년 3월과 4월의 시도가 유일하다.

⑤ 고속국도는 2023년 2월부터 4월까지 부상자 수가 746명, 765명, 859명으로 가장 적다.

12

정답 ⑤

쇼핑몰별 중복할인 여부에 따라 배송비를 포함한 실제 구매가격을 정리하면 다음과 같다.

구분	할인쿠폰 적용	회원혜택 적용
A쇼핑몰	$129,000\times\left(1-\frac{5}{100}\right)+2,000=124,550$원	129,000−7,000+2,000=124,000원
B쇼핑몰	$131,000\times\left(1-\frac{3}{100}\right)-3,500=123,570$원	
C쇼핑몰	130,000−5,000+2,500=127,500원	$130,000\times\left(1-\frac{7}{100}\right)+2,500=123,400$원

따라서 배송비를 포함한 무선 이어폰의 최저가를 비교하면 C – B – A 순으로 가격이 낮다.

13

정답 ③

실제 구매가격이 가장 비싼 A쇼핑몰은 124,000원이고, 가장 싼 C쇼핑몰은 123,400원이므로 가격 차이는 124,000−123,400=600원이다.

14

정답 ②

관광객 수가 가장 많은 국가는 B국이며, 가장 적은 국가는 E국이다. 따라서 두 국가의 관광객 수 차이는 50−20=30만 명이다.

15

정답 ④

A～E국 중 2022년 동안 관광객 수가 같은 국가는 40만 명으로 C, D국이다. 따라서 두 국가의 관광객들의 평균 여행일수 합은 4+3=7일이다.

16

정답 ③

- 2018년 대비 2019년 사고 척수의 증가율 : $\frac{2,400-1,500}{1,500}\times 100=60\%$
- 2018년 대비 2019년 사고 건수의 증가율 : $\frac{2,100-1,400}{1,400}\times 100=50\%$

17

정답 ①

연도별 사고 건수당 인명피해의 인원수를 구하면 다음과 같다.

- 2018년 : $\frac{700}{1,400}=0.5$명/건
- 2019년 : $\frac{420}{2,100}=0.2$명/건
- 2020년 : $\frac{460}{2,300}=0.2$명/건
- 2021년 : $\frac{750}{2,500}=0.3$명/건
- 2022년 : $\frac{260}{2,600}=0.1$명/건

따라서 사고 건수당 인명피해의 인원수가 가장 많은 연도는 2018년이다.

18

정답 ②

연도별 누적 막대그래프로, 각 지역의 적설량이 올바르게 나타나 있다.

오답분석

① 적설량의 단위는 'm'가 아니라 'cm'이다.
③ 수원과 강릉의 2018년, 2019년 적설량 수치가 서로 바뀌었다.
④ 그래프의 가로축을 지역명으로 수정해야 한다.
⑤ 서울과 수원의 그래프 수치가 서로 바뀌었다.

19

정답 ⑤

A제품을 n개 이어 붙일 때 필요한 시간이 a_n분일 때, 제품 $(n+1)$개를 이어 붙이는데 필요한 시간은 $(2a_n+n)$분이다.

A제품 n개를 이어 붙이는 데 필요한 시간은 다음과 같다.

- 6개 : 2×42+5=89분
- 7개 : 2×89+6=184분

• 8개 : $2\times184+7=375$분
따라서 A제품 8개를 이어 붙이는 데 필요한 시간은 375분이다.

20

정답 ⑤

A규칙은 계차수열로 앞의 항에 +5를 하여 항과 항 사이에 +20, +25, +30, +35, +40, +45 …를 적용하는 수열이고, B규칙은 앞의 항에 +30을 적용하는 수열이다.
따라서 빈칸에 들어갈 a와 b의 총합이 처음으로 800억 원을 넘을 때, a=410, b=420이다.

제2영역 추리

01	02	03	04	05	06	07	08	09	10	11	12	13	14	15	16	17	18	19	20
④	②	④	③	③	⑤	③	⑤	②	③	⑤	②	⑤	④	④	④	③	⑤	④	②
21	22	23	24	25	26	27	28	29	30										
①	⑤	③	④	⑤	④	③	②	④	①										

01

정답 ④

'눈을 자주 깜빡인다.'를 A, '눈이 건조해진다.'를 B, '스마트폰을 이용할 때'를 C라 하면, 전제1과 전제2는 각각 ~A → B, C → ~A이므로 C → ~A → B가 성립한다. 따라서 C → B인 '스마트폰을 이용할 때는 눈이 건조해진다.'가 적절하다.

02

정답 ②

'밤에 잠을 잘 자다.'를 A, '낮에 피곤하다.'를 B, '업무효율이 좋다.'를 C, '성과급을 받는다.'를 D라고 하면, 전제1은 ~A → B, 전제3은 ~C → ~D, 결론은 ~A → ~D이다.
따라서 ~A → B → ~C → ~D가 성립하기 위해서 필요한 전제2는 B → ~C이므로 '낮에 피곤하면 업무효율이 떨어진다.'가 적절하다.

03

정답 ④

'전기가 통하는 물질'을 A, '금속'을 B, '광택이 있는 물질'을 C라고 하면, 전제1에 따라 모든 금속은 전기가 통하므로 B는 A에 포함되며, 전제2에 따라 C는 B의 일부에 포함된다. 이를 벤다이어그램으로 표현하면 다음과 같다.

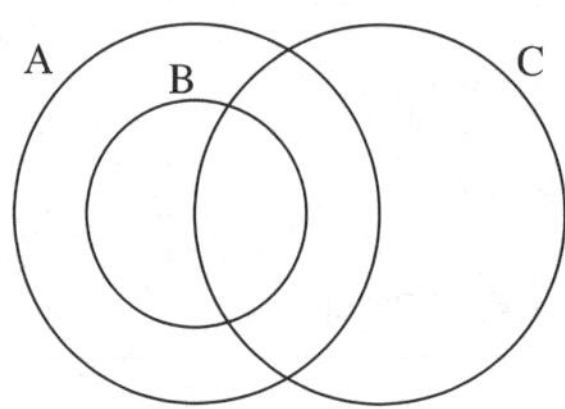

따라서 C에서 A부분을 제외한 부분이 존재하므로 '전기가 통하지 않으면서 광택이 있는 물질이 있다.'가 적절하다.

04

정답 ③

A와 D의 진술이 모순되므로, A의 진술이 참인 경우와 거짓인 경우를 구한다.
i) A의 진술이 참인 경우
A의 진술에 따라 D가 부정행위를 하였으며, 거짓을 말하고 있다. B는 A의 진술이 참이므로 B의 진술도 참이며, B의 진술이 참이므로 C의 진술은 거짓이 되고, E의 진술은 참이 된다. 따라서 부정행위를 한 사람은 C, D이다.

ii) A의 진술이 거짓인 경우

A의 진술에 따라 D는 참을 말하고 있고, B는 A의 진술이 거짓이므로 B의 진술도 거짓이 된다. B의 진술이 거짓이므로 C의 진술은 참이 되고, E의 진술은 거짓이 된다. 그러면 거짓을 말한 사람은 A, B, E이지만 조건에서 부정행위를 한 사람은 두 명이므로 모순이 되어 옳지 않다.

05

정답 ③

B의 진술에 따르면 A가 참이면 B도 참이므로, A와 B는 모두 참을 말하거나 모두 거짓을 말한다. 또한 C와 E의 진술은 서로 모순되므로 둘 중에 한 명의 진술은 참이고, 다른 한 명의 진술은 거짓이 된다. 만약 A와 B의 진술이 모두 거짓일 경우 A, B, E 3명의 진술이 거짓이 되므로 2명의 학생이 거짓을 말한다는 조건에 맞지 않으므로 A와 B의 진술은 모두 참이다. 따라서 진술이 서로 모순되는 C와 E중에 C의 진술이 참인 A의 진술과 모순되므로 범인은 C이다.

06

정답 ⑤

i) A의 말이 거짓인 경우

구분	A(원료 분류)	B(제품 성형)	C(제품 색칠)	D(포장)
실수	○		×	○

실수는 한 곳에서만 발생했으므로 A의 말은 진실이다.

ii) B의 말이 거짓인 경우

구분	A(원료 분류)	B(제품 성형)	C(제품 색칠)	D(포장)
실수	× / ○		×	×

A와 D 두 사람 말이 모두 진실일 때 모순이 발생하므로 B의 말은 진실이다.

iii) C의 말이 거짓인 경우

구분	A(원료 분류)	B(제품 성형)	C(제품 색칠)	D(포장)
실수	× / ○		○	○

A와 D 두 사람 말이 모두 진실일 때 모순이 발생하며 실수는 한 곳에서만 발생했으므로 C의 말은 진실이다.

iv) D의 말이 거짓인 경우

구분	A(원료 분류)	B(제품 성형)	C(제품 색칠)	D(포장)
실수	×		×	○

D가 거짓을 말했을 때 조건이 성립한다.

따라서 거짓을 말한 사람은 D직원이며, 실수가 발생한 단계는 포장 단계이다.

07

정답 ③

B의 발언이 참이라면 C가 범인이고 F도 참이 된다. F는 C 또는 E가 범인이라고 했으므로 C가 범인이라면 E는 범인이 아니고, E의 발언 역시 참이 되어야 한다. 하지만 E의 발언이 참이라면 F가 범인이어야 하므로 모순이다. 따라서 B의 발언이 거짓이며, C 또는 E가 범인이라는 F 역시 범인임을 알 수 있다.

08

정답 ⑤

다섯 명 중 단 한 명만이 거짓말을 하고 있으므로 C와 D 중 한 명은 반드시 거짓을 말하고 있다.

i) C의 진술이 거짓일 경우

B와 C의 말이 모두 거짓이 되므로 한 명만 거짓말을 하고 있다는 조건이 성립하지 않는다.

ii) D의 진술이 거짓일 경우

구분	A	B	C	D	E
출장지역	잠실		여의도	강남	

이때, B는 상암으로 출장을 가지 않는다는 A의 진술에 따라 상암으로 출장을 가는 사람은 E임을 알 수 있다. 따라서 ⑤는 항상 거짓이 된다.

09

정답 ②

'을'과 '정'이 서로 상반된 이야기를 하고 있으므로 둘 중 한 명이 거짓말을 하고 있다. 만일 '을'이 참이고 '정'이 거짓이라면 화분을 깨뜨린 사람은 '병', '정'이 되는데, 화분을 깨뜨린 사람은 1명이어야 하므로 모순이다. 따라서 거짓말을 한 사람은 '을'이다.

10

정답 ③

조건을 정리하면 다음과 같다.

- 첫 번째 조건 : 삼선짬뽕
- 마지막 조건의 대우 : 삼선짬뽕 → 팔보채
- 다섯 번째 조건의 대우 : 팔보채 → 양장피

세 번째, 네 번째 조건의 경우 자장면에 대한 단서가 없으므로 전건 및 후건의 참과 거짓을 판단할 수 없다. 그러므로 탕수육과 만두도 주문 여부를 알 수 없다. 따라서 반드시 주문할 메뉴는 삼선짬뽕, 팔보채, 양장피이다.

11

정답 ⑤

두 번째 조건에 의해, B는 항상 1과 5 사이에 앉는다. 그러므로 E가 4와 5 사이에 앉으면 2와 3 사이에는 A, C, D 중 누구나 앉을 수 있다.

오답분석

① A가 1과 2 사이에 앉으면 네 번째 조건에 의해, E는 4와 5 사이에 앉는다. 그러면 C와 D는 3 옆에 앉게 되는데 이는 세 번째 조건과 모순이 된다.
② D가 4와 5 사이에 앉으면 네 번째 조건에 의해, E는 1과 2 사이에 앉는다. 그러면 C와 D는 3 옆에 앉게 되는데 이는 세 번째 조건과 모순이 된다.
③ C가 2와 3 사이에 앉으면 세 번째 조건에 의해, D는 1과 2 사이에 앉는다. 또한 네 번째 조건에 의해, E는 3과 4 사이에 앉을 수 없다. 따라서 A는 반드시 3과 4 사이에 앉는다.
④ E가 1과 2 사이에 앉으면 세 번째 조건의 대우에 의해, C는 반드시 4와 5 사이에 앉는다.

12

정답 ②

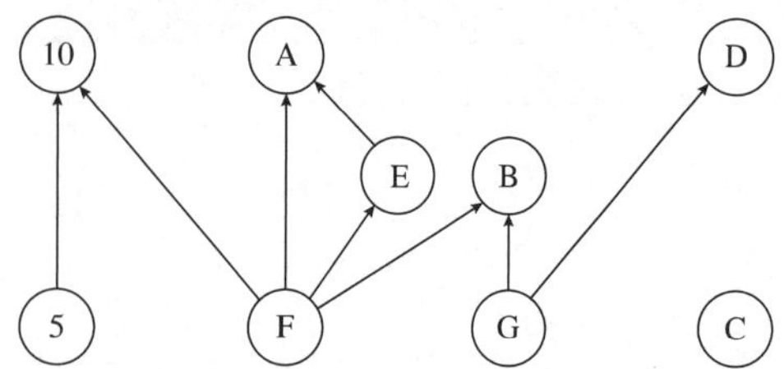

A, B, C를 제외한 빈칸에 적힌 수를 각각 D, E, F, G라고 하자.
F는 10의 약수이고 원 안에는 2에서 10까지의 자연수가 적혀있으므로 F는 2이다.
10을 제외한 2의 배수는 4, 6, 8이고, A는 E와 F의 공배수이다. 즉, A는 8, E는 4이고, B는 6이다.
6의 약수는 1, 2, 3, 6이므로 G는 3이고 D는 3의 배수이므로 9이며, 남은 7은 C이다.
따라서 A, B, C에 해당하는 수의 합은 $8+6+7=21$이다.

13

정답 ⑤

첫 번째와 네 번째 조건에서 여학생 X와 남학생 B가 동점이 아니므로, 여학생 X와 남학생 C가 동점이다. 세 번째 조건에서 여학생 Z와 남학생 A가 동점임을 알 수 있고, 두 번째 조건에서 여학생 Y와 남학생 B가 동점임을 알 수 있다. 따라서 남는 남학생 D는 당연히 여학생 W와 동점임을 알 수 있다.

14

정답 ④

첫 번째 조건에 따라 A는 선택 프로그램에 참가하므로 A는 수·목·금요일 중 하나의 프로그램에 참가한다. A가 목요일 프로그램에 참가하면 E는 A보다 나중에 참가하므로 금요일의 선택3 프로그램에 참가할 수밖에 없다. 따라서 항상 참이 되는 것은 ④이다.

오답분석

① 두 번째 조건에 따라 C는 필수 프로그램에 참가하므로 월·화요일 중 하나의 프로그램에 참가하며, 이때, C가 화요일 프로그램에 참가하면 C보다 나중에 참가하는 D는 선택 프로그램에 참가할 수 있다.
② B는 월·화요일 프로그램에 참가할 수 있으므로 B가 화요일 프로그램에 참가하면 C는 월요일 프로그램에 참가할 수 있다.
③ C가 화요일 프로그램에 참가하면 E는 선택2 또는 선택3 프로그램에 참가할 수 있다.

구분	월(필수1)	화(필수2)	수(선택1)	목(선택2)	금(선택3)
경우1	B	C	A	D	E
경우2	B	C	A	E	D
경우3	B	C	D	A	E

⑤ E는 선택 프로그램에 참가하는 A보다 나중에 참가하므로 목요일 또는 금요일 중 하나의 프로그램에 참가할 수 있다.

15

정답 ④

세 번째 조건에 따라 S는 익산을 반드시 방문하므로 이에 근거하여 논리식을 전개하면 다음과 같다.

- 네 번째 조건의 대우 : 익산 → 대구
- 첫 번째 조건 : 대구 → ~경주
- 다섯 번째 조건 : ~경주 → 대전∧전주
- 두 번째 조건 : 전주 → ~광주

따라서 S는 익산, 대구, 대전, 전주를 방문하고 광주, 경주를 방문하지 않는다.

16

정답 ④

규칙은 가로로 적용된다.
첫 번째 도형을 180° 회전시킨 도형이 두 번째 도형이고, 이를 색 반전시킨 도형이 세 번째 도형이다.

17

정답 ③

규칙은 가로로 적용된다.
첫 번째 도형을 반으로 나눴을 때 왼쪽이 두 번째 도형이고, 첫 번째 도형을 반으로 나눴을 때 오른쪽을 y축 대칭하고 시계 방향으로 90° 회전한 것이 세 번째 도형이다.

18

정답 ⑤

규칙은 가로로 적용된다.
16칸 안에 있는 도형들이 모두 오른쪽으로 한 칸씩 움직인다.

19

정답 ④

- ☆ : 각 자릿수 +4, +3, +2, +1
- ♡ : 1234 → 4321
- □ : 1234 → 4231
- △ : 각 자릿수 +1, −1, +1, −1

US24 → 4S2U → 8V4V
□ ☆

20

정답 ②

KB52 → OE73 → 37EO
☆ ♡

21

정답 ①

1839 → 2748 → 8472 → 9381
△ ♡ △

22

정답 ⑤

J7H8 → 87HJ → 96II
□ △

23

정답 ③

제시문은 2,500년 전 인간과 현대의 인간의 공통점을 언급하며 2,500년 전에 쓰인 『논어』가 현대에서 지니는 가치에 대하여 설명하고 있다. 따라서 (가) 『논어』가 쓰인 2,500년 전 과거와 현대의 차이점 – (마) 2,500년 전의 책인 『논어』가 폐기되지 않고 현대에서도 읽히는 이유에 대한 의문 – (나) 인간이라는 공통점을 지닌 2,500년 전 공자와 우리들 – (다) 2,500년의 시간이 흐르는 동안 인간의 달라진 부분과 달라지지 않은 부분에 대한 설명 – (라) 시대가 흐름에 따라 폐기될 부분을 제외하더라도 여전히 오래된 미래로서의 가치를 지니는 『논어』의 순으로 나열하는 것이 적절하다.

24

정답 ④

다문화정책의 두 가지 핵심을 밝히고 있는 (다)가 가장 처음에 온 뒤 (다)의 내용을 뒷받침하기 위해 프랑스를 사례로 든 (가)를 그 뒤에 배치하는 것이 자연스럽다. 다음으로는 이민자에 대한 지원 촉구 및 다문화정책의 개선 등에 대한 내용이 이어지는 것이 제시문의 흐름상 적절하므로, 이민자에 대한 배려의 필요성을 주장하는 (라), 다문화정책의 패러다임 전환을 주장하는 (나) 순서로 연결되어야 한다. 따라서 (다) – (가) – (라) – (나)의 순으로 나열하는 것이 적절하다.

25

정답 ⑤

면허를 발급하는 것은 면허 발급 방식이며, 보조금을 지급받는 것은 보조금 지급 방식으로 둘 사이의 연관성은 없다. 따라서 ⑤가 거짓이다.

오답분석

① 과거에는 공공 서비스가 경합성과 배제성이 모두 약한 사회 기반 시설 공급을 중심으로 제공되었다. 이런 경우 서비스 제공에 드는 비용은 주로 세금을 비롯한 공적 재원으로 충당을 하였다.
② 공공 서비스의 다양화와 양적 확대가 이루어지면서 행정 업무의 전문성 및 효율성이 떨어지는 문제점이 나타나기도 하였다.
③ 정부는 위탁 제도를 도입함으로써 정부 조직의 규모를 확대하지 않으면서 서비스의 전문성을 강화할 수 있었다.
④ 경쟁 입찰 방식의 경우 정부가 직접 공공 서비스를 제공할 때보다 서비스의 생산 비용이 절감될 수 있고, 정부의 재정 부담도 경감될 수 있었다.

26

정답 ④

㉠의 '고속도로'는 그래핀이 사용된 선로를 의미하며, ㉢의 '코팅'은 비정질 탄소로 그래핀을 둘러싼 것을 의미한다. ㉠의 그래핀은 전자의 이동속도가 빠른 대신 저항이 높고 전하 농도가 낮다. 연구팀은 이러한 그래핀의 단점을 해결하기 위해, 그래핀에 비정질 탄소를 얇게 덮어 저항을 감소시키고 전하 농도를 증가시키는 방법을 생각해냈다.

오답분석

① ㉡의 '도로'는 기존 금속 재질의 선로를 의미한다. 연구팀은 기존의 금속 재질(㉡) 대신 그래핀(㉠)을 반도체 회로에 사용하였다.
② 반도체 내에 많은 소자가 집적되면서 금속 재질의 선로(㉡)에 저항이 기하급수적으로 증가하였다.
③ 그래핀(㉠)은 구리보다 전기 전달 능력이 뛰어나고 전자 이동속도가 100배 이상 빠르다.
⑤ ㉠의 '고속도로'는 그래핀, ㉡의 '도로'는 금속 재질, ㉢의 '코팅'은 비정질 탄소를 의미한다.

27

정답 ③

㉠은 '인간에게 반사회성이 없다면 인간의 모든 재능이 꽃피지(발전하지) 못하고 사장될 것'이라는 내용이므로 '사회성만으로도 재능이 계발될 수 있다.'는 ③이 ㉠에 대한 반박으로 가장 적절하다.

28

정답 ②

제시문에서 필자는 3R 원칙을 강조하며 가장 필수적이고 최저한의 동물실험이 필요악임을 주장하고 있다. 특히 '보다 안전한 결과를 도출해내기 위한 동물실험은 필요악이며, 이러한 필수적인 의약실험조차 금지하려 한다는 것은 기술 발전 속도를 늦춰 약이 필요한 누군가의 고통을 감수하자는 이기적인 주장'이라는 대목을 통해 약이 필요한 이들을 위한 의약실험에 초점을 맞추고 있음을 확인할 수 있다. 따라서 ②의 주장처럼 생명과 큰 관련이 없는 동물실험을 비판의 근거로 삼는 것은 적절하지 않다.

29

정답 ④

포지티브 방식은 PR 코팅, 즉 감광액이 빛에 노출되었을 때 현상액에 녹기 쉽게 화학구조가 변하며, 네거티브 방식은 반대로 감광액이 빛에 노출되면 현상액에 녹기 어렵게 변한다.

오답분석

① 포토리소그래피는 PR층이 덮이지 않은 증착 물질을 제거하는 식각 과정 이후 PR층을 마저 제거한다. 이후 일련의 과정을 다시 반복하여 증착 물질을 원하는 형태로 패터닝하는 것이다.
② PR코팅은 노광 과정 이후 현상액에 접촉했을 때 반응하여 사라지거나 남게 된다. 따라서 식각 과정 이전에 자신의 실수를 알아차렸을 것이다.
③ 포지티브방식의 PR 코팅을 사용한 창우의 디스플레이 회로의 PR층과 증착 물질이 모두 사라졌다면, 증착 및 코팅 불량이나 PR 제거 실수와 같은 근본적인 오류를 제외할 경우 노광 과정에서 마스크가 빛을 가리지 못해 PR층 전부가 빛에 노출되었을 가능성이 높다.
⑤ 광수가 원래 의도대로 디스플레이 회로를 완성시키기 위해서는 최소 PR 코팅 이전까지 공정을 되돌릴 필요가 있다.

30

정답 ①

ㄱ・ㄴ. 각각 두 번째 문단과 마지막 문단에서 확인할 수 있다.

오답분석

ㄷ・ㄹ. 네 번째 문단에서 악보로 정리된 시나위를 연주하는 것은 시나위 본래 취지에 어긋난다는 내용과, 두 번째 문단에서 곡의 일정한 틀은 유지한다는 내용을 보면 즉흥성을 잘못 이해한 것을 알 수 있다.

삼성 온라인 GSAT

2023년 상반기 기출복원 모의고사 정답 및 해설

제1영역 수리

01	02	03	04	05	06	07	08	09	10	11	12	13	14	15	16	17	18	19	20
⑤	③	③	③	④	⑤	②	①	④	①	②	②	③	③	③	④	④	④	③	③

01

정답 ⑤

작년 사원 수에서 줄어든 인원은 올해 진급한 사원(12%)과 퇴사한 사원(20%)이므로 이를 합하면 $400\times(0.12+0.2)=128$명이다. 작년 사원 중에서 올해도 사원인 사람은 $400-128=272$명이고 올해 사원 수는 작년 사원 수에서 6% 증가했으므로 $400\times1.06=424$명이 된다. 따라서 올해 채용한 신입사원은 $424-272=152$명임을 알 수 있다.

02

정답 ③

i) 7명의 학생이 원탁에 앉는 경우의 수 : $(7-1)!=6!$가지

ii) 7명의 학생 중 여학생 3명이 원탁에 이웃해서 앉는 경우의 수 : $[(5-1)!\times3!]$가지

∴ 7명의 학생 중 여학생 3명이 원탁에 이웃해서 앉는 확률 : $\frac{4!\times3!}{6!}=\frac{144}{720}=\frac{1}{5}$

03

정답 ③

2022년 A국의 석탄 수입액은 28억 달러이고, B국의 석탄 수입액은 7.1억 달러이므로 $7.1\times4=28.4$억 달러이다. 따라서 A국이 B국의 4배보다 적다.

오답분석

① 1982년 A국의 석유 수입액은 74억 달러이고, B국의 석유 수입액은 75억 달러이므로 B국이 더 많다.

② 2002년 A국의 석유 수입액과 석탄 수입액의 합은 110.7억 달러이고, LNG 수입액의 2배는 108.6억 달러이므로 2배보다 많다.

④ 두 국가의 1982년 대비 2022년 LNG 수입액의 증가율은 다음과 같다.

- A국 : $\frac{79.9-29.2}{29.2}\times100≒173.6\%$
- B국 : $\frac{102-30}{30}\times100=240\%$

따라서 증가율은 B국이 더 크다.

⑤ 두 국가의 1982년 대비 2022년 석탄 수입액의 감소율은 다음과 같다.

- A국 : $\frac{28-82.4}{82.4}\times100≒-66\%$
- B국 : $\frac{7.1-44}{44}\times100≒-83.9\%$

따라서 감소율은 B국이 더 크다.

04

정답 ③

발굴조사 비용의 비율은 다음과 같으며 2019년에 가장 높다.

• 2018년 : $\frac{2,509}{2,591}\times100 \fallingdotseq 96.8\%$

• 2019년 : $\frac{2,378}{2,445}\times100 \fallingdotseq 97.2\%$

• 2020년 : $\frac{2,300}{2,371}\times100 \fallingdotseq 97\%$

• 2021년 : $\frac{2,438}{2,515}\times100 \fallingdotseq 96.9\%$

• 2022년 : $\frac{2,735}{2,840}\times100 \fallingdotseq 96.3\%$

오답분석

① 전체 조사의 평균 건당 비용은 다음과 같으며, 2020년 이후 다시 증가하고 있다.

• 2018년 : $\frac{2,591}{3,462} \fallingdotseq 0.75$억

• 2019년 : $\frac{2,445}{3,467} \fallingdotseq 0.71$억

• 2020년 : $\frac{2,371}{3,651} \fallingdotseq 0.65$억

• 2021년 : $\frac{2,515}{3,841} \fallingdotseq 0.65$억

• 2021년 : $\frac{2,840}{4,294} \fallingdotseq 0.66$억

② 2020년과 2021년의 발굴조사 평균 건당 비용이 1억 이하이다.

④ 전체 건수에 대한 발굴조사 건수 비율은 2019년이 더 높다.

• 2019년 : $\frac{2,364}{3,467}\times100 \fallingdotseq 68.2\%$

• 2021년 : $\frac{2,442}{3,841}\times100 \fallingdotseq 63.6\%$

⑤ 5개년 동안 조사에 쓰인 비용은 2,591+2,445+2,371+2,515+2,840=12,762억 원으로 약 1조 2천 8백억 원이다.

05

정답 ④

ㄷ. 2020 ~ 2022년에 사망자 수는 1,850명 → 1,817명 → 1,558명으로 감소하고 있고, 부상자 수는 11,840명 → 12,956명 → 13,940명으로 증가하고 있다.

ㄹ. 각 연도의 검거율을 구하면 다음과 같다.

• 2019년 : $\frac{12,606}{15,280}\times100=82.5\%$

• 2020년 : $\frac{12,728}{14,800}\times100=86\%$

• 2021년 : $\frac{13,667}{15,800}\times100=86.5\%$

• 2022년 : $\frac{14,350}{16,400}\times100=87.5\%$

따라서 검거율은 매년 높아지고 있다.

오답분석

ㄱ. 사고 건수는 2020년까지 감소하다가 2021년부터 증가하고 있고, 검거 수는 매년 증가하고 있다.

ㄴ. 2020년과 2021년의 사망률 및 부상률은 다음과 같다.

• 2020년 사망률 : $\frac{1,850}{14,800}\times100=12.5\%$

• 2020년 부상률 : $\frac{11,840}{14,800}\times100=80\%$

• 2021년 사망률 : $\frac{1,817}{15,800}\times100=11.5\%$

• 2021년 부상률 : $\frac{12,956}{15,800}\times100=82\%$

따라서 사망률은 2020년이 더 높지만 부상률은 2021년이 더 높다.

06

정답 ⑤

ㄷ. 인당 소비하는 쌀은 2020년도에 증가하였었다.

ㄹ. 소비한 수산물과 쌀 그리고 육류의 합은(수산물 소비량+쌀 소비량+육류 소비량)×인구수이다. 2021년도와 2022년도의 인구를 비교하면 2022년도가 더 많다. 또한 2021년도의 소비량의 합은 72.7+71.9+56.7=201.3kg이고, 2022년도는 68.1+72.3+64.3=204.7kg으로 소비량 합도 2022년도가 더 많다. 따라서 소비한 전체 농수산물은 2022년도가 더 많다.

오답분석

ㄱ. 연도별 수산물 소비량을 계산하면 다음과 같다.
- 2018년 : 58.5kg×50,746,659명≒29.69억kg
- 2019년 : 57.1kg×51,014,947명≒29.13억kg
- 2020년 : 57.5kg×51,217,803명≒29.45억kg
- 2021년 : 72.7kg×51,361,911명≒37.34억kg
- 2022년 : 68.1kg×51,606,633명≒35.14억kg

따라서 가장 많은 수산물을 소비한 해는 2021년이다.

ㄴ. 연도별 쌀 소비량을 계산하면 다음과 같다.
- 2018년 : 75.3kg×50,746,659명≒38.21억kg
- 2019년 : 71.7kg×51,014,947명≒36.58억kg
- 2020년 : 72.2kg×51,217,803명≒36.98억kg
- 2021년 : 71.9kg×51,361,911명≒36.93억kg
- 2022년 : 72.3kg×51,606,633명≒37.31억kg

따라서 가장 많은 쌀을 소비한 해는 2018년이다.

07

정답 ②

ㄱ. 발아 씨앗 수(개)=파종면적(m^2)×$1m^2$당 파종 씨앗 수(개)×발아율(%)

→ 20×50×0.2=200개

ㄹ. $50\times20\times50+\frac{50}{4}\times(40\times20+100\times15+30\times30+10\times60)=50{,}000+47{,}500=97{,}500$g

즉, 97.5kg이므로 밭 전체 연간 수확물의 총무게는 96kg 이상이다.

오답분석

ㄴ. 연간 수확물의 무게(g)=연간 수확물(개)×수확물 개당 무게(g)

=재배면적(m^2)×$1m^2$당 연간 수확물(개)×수확물 개당 무게(g)

→ 20×(40×20+100×15+30×30+10×60+20×50)=96,000g

즉, 96kg이므로 밭 전체 연간 수확물의 총무게는 94kg 이상이다.

ㄷ. 재배면적(m^2)=$\frac{\text{연간 수확물의 무게(g)}}{1m^2\text{당 연간 수확물(개)}\times\text{수확물 개당 무게(g)}}$

→ $\frac{3{,}000}{40\times20}+\frac{3{,}000}{100\times15}+\frac{3{,}000}{30\times30}+\frac{3{,}000}{10\times60}+\frac{3{,}000}{20\times50}\fallingdotseq17.08m^2$

따라서 필요한 밭의 총면적은 $16m^2$보다 크다.

08

정답 ①

회화(영어·중국어) 중 한 과목을 수강하고, 지르박을 수강하면 최대 2과목 수강이 가능하나 지르박을 수강하지 않고, 차차차와 자이브를 수강하면 최대 3과목 수강이 가능하다.

오답분석

② 자이브의 강좌시간이 3시간 30분으로 가장 길다.

③ 중국어 회화의 한 달 수강료는 60,000÷3=20,000원이고, 차차차의 한 달 수강료는 150,000÷3=50,000원이므로 두 프로그램을 수강할 때 한 달 수강료는 70,000원이다.

④ 차차차의 강좌시간은 12:30~14:30이고, 자이브의 강좌시간은 14:30~18:00이므로 둘 다 수강할 수 있다.

⑤ 제시된 자료를 통해 알 수 있다.

09

정답 ④

2021년과 2022년은 모든 지역에서 최고 기온이 전년 대비 증가하였지만, 2021년 광주의 최저 기온(2.1℃)은 전년인 2020년(2.2℃) 대비 감소하였다.

오답분석

① 수도권의 최고 기온이 높은 순으로 나열하면 다음과 같다.
- 2020년 : 경기(29.2℃) – 인천(28.9℃) – 서울(28.5℃)
- 2021년 : 경기(31.4℃) – 인천(30.5℃) – 서울(30.1℃)
- 2022년 : 경기(31.9℃) – 인천(31.5℃) – 서울(31.4℃)

수도권의 최저 기온이 높은 순대로 나열하면 다음과 같다.
- 2020년 : 서울(−2.8℃) – 인천(−3.4℃) – 경기(−5.2℃)
- 2021년 : 서울(−0.5℃) – 인천(−0.9℃) – 경기(−1.2℃)
- 2022년 : 서울(0.9℃) – 인천(0.5℃) – 경기(−0.3℃)

따라서 최고 기온은 '경기 – 인천 – 서울' 순으로 높고, 최저 기온은 '서울 – 인천 – 경기' 순으로 높다.

② 2020 ~ 2022년에 영하 기온이 있는 지역은 다음과 같다.
- 2020년 : 서울(−2.8℃), 경기(−5.2℃), 인천(−3.4℃), 대전(−1.1℃)
- 2021년 : 서울(−0.5℃), 경기(−1.2℃), 인천(−0.9℃)
- 2022년 : 경기(−0.3℃)

따라서 영하 기온이 있는 지역의 수는 매년 감소하고 있다.

③ 2020 ~ 2022년에 대구와 부산의 최고 기온은 다음과 같다.
- 2020년 최고 기온 : 대구 31.8℃, 부산 33.5℃
- 2021년 최고 기온 : 대구 33.2℃, 부산 34.1℃
- 2022년 최고 기온 : 대구 35.2℃, 부산 34.8℃

따라서 2022년에 대구의 최고 기온이 부산보다 높아졌다.

⑤ 2021년 대비 2022년 평균 기온은 인천(15.2−14.2=1.0℃)과 대구(17.9−16.8=1.1℃) 두 지역이 1℃ 이상 증가하였다.

10

정답 ①

2013년의 경우 남자는 50대가 60대보다 높은 수치를 보이고 있고, 2022년의 경우 여자는 70세 이상이 60대보다 높은 수치를 보이고 있다.

오답분석

② 2022년 60대의 경우 격차는 12.1%p로 다른 세대에 비해서 남녀의 격차가 가장 크게 나타난다.
③ 2013년 70세 이상의 경우는 남자가 18.4%, 여자가 18.1%로 0.3%p 밖에는 차이가 나지 않는다.
④ 전체 통계를 보면 2013년에는 11.6%가 당뇨병 환자인데 2022년에는 9.7%이므로 그 비율은 줄어들었다.
⑤ 2013년 40대의 당뇨병 환자의 비율 8.2%에서 2022년 40대의 당뇨병 환자의 비율 5.6%로 감소했다.

11

정답 ②

26 ~ 30세 응답자는 총 51명이고, 그중 4회 이상 방문한 응답자는 5+2=7명이다.

따라서 비율은 $\frac{7}{51}\times 100 \fallingdotseq 13.72\%$이므로 10% 이상이다.

오답분석

① 전체 응답자 수는 113명이고, 그중 20 ~ 25세 응답자는 53명이다. 따라서 비율은 $\frac{53}{113}\times 100 \fallingdotseq 46.90\%$가 되므로 50% 이하다.

③ 주어진 자료만으로는 31 ~ 35세 응답자의 1인당 평균방문횟수를 정확히 구할 수 없다. 그 이유는 방문횟수를 '1회', '2 ~ 3회', '4 ~ 5회', '6회 이상' 등 구간으로 구분했기 때문이다. 다만 구간별 최솟값으로 평균을 냈을 때, 평균 방문횟수가 2회 이상이라는 점을 통해 2회 미만이라는 것은 틀렸다는 것을 알 수 있다.

$\{1, 1, 1, 2, 2, 2, 2, 4, 4\} \rightarrow$ 평균$=\frac{19}{9} \fallingdotseq 2.11$회

④ 응답자의 직업에서 학생과 공무원 응답자의 수는 51명이다. 따라서 비율은 $\frac{53}{113} \fallingdotseq 45.13\%$가 되므로 50% 미만이다.

⑤ 주어진 자료만으로 판단할 때, 전문직 응답자 7명 모두 20 ~ 25세일 수 있으므로 비율이 5% 이상이 될 수 있다.

12

정답 ②

제시된 자료에 의하여 2020년부터 세계 전문 서비스용 로봇 시장의 규모가 증가함을 알 수 있지만, 2022년에 세계 전문 서비스용 로봇 시장 규모가 전체 세계 로봇 시장 규모에서 차지하는 비중을 구하면 $\frac{4,600}{17,949}\times 100 \fallingdotseq 25.63\%$이다.

따라서 2022년 전체 세계 로봇 시장 규모에서 세계 전문 서비스용 로봇 시장 규모가 차지하는 비중은 27% 미만이므로 옳지 않은 설명이다.

오답분석

① 2022년 세계 개인 서비스용 로봇 시장 규모의 전년 대비 증가율은 $\frac{2,216-2,134}{2,134}\times 100 \fallingdotseq 3.8\%$이다.

③ 2022년 세계 제조용 로봇 시장 규모의 전년 대비 증가율은 $\frac{11,133-10,193}{10,193}\times 100 \fallingdotseq 9.2\%$이고, 제시된 자료에 의하여 2022년의 세계 제조용 로봇 시장의 규모가 세계 로봇 시장에서 가장 큰 규모를 차지하고 있음을 확인할 수 있다.

④ • 전년 대비 2022년의 국내 전문 서비스용 로봇 시장 생산 규모 증가율 : $\frac{2,629-1,377}{1,377}\times 100 \fallingdotseq 91\%$

- 2021년의 전체 서비스용 로봇 시장 생산 규모 : 3,247+1,377=4,624억 원
- 2022년의 전체 서비스용 로봇 시장 생산 규모 : 3,256+2,629=5,885억 원
- 전년 대비 2022년의 전체 서비스용 로봇 시장 생산 규모 증가율 : $\frac{5,885-4,624}{4,624}\times 100 \fallingdotseq 27.3\%$

⑤ • 전년 대비 2022년의 개인 서비스용 로봇 시장 수출 규모 감소율 : $\frac{944-726}{944}\times 100 \fallingdotseq 23.1\%$

- 2021년의 전체 서비스용 로봇 시장 수출 규모 : 944+154=1,098억 원
- 2022년의 전체 서비스용 로봇 시장 수출 규모 : 726+320=1,046억 원
- 전년 대비 2022년의 전체 서비스용 로봇 시장 수출 규모 감소율 : $\frac{1,098-1,046}{1,098}\times 100 \fallingdotseq 4.7\%$

13

정답 ③

ㄱ. 한국, 독일, 영국, 미국이 전년 대비 감소했다.

ㄷ. 전년 대비 2019년 한국, 중국, 독일의 연구개발비 증가율을 각각 구하면 다음과 같다.

- 한국 : $\frac{33,684-28,641}{28,641}\times 100 \fallingdotseq 17.6\%$
- 중국 : $\frac{48,771-37,664}{37,664}\times 100 \fallingdotseq 29.5\%$
- 독일 : $\frac{84,148-73,737}{73,737}\times 100 \fallingdotseq 14.1\%$

따라서 중국, 한국, 독일 순서로 증가율이 높다.

오답분석

ㄴ. 증가율을 계산해보는 방법도 있지만 연구개발비가 2배 이상 증가한 국가는 중국뿐이므로 중국의 증가율이 가장 높은 것을 알 수 있다. 따라서 증가율이 가장 높은 국가는 중국이고, 영국이 $\frac{40,291-39,421}{39,421}\times 100 \fallingdotseq 2.2\%$로 가장 낮다.

14

정답 ③

- 한국의 응용연구비 : 29,703×0.2=5,940.6백만 달러
- 미국의 개발연구비 : 401,576×0.6=240,945.6백만 달러

따라서 2021년 미국의 개발연구비는 한국의 응용연구비의 $240,945.6\div 5,940.6 \fallingdotseq 40.6$배이다.

15

정답 ③

- 50대의 2021년 대비 2022년의 일자리 증가 수 : 531−516=15만 개
- 60세 이상의 2021년 대비 2022년의 일자리 증가 수 : 288−260=28만 개

16

정답 ④

제시된 표를 통해 50대와 60세 이상의 연령대를 제외한 전체 일자리 규모는 감소했음을 알 수 있다.

오답분석

① 2021년 전체 일자리 규모에서 20대가 차지하는 비중은 $\frac{332}{2,302}\times100≒14.4\%$, 2022년은 $\frac{331}{2,321}\times100≒14.3\%$이므로 약 0.1%p 감소했다.

② 2021년 30대의 전체 일자리 규모 비중은 $\frac{529}{2,321}\times100≒22.8\%$이다.

③ 2021년 40대의 지속 일자리 규모는 신규채용 일자리 규모의 $\frac{458}{165}≒2.8$배이다.

⑤ 2022년 전체 일자리 규모는 2,321−2,302=19만 개 증가했다.

17

정답 ④

제시된 표를 통해 메모리 개발 용량은 1년마다 2배씩 증가함을 알 수 있다.

- 2004년 : 8,192MB
- 2005년 : 16,384MB
- 2006년 : 32,768MB
- 2007년 : 65,536MB

따라서 2007년에 개발한 반도체 메모리의 용량은 65,536MB이다.

18

정답 ④

제시된 거리 내용을 통해 윤아는 전날 걸은 거리의 2배에 400m를 덜 걷는 규칙으로 걷는다.
따라서 토요일에 걷는 거리는 2×2,000−400=3,600m이므로 일요일에 걷는 거리는 2×3,600−400=6,800m이다.

19

정답 ③

제시된 표를 통해 석순의 길이는 10년 단위로 2cm, 1cm가 반복하여 자라는 것을 알 수 있다.

- 2010년 : 16+2=18cm
- 2020년 : 18+1=19cm
- 2030년 : 19+2=21cm
- 2040년 : 21+1=22cm
- 2050년 : 22+2=24cm

따라서 2050년에 석순의 길이를 측정한다면 24cm일 것이다.

20

정답 ③

1997년부터 차례대로 3을 더하여 만든 수열은 1997, 2000, 2003, 2006, 2009, …이다.
따라서 제10회 세계 물 포럼은 제1회 세계 물 포럼으로부터 9번째 후에 개최되므로 1997+3×9=2024년에 개최된다.

제2영역 추리

01	02	03	04	05	06	07	08	09	10	11	12	13	14	15	16	17	18	19	20
②	①	④	②	⑤	②	①	③	④	③	⑤	④	③	②	①	④	③	④	②	①
21	22	23	24	25	26	27	28	29	30										
②	①	④	②	①	④	④	③	③	④										

01

정답 ②

'스테이크를 먹는다.'를 A, '지갑이 없다.'를 B, '쿠폰을 받는다.'를 C라 하면, 첫 번째 명제와 마지막 명제는 각각 A → B, ~B → C이다. 이때, 첫 번째 명제의 대우는 ~B → ~A이므로 마지막 명제가 참이 되려면 ~A → C가 필요하다. 따라서 빈칸에 들어갈 명제는 '스테이크를 먹지 않는 사람은 쿠폰을 받는다.'가 적절하다.

02

정답 ①

다이아몬드는 광물이고, 광물은 매우 규칙적인 원자 배열을 가지고 있다. 따라서 다이아몬드는 매우 규칙적인 원자 배열을 가지고 있다.

03

정답 ④

'음악을 좋아하다.'를 p, '상상력이 풍부하다.'를 q, '노란색을 좋아하다.'를 r이라고 하면, 첫 번째 명제는 $p \rightarrow q$, 두 번째 명제는 $\sim p \rightarrow \sim r$이다. 이때, 두 번째 명제의 대우 $r \rightarrow p$에 따라 $r \rightarrow p \rightarrow q$가 성립한다. 따라서 $r \rightarrow q$이므로 노란색을 좋아하는 사람은 상상력이 풍부하다.

04

정답 ②

i) A의 진술이 참인 경우
A가 1위, C가 2위이다. 그러면 B의 진술은 참이다. 따라서 B가 3위, D가 4위이다. 그러나 D가 C보다 순위가 낮음에도 C의 진술은 거짓이다. 이는 제시된 조건에 위배된다.

ii) A의 진술이 거짓인 경우
제시된 조건에 따라 A의 진술이 거짓이라면 C는 3위 또는 4위일 것인데, 자신보다 높은 순위의 사람에 대한 진술이 거짓이므로 C는 3위, A는 4위이다. 그러면 B의 진술은 거짓이므로, D가 1위, B가 2위이다.

05

정답 ⑤

B와 D는 동시에 참말 혹은 거짓말을 한다. A와 C의 장소에 대한 진술이 모순되기 때문에 B와 D는 참말을 하고 있음이 틀림없다. 따라서 B, D와 진술 내용이 다른 E는 무조건 거짓말을 하고 있는 것이고, 거짓말을 하고 있는 사람은 두 명이므로 A와 C 중 한 명은 거짓말을 하고 있다. A가 거짓말을 하는 경우 A～C 모두 부산에 있었고, D는 참말을 하였으므로 범인은 E가 된다. C가 거짓말을 하는 경우 A～C는 모두 학교에 있었고, D는 참말을 하였으므로 범인은 역시 E가 된다.

06

정답 ②

제시된 조건을 정리하면 다음과 같다.

구분	A	B	C	D
꽃꽂이	×		○	
댄스	×	×	×	
축구			×	
농구		×	×	

A, B, C는 댄스 활동을 하지 않으므로 댄스 활동은 D의 취미임을 알 수 있다. 또한 B, C, D는 농구 활동을 하지 않으므로 A가 농구 활동을 취미로 한다는 것을 알 수 있다. 이를 정리하면 다음과 같다.

구분	A	B	C	D
꽃꽂이	×	×	○	×
댄스	×	×	×	○
축구	×	○	×	×
농구	○	×	×	×

오답분석

① B가 축구 활동을 하는 것은 맞지만, D는 댄스 활동을 한다.
③ A는 농구 활동을, B는 축구 활동을 한다.
④ B는 축구 활동을 하며, D는 댄스 활동을 한다.
⑤ A는 농구 활동을 하며, D는 댄스 활동을 한다.

07

정답 ①

두 사람은 나쁜 사람이므로 서로 충돌되는 두준과 동운을 먼저 살펴보아야 한다.
두준이를 착한 사람이라고 가정하면 '두준(T) – 요섭(F) – 준형(F) – 기광(F) – 동운(F)'으로 나쁜 사람이 4명이 되므로 모순이다.
즉, 두준이는 나쁜 사람이고, 요섭과 기광은 서로 대우이므로 두 사람은 착한 사람이다(두 사람이 나쁜 사람이라면 나쁜 사람은 '두준, 요섭, 기광' 3명이 된다). 따라서 '요섭, 기광, 동운'이 착한 사람이고, '두준, 준형'이 나쁜 사람이다.

08

정답 ③

B는 오전 10시에 출근하여 오후 3시에 퇴근하였으므로 업무는 4개이다. D는 B보다 업무가 1개 더 많았으므로 D의 업무는 5개이고, 오후 3시에 퇴근했으므로 출근한 시각은 오전 9시이다. K팀에서 가장 늦게 출근한 사람은 C이고 가장 늦게 출근한 사람을 기준으로 오전 11시에 모두 출근하였으므로 C는 오전 11시에 출근하였다. K팀에서 가장 늦게 퇴근한 사람은 A이고 가장 늦게 퇴근한 사람을 기준으로 오후 4시에 모두 퇴근하였다고 했으므로 A는 오후 4시에 퇴근했다. A는 C보다 업무가 3개 더 많았으므로 C의 업무는 2개이다. 이를 정리하면 다음과 같다.

구분	A	B	C	D
업무	5개	4개	2개	5개
출근시각	오전 10시	오전 10시	오전 11시	오전 9시
퇴근시각	오후 4시	오후 3시	오후 2시	오후 3시

따라서 C는 오후 2시에 퇴근했다.

오답분석

① A는 5개의 업무를 하고 퇴근했다.
② B의 업무는 A의 업무보다 적었다.
④ 팀에서 가장 빨리 출근한 사람은 D이다.
⑤ C가 D의 업무 중 1개를 대신 했다면 D가 C보다 빨리 퇴근했을 것이다.

09

정답 ④

i) A가 진실을 말하는 경우

구분	A	B	C	D
피아노	×	×		
바이올린		×		×
트럼펫			○	○
플루트	△			

ii) B가 진실을 말하는 경우

구분	A	B	C	D
피아노	○	×		
바이올린		○		×
트럼펫			○	×
플루트	×			

iii) C가 진실을 말하는 경우

구분	A	B	C	D
피아노	○	○		
바이올린		×		○
트럼펫			○	×
플루트	△			

iv) D가 진실을 말하는 경우

구분	A	B	C	D
피아노	○	×		
바이올린		×		×
트럼펫			×	×
플루트	○			

따라서 B가 진실을 말한 경우 주어진 조건에 따라 A는 피아노, B는 바이올린, C는 트럼펫, D는 플루트를 연주하며, 피아노를 연주하는 A는 재즈, 트럼펫과 바이올린을 연주하는 B와 C는 클래식, 그리고 플루트를 연주하는 D는 클래식과 재즈 모두를 연주한다.

10

정답 ③

B는 두 번째, F는 여섯 번째로 도착하였고, A가 도착하고 바로 뒤에 C가 도착하였으므로 A는 세 번째 또는 네 번째로 도착하였다. 그런데 D는 C보다 먼저 도착하였고 E보다 늦게 도착하였으므로 A는 네 번째로 도착하였음을 알 수 있다.

따라서 도착한 순서는 E－B－D－A－C－F이다. A는 네 번째로 도착하였으므로 토너먼트 배치표에 의해 최대 3번까지 경기를 하게 된다.

11

정답 ⑤

규칙은 가로로 적용된다.

첫 번째 도형의 색칠된 부분과 두 번째 도형의 색칠된 부분을 합치면 세 번째 도형의 색칠된 부분이 된다.

12

정답 ④

규칙은 세로로 적용된다.

첫 번째 도형과 두 번째 도형을 합쳤을 때, 색이 같은 부분만을 나타낸 도형이 세 번째 도형이다.

13

정답 ③

규칙은 가로로 적용된다.
첫 번째 도형과 두 번째 도형을 합친 후, 겹치는 부분을 색칠한 도형이 세 번째 도형이다.

14

정답 ②

규칙은 세로로 적용된다.
첫 번째 도형과 두 번째 도형을 합친 것이 세 번째 도형이다.

15

정답 ①

- ○ : 1234 → 2341
- □ : 각 자릿수 +2, +2, +2, +2
- ☆ : 1234 → 4321
- △ : 각 자릿수 −1, +1, −1, +1

JLMP → LMPJ → NORL
(○, □)

16

정답 ④

DRFT → FTHV → VHTF
(□, ☆)

17

정답 ③

8TK1 → 7UJ2 → UJ27
(△, ○)

18

정답 ④

F752 → 257F → 479H → 388I
(☆, □, △)

19

정답 ②

- Σ : 두 번째 문자를 맨 뒤에 추가
- Δ : 역순으로 재배열
- Φ : 각 자릿수 −2
- Ω : 맨 뒤 문자 맨 앞으로 보내기

ㅁjㅓi → iㅁjㅓ → gㄷhㅏ
(Ω, Φ)

20

정답 ①

ㅗㅊㄷㅑ	→	ㅓㅇㄱㅣ	→	ㅓㅇㄱㅣㅇ
	Φ		Σ	

21

정답 ②

2ㄴㅠBㅎ	→	ㅎBㅠㄴ2	→	ㅎBㅠㄴ2B
	Δ		Σ	

22

정답 ①

ㅏㅜ8ㅋㅑ	→	ㅏㅜ8ㅋㅑㅜ	→	ㅡㅗ6ㅈㅣㅗ	→	ㅗㅡㅗ6ㅈㅣ
	Σ		Φ		Ω	

23

정답 ④

제시문은 가격을 결정하는 요인과 이를 통해 도출할 수 있는 예상을 언급한다. 하지만 현실적인 여러 요인으로 인해 '거품 현상'이 나타나기도 하며 '거품 현상'이란 구체적으로 무엇인지를 설명하는 글이다. 따라서 (가) 수요와 공급에 의해 결정되는 가격 – (마) 상품의 가격에 대한 일반적인 예상 – (다) 현실적인 가격 결정 요인 – (나) 이로 인해 예상치 못하게 나타나는 '거품 현상' – (라) '거품 현상'에 대한 구체적인 설명 순으로 나열하는 것이 적절하다.

24

정답 ②

제시문은 조각보에 대한 설명으로 (나) 조각보의 정의, 클레와 몬드리안의 비교가 잘못된 이유 – (가) 조각보는 클레와 몬드리안보다 100여 년 이상 앞서 제작된 작품이며 독특한 예술성을 지니고 있음 – (다) 조각보가 아름답게 느껴지는 이유 순으로 나열하는 것이 적절하다.

25

정답 ①

제시문은 코젤렉의 '개념사'에 대한 정의와 특징에 대한 글이다. 따라서 (라) 개념에 대한 논란과 논쟁 속에서 등장한 코젤렉의 '개념사' – (가) 코젤렉의 '개념사'와 개념에 대한 분석 – (나) 개념에 대한 추가적인 분석 – (마) '개념사'에 대한 추가적인 분석 – (다) '개념사'의 목적과 코젤렉의 주장 순으로 나열하는 것이 적절하다.

26

정답 ④

제시문은 '원님재판'이라 불리는 죄형전단주의의 정의와 한계, 그리고 그와 대립되는 죄형법정주의의 정의와 탄생, 그리고 파생원칙에 대하여 설명하고 있다. 첫 단락에서는 '원님재판'이라는 용어의 원류에 대해 설명하고 있으므로 이어지는 문단으로는 원님재판의 한계에 대해 설명하고 있는 (다)가 오는 것이 적절하다. 따라서 (다) 원님재판의 한계와 죄형법정주의 – (가) 죄형법정주의의 정의 – (라) 죄형법정주의의 탄생 – (나) 죄형법정주의의 정립에 따른 파생원칙의 등장의 순으로 나열하는 것이 적절하다.

27

정답 ④

신경교 세포가 전체 뉴런을 조정하면서 기억력과 사고력을 향상시킨다는 가설하에, 인간의 신경교 세포를 갓 태어난 생쥐의 두뇌에 주입하는 실험을 하였다. 그리고 그 실험결과는 이와 같은 가설을 뒷받침해주는 결과를 가져왔으므로 옳은 내용이라고 할 수 있다.

오답분석

① 인간의 신경교 세포를 생쥐의 두뇌에 주입하였더니 쥐가 자라면서 주입된 인간의 신경교 세포도 성장했고, 이 세포들이 주위의 뉴런들과 완벽하게 결합되어 쥐의 두뇌 전체에 걸쳐 퍼지게 되었다고 하였다. 그러나 이 과정에서 쥐의 뉴런에 어떠한 영향을 주는지에 대해서는 언급하고 있지 않으므로 추론할 수 없다.

②·③ 제시문의 실험은 인간의 신경교 세포를 쥐의 두뇌에 주입했을 때의 변화를 살펴본 것이지 인간의 뉴런 세포를 주입한 것이 아니므로 추론할 수 없는 내용이다.

⑤ 쥐에 주입된 인간의 신경교 세포는 그 기능을 그대로 간직한다고 하였으므로 옳지 않은 내용이다.

28

정답 ③

레일리 산란의 세기는 보랏빛이 가장 강하지만 우리 눈은 보랏빛보다 파란빛을 더 잘 감지하기 때문에 하늘이 파랗게 보이는 것이다.

오답분석

①·② 첫 번째 문단의 내용을 통해 추론할 수 있다.

④ 빛의 진동수는 파장과 반비례하고, 레일리 산란의 세기는 파장의 네제곱에 반비례한다. 즉, 빛의 진동수가 2배가 되면 파장은 1/2배가 되고, 레일리 산란의 세기는 $2^4=16$배가 된다.

⑤ 마지막 문단의 내용을 통해 추론할 수 있다.

29

정답 ③

두 번째 문단에서 보면 농업경제의 역사에서 정원이 갖는 의미는 시대와 지역에 따라 매우 달랐으나, 여성들의 입장은 지역적인 편차가 없었으므로 ③은 적절하지 않다.

30

정답 ④

제시문에서는 알 수 없는 내용이다.

오답분석

① 첫 번째 문단에서 미국 텍사스 지역에서 3D 프린터 건축 기술을 이용한 주택이 완공되었음을 알 수 있다.

② 두 번째 문단에서 전통 건축 기술에 비해 3D 프린터 건축 기술은 건축 폐기물 및 CO_2 배출량 감소 등 환경오염이 적음을 알 수 있다.

③ 네 번째 문단에서 코로나19 사태로 인한 인력 수급난을 해소할 수 있음을 알 수 있다.

⑤ 다섯 번째 문단에서 우리나라의 3D 프린터 건축 기술은 아직 제도적 한계와 기술적 한계가 있음을 알 수 있다.

삼성 온라인 GSAT

제1회 모의고사 정답 및 해설

제 1 영역 수리

01	02	03	04	05	06	07	08	09	10	11	12	13	14	15	16	17	18	19	20
④	②	⑤	③	②	③	④	①	④	①	③	⑤	③	④	②	⑤	②	⑤	③	②

01

정답 ④

500g의 설탕물에 녹아있는 설탕의 양을 xg이라고 하면,

3%의 설탕물 200g에 들어있는 설탕의 양은 $\frac{3}{100}\times200=6$g이다.

$\frac{x+6}{500+200}\times100=7 \rightarrow x+6=49$

따라서 500g의 설탕에 녹아있는 설탕의 양은 43g이다.

02

정답 ②

5명 중에서 3명을 순서와 관계없이 뽑을 수 있는 경우의 수는 ${}_5\mathrm{C}_3=\frac{5\times4\times3}{3\times2\times1}=10$가지이다.

03

정답 ⑤

취업자 비율과 실업자 비율의 차이는 2022년에는 $55-25=30$%p, 2023년에는 $43-27=16$%p로 2022년과 비교했을 때 2023년에 감소하였다.

오답분석

① 실업자 비율은 2%p 증가하였다.
② 경제활동인구 비율은 80%에서 70%로 10%p 감소하였다.
③ 취업자 비율은 12%p 감소했지만, 실업자 비율은 2%p 증가하였기 때문에 취업자 비율의 증감폭이 더 크다.
④ 비경제활동인구 비율은 20%에서 30%로 10%p 증가하였다.

04

정답 ③

7월과 9월에는 COD가 DO보다 많았다.

오답분석

①·⑤ 제시된 자료를 통해 알 수 있다.

② DO는 4월에 가장 많았고, 9월에 가장 적었다. 이때의 차이는 $12.4-6.4=6.0$mg/L이다.

④ 7월 대비 12월 소양강댐의 BOD 감소율은 $\frac{2.0-1.4}{2.0}\times 100=30\%$로, 25% 이상이다.

05

정답 ②

2020년에는 연령대가 올라갈수록 회식참여율도 증가하고 있다. 2000년에는 연령대가 40대까지 올라갈수록 회식참여율이 감소했으나, 50대에서는 40대보다 회식참여율이 증가하였다.

오답분석

① 2020년 남성과 여성의 회식참여율 차이는 $44-34=10\%$p이고, 2000년은 $88-68=20\%$p이다. 따라서 2020년 남성과 여성의 회식참여율 차이는 2000년보다 $\frac{20-10}{20}\times 100=50\%$ 감소하였음을 알 수 있다.

③ 20대의 2010년 회식참여율은 68%이고, 2020년의 회식참여율은 32%이다. 따라서 20대의 2010년 회식참여율과 2020년 회식참여율의 차이는 $68-32=36\%$p이다.

④ 직급별 2000년과 2010년의 회식참여율 차이를 구하면 다음과 같다.

- 사원 : $91-75=16\%$p
- 대리 : $88-64=24\%$p
- 과장 : $74-55=19\%$p
- 부장 : $76-54=22\%$p

따라서 2000년과 2010년의 회식참여율 차이가 가장 큰 직급은 대리이다.

⑤ 조사연도에서 수도권 지역과 수도권 외 지역의 회식참여율 차이를 구하면 다음과 같다.

- 2000년 : $91-84=7\%$p
- 2010년 : $63-58=5\%$p
- 2020년 : $44-41=3\%$p

따라서 조사연도 동안 수도권 지역과 수도권 외 지역의 회식참여율의 차이는 계속하여 감소하고 있음을 알 수 있다.

06

정답 ③

ㄱ. 리히터 규모가 5 이상인 지진은 2020년과 2023년에는 대한민국과 북한 모두 발생횟수가 0건이다.

ㄴ. 리히터 규모가 3 미만인 지진의 총 발생횟수는 2019년에 41건, 2020년에 39건으로 2건 감소하였다.

ㄷ. 2023년 총 지진 발생횟수는 115건으로, 2021년 총 지진 발생횟수의 절반인 $252\times\frac{1}{2}=126$건보다 적다.

오답분석

ㄹ. 대한민국과 북한의 총 지진 발생횟수의 차가 가장 큰 해는 $229-23=206$건이 차이나는 2021년이다.

07

정답 ④

2021년에 발생한 리히터 규모가 3보다 크거나 같고 5보다 작은 지진의 발생횟수는 리히터 규모가 $4>\text{ML}\geq 3$인 건수 30과 $5>\text{ML}\geq 4$인 건수 1의 합인 31이다.

2022년에 발생한 리히터 규모가 3보다 크거나 같고 5보다 작은 지진의 발생횟수는 리히터 규모가 $4>\text{ML}\geq 3$인 건수 17과 $5>\text{ML}\geq 4$인 건수 1의 합인 18이다.

따라서 2021년과 2022년에 리히터 규모가 3보다 크거나 같고 5보다 작은 지진이 발생한 총 횟수의 합은 $31+18=49$이다.

08

정답 ①

자원봉사자 1인당 연간 사회복지 평균 봉사시간이 두 번째로 높은 시도는 대구광역시(26시간) 다음으로 높은 인천광역시(25시간)이다.

오답분석

ㄴ. 경상남도의 자원봉사자 1인당 연간 보건의료 평균 봉사시간은 20시간으로, 18시간인 충청북도보다 높다.
ㄷ. 자료를 보면 서울특별시의 자원봉사자 1인당 연간 평균 봉사시간은 전 분야, 사회복지, 보건의료에서 모두 전라남도보다 높음을 알 수 있다.
ㄹ. 자원봉사자 1인당 연간 보건의료 평균 봉사시간이 가장 낮은 시도는 14시간인 세종특별자치시로, 기타 분야에서도 6시간으로 가장 낮다.

09

정답 ④

1인당 연간 평균 봉사시간이 전 분야에서 가장 높은 시도는 24시간인 인천광역시이며, 그 다음은 23시간인 대구광역시이다. 대구광역시 다음으로는 22시간인 부산광역시, 21시간인 충청북도 순이다.

10

정답 ①

2022년 3개 기관의 전반적 만족도의 합은 $6.0+5.7+6.3=18$이고 2023년 3개 기관의 임금과 수입 만족도의 합은 $4.5+4.0+3.5=12$이다. 따라서 2022년 3개 기관의 전반적 만족도의 합은 2023년 3개 기관의 임금과 수입 만족도의 합의 $\frac{18}{12}=1.5$배이다.

11

정답 ③

2023년에 기업, 공공연구기관의 임금과 수입 만족도는 전년 대비 증가하였으나, 대학의 임금과 수입 만족도는 감소했다.

오답분석

① 2022년과 2023년 현 직장에 대한 전반적 만족도는 대학 유형에서 가장 높은 것을 확인할 수 있다.
② 2023년 전반적 만족도에서는 기업과 공공연구기관의 만족도가 6.5로 동일한 것을 확인할 수 있다.
④ 사내분위기 만족도에서 2022년과 2023년 공공연구기관의 만족도는 5.8로 동일한 것을 확인할 수 있다.
⑤ 2023년 직장유형별 근무시간 만족도의 전년 대비 증가율은 다음과 같다.

- 기업 : $\frac{6.6-5.5}{5.5}\times100=20\%$
- 공공연구기관 : $\frac{6.9-6.0}{6.0}\times100=15\%$
- 대학 : $\frac{8.0-6.4}{6.4}\times100=25\%$

따라서 2023년 근무시간 만족도의 전년 대비 증가율이 가장 높은 유형은 대학이므로 옳은 설명이다.

12

정답 ⑤

서울특별시의 2023년 7월 소비심리지수는 120이고, 2023년 12월 소비심리지수는 90이므로 2023년 7월 대비 2023년 12월의 소비심리지수 감소율은 $\frac{120-90}{120}\times100=25\%$로 20% 이상이다.

오답분석

① 2023년 7월 소비심리지수가 100 미만인 지역은 대구광역시, 경상북도 두 곳이다.
② 2023년 8월 소비심리지수가 두 번째로 높은 지역은 서울(130)이고, 두 번째로 낮은 지역은 경상북도(100)로 두 지역의 소비심리지수의 차이는 $130-100=30$이다.
③ 자료를 통해 알 수 있다.
④ 경상북도는 소비심리지수가 96으로 100을 안 넘어 9월에 비해 10월에 가격 상승 및 거래 증가 응답자가 적었음을 알 수 있다.

13

정답 ③

경상북도의 2023년 9월 소비심리지수는 100이고, 2023년 10월 소비심리지수는 96이므로 전월 대비 2023년 10월의 소비심리지수 감소율은 $\frac{100-96}{100}\times100=4\%$이다.

대전광역시의 2023년 9월 소비심리지수는 120이고, 2023년 12월 소비심리지수는 114이므로 2023년 9월 대비 2023년 12월의 소비심리지수 감소율은 $\frac{120-114}{120}\times100=5\%$이다.

따라서 두 감소율의 합은 $4+5=9\%$p이다.

14

정답 ④

독일은 10%에서 11%로 증가했으므로 증가율은 $\frac{11-10}{10}\times100=10\%$이며, 대한민국은 10%에서 12%로 증가했으므로 증가율은 $\frac{12-10}{10}\times100=20\%$이다.

오답분석

① 10%에서 9%로 감소했으므로 감소율은 $\frac{10-9}{10}\times100=10\%$이다.

②·③·⑤ 제시된 자료를 통해 알 수 있다.

15

정답 ②

2023년 미국 청년층 실업률은 2018년과 비교하여 6%p 증가하였다.

오답분석

① 2023년 독일 청년층 실업률은 2018년과 비교하여 변화가 없다.
③ 2023년 영국 청년층 실업률은 2018년과 비교하여 5%p 증가하였다.
④ 2023년 일본 청년층 실업률은 2018년과 비교하여 변화가 없다.
⑤ 2023년 대한민국 청년층 실업률은 2018년과 비교하여 1%p 증가하였다.

16

정답 ⑤

- (가) : $730-(12+340+330+8)=40$
- (나) : $14+310+45+325+6=700$

∴ (가)+(나) : $40+700=740$

17

정답 ②

자료를 통해 알 수 있다.

오답분석

① 2023년 총 취수량은 700천만 m^3로 전년보다 감소하였다.
③ 하천표류수의 양이 가장 많았던 해는 2020년, 댐의 취수량이 가장 많았던 해는 2022년이다.
④ 지하수의 양이 총 취수량의 1% 이하이면 지표수의 양은 총 취수량의 99% 이상이다.

- 2022년 총 취수량 중 지하수의 비중 : $\frac{15}{750}\times100=2\%$
- 2023년 총 취수량 중 지하수의 비중 : $\frac{14}{700}\times100=2\%$

따라서 2022년과 2023년에는 취수량 중 지하수의 비중이 2%이므로 지표수의 양이 총 취수량의 98%를 차지한다.

⑤ 2018년, 2021년, 2022년, 2023년에는 하천표류수보다 댐의 연간 취수량이 더 많다.

18

정답 ⑤

강수량의 증감추이를 나타내면 다음과 같다.

1월	2월	3월	4월	5월	6월
–	증가	감소	증가	감소	증가
7월	**8월**	**9월**	**10월**	**11월**	**12월**
증가	감소	감소	감소	감소	증가

이와 동일한 추이를 보이는 그래프는 ⑤이다.

오답분석

① 증감추이는 같지만 4월의 강수량이 50mm 이하로 표현되어 있다.

19

정답 ③

전월의 꽃의 수와 금월 꽃의 수의 합이 명월의 꽃의 수이다.

- 2023년 6월 꽃의 수 : 130+210=340송이
- 2023년 7월 꽃의 수 : 210+340=550송이
- 2023년 8월 꽃의 수 : 340+550=890송이
- 2023년 9월 꽃의 수 : 550+890=1,440송이
- 2023년 10월 꽃의 수 : 890+1,440=2,330송이

따라서 2023년 10월에는 2,330송이의 꽃이 있을 것이다.

20

정답 ②

n을 자연수라고 할 때, 거리가 nm 떨어진 곳에서의 가로등 밝기를 a_n이라 하면 $a_n=\frac{45}{n^2}$이다.

따라서 10m 떨어진 곳에서의 가로등 밝기는 $a_{10}=\frac{45}{10^2}=0.45$lux이다.

제2영역 추리

01	02	03	04	05	06	07	08	09	10	11	12	13	14	15	16	17	18	19	20
①	⑤	②	④	①	①	①	④	③	④	⑤	③	④	⑤	④	④	③	②	④	②
21	**22**	**23**	**24**	**25**	**26**	**27**	**28**	**29**	**30**										
③	⑤	①	④	⑤	④	③	①	⑤	③										

01

정답 ①

'등산을 자주 하다.'를 A, '폐활량이 좋아진다.'를 B, '오래 달릴 수 있다.'를 C라고 하면, 전제1은 A → B, 전제2는 B → C이므로 A → B → C가 성립한다. 따라서 A → C인 '등산을 자주하면 오래 달릴 수 있다.'가 적절하다.

02

정답 ⑤

'커피를 많이 마시다.'를 A, '카페인을 많이 섭취한다.'를 B, '불면증이 생긴다.'를 C라고 하면 전제1은 A → B, 전제2는 ~A → ~C이다. 전제2의 대우는 C → A이므로 C → A → B가 성립한다. 따라서 C → B인 '불면증이 생기면 카페인을 많이 섭취한 것이다.'가 적절하다.

03

정답 ②

'환율이 오른다.'를 A, 'X주식을 매도하는 사람'을 B, 'Y주식을 매수하는 사람'을 C라고 하면, 전제1과 전제2를 다음과 같은 벤다이어그램으로 나타낼 수 있다.

1) 전제1

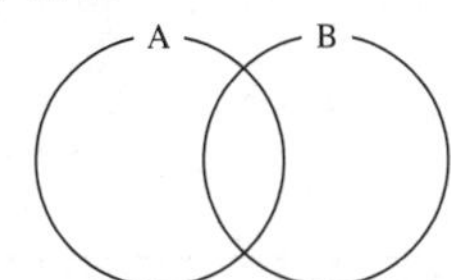

2) 전제2

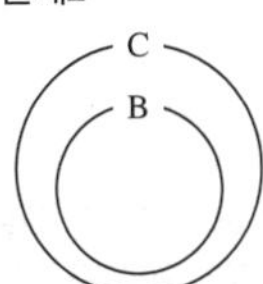

이를 정리하면 다음과 같은 벤다이어그램이 성립한다.

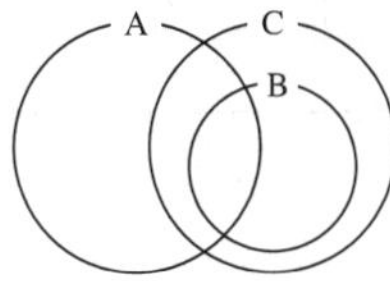

따라서 '환율이 오르면 어떤 사람은 Y주식을 매수한다.'라는 결론이 도출된다.

04

정답 ④

주어진 조건에 따라 수진, 지은, 혜진, 정은의 수면 시간을 정리하면 다음과 같다.

- 수진 : 22:00 ~ 07:00 → 9시간
- 지은 : 22:30 ~ 06:50 → 8시간 20분
- 혜진 : 21:00 ~ 05:00 → 8시간
- 정은 : 22:10 ~ 05:30 → 7시간 20분

따라서 수진이의 수면 시간이 가장 긴 것을 알 수 있다.

05

정답 ①

천자포의 사거리는 1,500보, 현자포의 사거리는 800보, 지자포의 사거리는 900보로, 사거리 길이가 긴 순서에 따라 나열하면 '천자포 – 지자포 – 현자포'의 순이다. 따라서 천자포의 사거리가 가장 긴 것을 알 수 있다.

06

정답 ①

주어진 조건을 정리해보면 다음과 같다.

구분	월	화	수	목	금
경우 1	보리밥	콩밥	조밥	수수밥	쌀밥
경우 2	수수밥	콩밥	조밥	보리밥	쌀밥

따라서 항상 참인 것은 ①이다.

오답분석

② 금요일에 먹을 수 있는 것은 쌀밥이다.

③·④·⑤ 주어진 정보만으로는 판단하기 힘들다.

07

정답 ①

주어진 조건을 정리해보면 다음과 같다.

구분	1반	2반	3반	4반	5반
경우 1	D	A	B	C	E
경우 2	B	A	D	C	E

따라서 항상 참인 것은 ①이다.

오답분석

② 2반에 배정되는 것은 A이다.
③·④ 같은 반에 연속 배정될 수는 없다.
⑤ 주어진 조건만으로는 판단하기 힘들다.

08

정답 ④

주어진 조건에 따라 결재 받을 사람 순서를 배치해보면 다음 표와 같다.

구분	첫 번째	두 번째	세 번째	네 번째	다섯 번째	여섯 번째
경우 1	a	d	e	b	f	c
경우 2	d	a	e	b	f	c

따라서 세 번째로 결재를 받아야 할 사람은 e이다.

09

정답 ③

주어진 조건에 따라 운동 종류의 순서를 배치해보면 다음 표와 같다.

구분	첫 번째	두 번째	세 번째	네 번째	다섯 번째	여섯 번째
경우 1	e	a	c	b	d	f
경우 2	e	a	b	c	d	f

따라서 다섯 번째로 하는 운동은 d이다.

10

정답 ④

주어진 조건에 따라 종합병원의 층 구조를 추론해보면 다음과 같다.

3층	정신과
2층	입원실, 산부인과, 내과
1층	접수처, 정형외과, 피부과

따라서 입원실과 내과는 정신과가 위치한 3층과 접수처가 위치한 1층의 사이인 2층에 있기 때문에 ④가 올바른 추론이다.

11

정답 ⑤

주어진 조건에 따라 섹션 분배를 추론해보면 다음과 같다.

A(입구 쪽)	기린
B	코끼리
C	악어
D	거북이
E(출구 쪽)	호랑이

따라서 호랑이가 출구 쪽에 가장 가까운 섹션인 E섹션에 오게 되므로 ⑤가 올바른 추론이다.

12

정답 ③

주어진 조건에 따라 층별 인원을 추론해보면 다음과 같다.

4층	다, 차, 카
3층	나, 사, 아
2층	라, 자, 타
1층	가, 마, 바

따라서 사는 3층에 살고 있으며, 다, 차, 카는 4층에 살고 있으므로 ③이 올바른 추론이다.

13

정답 ④

이 문제는 선택지를 보고 조건에 틀린 선지가 있는지 확인하며 푸는 방법이 가장 빠르다. ④만 모든 조건에 부합한다.

오답분석

① 가와 다가 한 섹션에 앉아서 오답이다.
② 가와 사가 한 섹션에 앉았는데, 다와 라가 다른 섹션에 앉아서 오답이다.
③ 나와 마가 같은 섹션에 앉지 않았고, 라가 세 명 있는 섹션에 배정되어서 오답이다.
⑤ 라가 세 명 섹션에 배정되었기 때문에 오답이다.

14

정답 ⑤

이 문제는 선택지를 보고 조건에 틀린 선지가 있는지 확인하며 푸는 방법이 가장 빠르다. ⑤만 모든 조건에 부합한다.

오답분석

① 가가 세 마리 있는 케이지에 들어갔고, 나와 아가 다른 케이지를 쓰고 있다.
② 다와 라가 같은 케이지를 쓰고 있다.
③ 나와 아가 같은 케이지에 들어가지 않았고, 나와 바가 같은 케이지를 썼는데 바와 사도 같은 케이지에 있다.
④ 다와 라가 같은 케이지를 쓰고 있다.

15

정답 ④

진실을 말하는 사람이 1명뿐인데, 만약 E의 말이 거짓이라면 5명 중에 먹은 사과의 개수가 겹치는 사람은 없어야 한다. 그런데 먹은 사과의 개수가 겹치지 않고 5명이서 12개의 사과를 나누어 먹는 것은 불가능하다. 따라서 E의 말은 참이고, A, B, C, D의 말은 거짓이므로 이를 정리하면 다음과 같다.

- A보다 사과를 적게 먹은 사람이 있다.
- B는 사과를 3개 이상 먹었다.
- C는 D보다 사과를 많이 먹었고, B보다 사과를 적게 먹었다.
- 사과를 가장 많이 먹은 사람은 A가 아니다.
- E는 사과를 4개 먹었고, 먹은 사과의 개수가 같은 사람이 있다.

E가 먹은 개수를 제외한 나머지 사과의 개수는 모두 8개이고, D<C<B(3개 이상)이며, 이 중에서 A보다 사과를 적게 먹은 사람이 있어야 한다. 이를 모두 충족시키는 먹은 사과 개수는 B 3개, C 2개, D 1개, A 2개이다.
따라서 사과를 가장 많이 먹은 사람은 E, 가장 적게 먹은 사람은 D이다.

16

정답 ④

규칙은 세로로 적용된다.
첫 번째 도형을 x축 기준으로 대칭 이동한 것이 두 번째 도형이고, 이를 시계 반대 방향으로 45° 회전한 것이 세 번째 도형이다.

17

정답 ③

규칙은 가로로 적용된다.
첫 번째 도형을 y축 기준으로 대칭 이동한 것이 두 번째 도형이고, 이를 180° 회전한 것이 세 번째 도형이다.

18

정답 ②

규칙은 가로로 적용된다.
첫 번째 도형을 시계 방향으로 120° 회전한 것이 두 번째 도형이고, 이를 시계 반대 방향으로 60° 회전한 것이 세 번째 도형이다.

19

정답 ④

- ● : 1234 → 4321
- ※ : 각 자릿수 +1
- ▽ : 1234 → 1324
- ◆ : 각 자릿수 +2, +3, +2, +3

g7n1 → h8o2 → 2o8h
※ ●

20

정답 ②

5va1 → 5av1 → 7dx4
▽ ◆

21

정답 ③

87yh → 8y7h → h7y8
▽ ●

22

정답 ⑤

h26o → j58r → k69s
◆ ※

23

정답 ①

제시문은 인간의 질병 구조가 변화하고 있고 우리나라는 고령화 시대를 맞이함에 따라 만성질환이 증가하였으며 이에 따라 간호사가 많이 필요해진 상황에 대해 말하고 있다. 하지만 제도는 간호사를 많이 채용하지 않고 있으며 뒤처진 제도에 대한 아쉬움에 대해 설명하고 있는 글이다. 따라서 (나) 변화한 인간의 질병 구조 – (가) 고령화 시대를 맞아 증가한 만성질환 – (다) 간호사가 필요한 현실과는 맞지 않는 고용 상황 – (라) 간호사의 필요성과 뒤처진 의료 제도에 대한 안타까움으로 연결되어야 한다.

24

정답 ④

제시문은 우리 몸의 면역 시스템에서 중요한 역할을 하는 킬러 T세포가 있음을 알려주고, 이것의 역할과 작용 과정을 차례로 설명하며 마지막으로 킬러 T세포의 의의에 대해 이야기하는 글이다. 따라서 (라) 우리 몸의 면역 시스템에 중요한 역할을 하는 킬러 T세포 – (가) 킬러 T세포의 역할 – (마) 킬러 T세포가 작용하기 위해 거치는 단계 – (다) 킬러 T세포의 작용 과정 – (나) 킬러 T세포의 의의로 연결되어야 한다.

25

정답 ⑤

당시 미국의 주들 가운데는 강제불임시술을 규정하고 있는 주들이 있었지만 그중 대부분의 주들이 이러한 강제불임시술을 실제로는 하고 있지 않았다.

오답분석

① 캐리 벅은 10대 후반의 정신박약인 백인 여성인데, 당시 우생학에서는 정신박약자를 유전적 결함을 가진 대상으로 보았다.
② 버지니아주에서는 정신적 결함을 가진 사람들의 불임시술을 강제하는 법을 1924년에 제정하여 시행하고 있었고, 이 법은 당시 과학계에서 받아들여지던 우생학의 연구결과들을 반영한 것이라고 하였다.
③ 버지니아주에서 시행하던 법은 유전에 의해 정신적으로 결함이 있는 자들에게 강제불임시술을 함으로써 당사자의 건강과 이익을 증진하는 것을 목적으로 하였다.
④ 홈즈 대법관은 '사회가 무능력자로 차고 넘치는 것을 막고자 이미 사회에 부담이 되는 사람들에게 그보다 작은 희생을 요구하는 것이 금지된다고 할 수는 없다.'고 하였다.

26

정답 ④

1998년 개발도상국에 대한 은행 융자 총액은 500억 달러였는데, 2005년에는 이것이 670억 달러가 되어 1998년의 수준을 회복하였다.

오답분석

① 경제적 수익을 추구하기 위한 것으로 포트폴리오 투자를 들 수 있으며, 회사 경영에 영향력을 행사하기 위한 것으로 직접투자를 들 수 있다.
② 지금까지 해외 원조는 개발도상국에 대한 경제적 효과가 있다고 여겨져 왔으나 최근 경제학자들 사이에서는 그러한 경제적 효과가 없다는 주장이 힘을 얻고 있다고 하였다.
③ 개발도상국으로 흘러드는 외국자본은 크게 원조, 부채, 투자가 있는데, 그중 부채는 은행 융자와 채권으로, 투자는 포트폴리오 투자와 외국인 직접투자로 나눌 수 있다.
⑤ 개발도상국에 대한 포트폴리오 투자액은 90억 달러에서 410억 달러로 320억 달러 증가하였고, 채권은 230억 달러에서 440억 달러로 210억 달러 증가하였다. 따라서 전자의 증감액이 더 크다.

27

정답 ③

제시문은 사회복지의 역할을 긍정하며 사회복지 찬성론자의 입장을 설명하고 있다. 사회 발전을 위한 사회복지가 오히려 장애가 될 수 있다는 점을 주장하며 반박하고 있다.

오답분석

① 사회복지는 소외 문제를 해결하고 예방하기 위하여, 사회 구성원들이 각자의 사회적 기능을 원활하게 수행하게 한다.
② 사회복지는 삶의 질을 향상시키는 데 필요한 제반 서비스를 제공하는 행위와 그 과정을 의미한다.
④ 현대 사회가 발전함에 따라 생기는 문제의 기저에는 경제 성장과 사회 분화 과정에서 나타나는 불평등과 불균형이 있다.
⑤ 찬성론자들은 병리 현상을 통해 생겨난 희생자들을 방치하게 되면 사회 통합은 물론 지속적 경제 성장에 막대한 지장을 초래할 것이라고 주장한다.

28

정답 ①

제시문은 창조 도시가 가져올 경제적인 효과를 언급하며 창조 도시의 동력을 무엇으로 볼 것이냐에 따라 창조 산업과 창조 계층에 대한 입장을 설명하고 있다. 따라서 창조 도시가 무조건적으로 경제적인 효과를 가져오지 않을 것이라는 논지의 반박을 제시할 수 있다.

오답분석

② 창조 도시에 대한 설명이다.
③·④ 창조 산업을 동력으로 삼는 입장이다.
⑤ 창조 계층을 동력으로 삼는 입장이다.

29

정답 ⑤

보기의 김 교사는 교내 정보 알림판이 제 기능을 하지 못하는 문제를 해결하기 위해 알림판을 인포그래픽으로 만들 것을 건의하였다. 설문조사 결과에 따르면 알림판에 대한 학생들의 무관심이 문제 상황에 대한 가장 큰 원인이 되므로 김 교사는 학생들의 관심을 끌기 위한 방안을 제시한 것임을 알 수 있다. 따라서 김 교사는 인포그래픽의 관심 유발 효과를 고려한 것임을 알 수 있다.

TIP 먼저 보기부터 읽어 제시문에서 확인해야 하는 내용을 미리 파악해놓으면 필요한 내용에 집중할 수 있다.

30

정답 ③

보에티우스의 건강을 회복할 수 있는 방법은 병의 원인이 되는 잘못된 생각을 바로 잡아 주는 것이다. 그것은 만물의 궁극적인 목적이 선을 지향하는 데 있다는 것을 모르고 있다는 것과 세상은 결국에는 불의가 아닌 정의에 의해 다스려지게 된다는 것이다. 따라서 올바른 것은 ㄱ, ㄴ이다.

오답분석

ㄷ. 두 번째 문단에서 보에티우스가 모든 소유물을 박탈당했다고 생각하는 것은 운명의 본모습을 모르기 때문이라고 말하고 있다.

삼성 온라인 GSAT

제2회 모의고사 정답 및 해설

제 1 영역 수리

01	02	03	04	05	06	07	08	09	10	11	12	13	14	15	16	17	18	19	20
①	④	②	②	①	④	①	⑤	③	⑤	②	①	②	④	①	③	①	⑤	②	③

01

정답 ①

여동생의 나이를 x살, 아버지의 나이를 y세라고 하면,

$y=2(12+14+x)$ ⋯ ㉠

$(y-12)=10x$ ⋯ ㉡

㉠과 ㉡을 연립하면

$52+2x=10x+12 \rightarrow 8x=40$

$\therefore x=5$

따라서 여동생의 나이는 5살이다.

02

정답 ④

두 수의 곱이 홀수가 되려면 (홀수)×(홀수)여야 하므로 1에서 10까지 적힌 숫자카드를 임의로 두 장을 동시에 뽑았을 때, 두 장 모두 홀수일 확률을 구하면 다음과 같은 식이 성립한다.

$$\frac{{}_5C_2}{{}_{10}C_2}=\frac{\frac{5\times4}{2\times1}}{\frac{10\times9}{2\times1}}=\frac{5\times4}{10\times9}=\frac{2}{9}$$

따라서 열 장 중 홀수 카드 두 개를 뽑을 확률은 $\frac{2}{9}$이다.

03

정답 ②

뉴질랜드 무역수지는 8월에서 10월까지 증가했다가 11월에 감소한 후 12월에 다시 증가하였다.

오답분석

① 한국의 무역수지가 전월 대비 증가한 달은 9월, 10월, 11월이며 증가량이 가장 많았던 달은 $453-419=34$억 USD인 11월이다.

③ 그리스의 12월 무역수지는 25억 USD이며 11월 무역수지는 20억 USD이므로, 12월 무역수지의 전월 대비 증가율은 $\frac{25-20}{25}\times100=$ 20%이다.

④ 10월부터 12월 사이 한국의 무역수지 변화 추이는 '증가 → 감소'이다. 이와 같은 양상을 보이는 나라는 독일과 미국으로 2개국이다.

⑤ 자료를 통해 알 수 있다.

04

정답 ②

경증 환자 중 남성 환자의 비율은 $\frac{13+19}{9+9+13+19}\times100=\frac{32}{50}\times100=64\%$이고, 중증 환자 중 남성 환자의 비율은 $\frac{10+22}{8+10+10+22}\times100$ $=\frac{32}{50}\times100=64\%$로 같으므로 옳지 않은 설명이다.

오답분석

① 여성 환자 중 중증 환자의 비율은 $\frac{8+10}{9+9+8+10}\times100=\frac{18}{36}\times100=50\%$이다.

③ 50세 이상 환자 수는 9+19+10+22=60명이고, 50세 미만 환자 수는 9+13+8+10=40명으로 50세 이상 환자 수는 50세 미만 환자 수의 $\frac{60}{40}=1.5$배이다.

④ 중증 여성 환자 수는 8+10=18명이고, 전체 당뇨병 환자 수는 9+13+8+10+9+19+10+22=100명이므로 $\frac{18}{100}\times100=18\%$이다.

⑤ 50세 미만 환자 중 중증 남성 환자의 비율은 $\frac{10}{9+13+8+10}\times100=\frac{10}{40}\times100=25\%$이다.

05

정답 ①

ㄱ. 2011～2023년 동안 택지공급실적이 0인 연도가 가장 많은 지역은 광주광역시이다.
ㄷ. 2004～2019년까지 택지공급실적이 0이 아닌 지역이 1곳뿐이었던 연도는 2016년뿐이다.

오답분석

ㄴ. 2023년 전체 광역시 택지공급실적은 192+112+26=330만 m^2이다.
ㄹ. 2004～2023년 동안 택지공급실적이 260만 m^2 이상인 연도가 많은 지역은 인천광역시로 2009～2011년, 2013년, 총 4번이다.

06

정답 ④

최고 기온이 17℃ 이상인 관측지점은 춘천, 강릉, 충주, 서산이다. 이 중 최저 기온이 7℃ 이상인 지점은 강릉과 서산으로 두 관측지점의 강수량을 합하면 1,465+1,285=2,750mm이다.

07

정답 ①

동해의 최고 기온과 최저 기온의 평균은 $\frac{16+8}{2}=12$℃이다.

오답분석

② 속초는 관측지점 중 평균 기온이 세 번째로 높다.
③ 최고 기온과 최저 기온의 차이가 가장 큰 관측지점은 19−6=13℃인 충주이다.
④ 강릉은 평균 기온과 최저 기온이 가장 높으나 최고 기온은 충주가 가장 높다.
⑤ 강수량이 많은 관측지점 3곳은 순서대로 강릉, 속초, 철원이다.

08

정답 ⑤

2021년부터 2023년까지 경기도에서 수거한 방치자전거의 총 대수는 635+985+580=2,200대이다.

09

정답 ③

ㄱ. 전국의 방치자전거 수거 대수는 2021년 대비 2022년에는 증가하였으나, 2023년에는 4,417대로 2022년의 4,705대보다 감소하였다.
ㄷ. 2021년에 방치자전거 수거 대수가 200대 이상인 시도는 서울특별시, 부산광역시, 인천광역시, 경기도, 경상북도로 5곳이다.

오답분석

ㄴ. 부산광역시의 방치자전거 수거 대수는 2022년에 220대로 48대인 울산보다 많으며, 2023년에도 204대로 55대인 울산광역시보다 많다.

10

정답 ⑤

실용신안과 디자인은 2022년보다 2023년에 심판청구와 심판처리 건수가 적고, 심판처리 기간은 모든 분야에서 2022년보다 2023년이 짧다.

오답분석

① 제시된 자료를 통해 알 수 있다.
② 2022년과 2023년에는 심판청구 건수보다 심판처리 건수가 더 많았다.
③ 실용신안의 심판청구 건수와 심판처리 건수가 이에 해당한다.
④ 2020년에는 8개월, 2023년에는 10개월이므로 증가율은 $\frac{10-8}{8}\times100=25\%$이다.

11

정답 ②

2020년 실용신안 심판청구 건수가 100건이고, 2023년 실용신안 심판청구 건수가 60건이므로 감소율은 $\frac{100-60}{100}\times100=40\%$이다.

12

정답 ①

ㄱ. 절도에 대하여 '보통이다'라고 응답한 사람의 수는 350명으로, '매우 그렇다'라고 응답한 사람 수의 20배인 $18\times20=360$명보다 적다.
ㄴ. 기물파손에 대하여 '매우 그렇다'라고 응답한 사람의 수는 19명으로, 협박에 대하여 '매우 그렇다'라고 응답한 사람의 수인 23명보다 적다.

오답분석

ㄷ. 가택침입에 대하여 '전혀 그렇지 않다'라고 응답한 사람의 수는 338명으로, 강도에 대하여 '그런 편이다'라고 응답한 사람의 수인 182명보다 많다.
ㄹ. 표를 보면 모든 유형에서 '그렇지 않은 편이다'라고 응답한 사람의 수가 가장 많으며, '전혀 그렇지 않다'라고 응답한 사람의 수가 두 번째로 많음을 알 수 있다.

13

정답 ②

'그렇지 않은 편이다'라고 응답한 사람의 수가 가장 많은 유형은 750명이 응답한 기물파손이며, 두 번째는 746명이 응답한 강도이다.

14

정답 ④

2014 ~ 2019년은 사기의 발생건수가 더 많지만, 2020년 이후로는 절도의 발생건수가 더 많다.

오답분석

① 전체 재산범죄 발생건수는 2017년과 2018년에는 각각 전년 대비 감소했고, 2019년부터 2023년까지 지속적으로 증가하였다.
② 2017년 대비 2018년 장물범죄 건수는 $\frac{36-18}{18}\times100=100\%$ 증가하였다.
③ 2017년 대비 2018년 절도 발생건수 비율은 $\frac{180-150}{150}\times100=20\%$ 증가하였다.
⑤ 전체 재산범죄 발생건수는 2023년에 570천 건으로 조사기간 중 가장 많다.

15

정답 ①

2021년 전체 재산범죄 중 횡령은 $\frac{26}{520}\times100=5\%$를 차지한다.

16

정답 ③

2022년 4분기 경차의 수출액은 26천만 달러이고 2023년 4분기 경차의 수출액은 23천만 달러이므로 2023년 4분기 경차의 수출액은 전년 동분기보다 감소했다. 또한 1,500cc 초과 2,000cc 이하 중대형 휘발유·경유 승용차의 2023년 4분기 수출액도 전년 동분기보다 감소했다.

오답분석

① 2022년 4분기에 수출액이 두 번째로 높은 승용차 종류는 수출액 300천만 달러의 배기량 2,000cc 초과 휘발유 중대형 승용차이다.

② 2023년 1분기에 전 분기보다 수출액이 증가한 승용차 종류는 배기량 1,500cc 이하 경유 소형 승용차 한 종류이다.

④ • 2023년 3분기 소형 휘발유 승용차 수출액 : 125천만 달러
• 2023년 4분기 소형 휘발유 승용차 수출액 : 170천만 달러
• 전분기 대비 2023년 4분기 소형 휘발유 승용차 수출액의 증가율 : $\frac{170-125}{125}\times100=36\%$

⑤ • 2023년 2분기 배기량 1,500cc 초과 2,000cc 이하 휘발유 중대형 승용차의 수출액 : 400천만 달러
• 2023년 2분기 경차 수출액 : 20천만 달러

따라서 2023년 2분기 배기량 1,500cc 초과 2,000cc 이하 휘발유 중대형 승용차의 수출액은 2023년 2분기 경차 수출액의 $\frac{400}{20}=20$배이다.

17

정답 ①

• 2023년 1분기 휘발유 승용차의 매출액 : 23+147+390+220=780천만 달러
• 2023년 4분기 휘발유 승용차의 매출액 : 23+170+440+310=943천만 달러

따라서 2023년 4분기 휘발유 승용차의 매출액은 동년 1분기보다 943−780=163천만 달러 증가했다.

18

정답 ⑤

오답분석

① 2015년 섬유·의복의 종사자 수는 약 230만 명이고, 2000년 석유·화학의 종사자 수는 약 150만 명이다.

② 1990년 섬유·의복의 종사자 수는 약 290만 명이고, 2005년 석유·화학의 종사자 수는 약 120만 명, 2020년은 약 115만 명이다.

③ 1995년 전기·전자의 종사자 수는 석유·화학의 종사자 수보다 많다.

④ 2020년 섬유·의복의 종사자 수는 2015년보다 적다.

19

정답 ②

n을 자연수라고 할 때, n시간 후 세균의 수는 $\frac{19}{2n-1}$백만 마리이다.

따라서 10시간 후 세균의 수는 $\frac{19}{2\times10-1}=\frac{19}{19}=1$백만 마리이다.

20

정답 ③

1. 규칙 파악

• 청개구리 개체 수

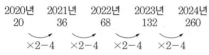

5 → 6 → 8 → 12 → 20

×2−4 ×2−4 ×2−4 ×2−4

∴ 청개구리의 개체 수는 증가하고 있으며, 바로 앞 항 ×2−4의 규칙을 가진 수열이다.

• 황소개구리 개체 수

50 → 47 → 44 → 41 → 38

−3 −3 −3 −3

∴ 황소개구리의 개체 수는 감소하고 있으며, 첫째 항은 50이고 공차가 3인 등차수열이다.

2. 계산

㉠ 직접 계산하기

• 청개구리 개체 수

2020년	2021년	2022년	2023년	2024년
20	36	68	132	260

×2−4 ×2−4 ×2−4 ×2−4

• 황소개구리 개체 수

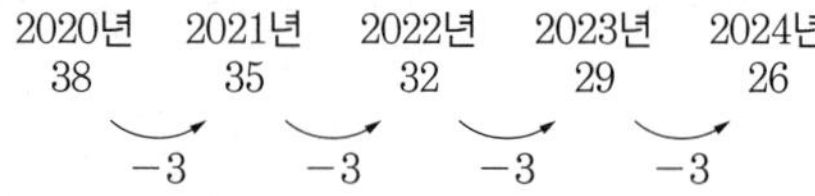

2020년	2021년	2022년	2023년	2024년
38	35	32	29	26

−3 −3 −3 −3

㉡ 식 세워 계산하기

• 황소개구리 개체 수

$n \geq 2$인 자연수일 때 n번째 항을 a_n이라 하면 $a_n = a_{n-1} - 3 = a_1 - 3(n-1)$인 수열이므로 $a_9 = 50 - (3 \times 8) = 26$만 마리이다.

제2영역 추리

01	02	03	04	05	06	07	08	09	10	11	12	13	14	15	16	17	18	19	20
②	④	①	④	⑤	④	④	①	①	⑤	③	④	②	③	④	④	⑤	④	④	③
21	22	23	24	25	26	27	28	29	30										
④	④	②	②	④	⑤	③	④	⑤	②										

01

정답 ②

'양식 자격증이 있다.'를 A, '레스토랑에 취직하다.'를 B, '양식 실기시험 합격'을 C라고 하면 전제1은 ~A → ~B, 전제2는 A → C이다. 전제1의 대우는 B → A이므로 B → A → C가 성립한다. 따라서 B → C인 '레스토랑에 취직하려면 양식 실기시험에 합격해야 한다.'가 적절하다.

02

정답 ④

'창의적인 문제해결'을 A, '브레인스토밍을 한다.'를 B, '상대방의 아이디어를 비판한다.'를 C라고 하면, 전제1은 A → B, 전제2는 B → ~C이므로 A → B → ~C가 성립한다. 따라서 A → ~C인 '창의적인 문제해결을 하기 위해서는 상대방의 아이디어를 비판해서는 안 된다.'가 적절하다.

03

정답 ①

'갈매기'를 p, '육식을 하는 새'를 q, '바닷가에 사는 새'를 r, '헤엄을 치는 새'를 s라고 하면, 전제1은 $p \rightarrow q$, 전제3은 $r \rightarrow p$, 결론은 $s \rightarrow q$이다. 따라서 $s \rightarrow r$이 빈칸에 들어가야 $s \rightarrow r \rightarrow p \rightarrow q$가 되어 결론인 $s \rightarrow q$가 성립된다. 참인 명제의 대우 역시 참이므로 '바닷가에 살지 않는 새는 헤엄을 치지 않는다.'가 답이 된다.

04

정답 ④

북한산보다 낮은 도봉산과 관악산보다 북악산이 더 낮으므로 북악산이 가장 낮은 산임을 알 수 있다. 그러나 제시된 사실만으로는 도봉산과 관악산의 높이를 비교할 수 없다.

05

정답 ⑤

주어진 조건을 정리해보면 다음과 같다.

구분	A학교	B학교	C학교	D학교	E학교
경우 1	가	마	다	라	나
경우 2	나	마	다	라	가

따라서 항상 참인 것은 ⑤이다.

오답분석

①·②·③ 주어진 정보만으로는 판단하기 힘들다.

④ 가는 A학교에 배정될 수도 배정받지 못할 수도 있다.

06

정답 ④

주어진 조건을 정리해보면 다음과 같다.

구분	미국	영국	중국	프랑스
올해	D	C	B	A
작년	C	A	D	B

따라서 항상 참인 것은 ④이다.

07

정답 ④

주어진 조건에 따라 질문 순서를 배치해보면 다음 표와 같다.

첫 번째	두 번째	세 번째	네 번째	다섯 번째	여섯 번째
가	나	라	바	다	마

따라서 마지막으로 배치해야 할 질문은 마이다.

08

정답 ①

주어진 조건에 따라 들어가야 할 재료 순서를 배치해보면 다음 표와 같다.

첫 번째	두 번째	세 번째	네 번째	다섯 번째	여섯 번째	일곱 번째
바	다	마	나	사	라	가

따라서 두 번째 넣어야 할 재료는 다이다.

09

정답 ①

주어진 조건에 따라 학생 순서를 배치해보면 다음 표와 같다.

1	2	3	4	5	6	7	8
마	다	가	아	바	나	사	라

따라서 3번째에 올 학생은 가이다.

10

정답 ⑤

주어진 조건에 따라 건물의 엘리베이터 검사 순서를 추론해보면 다음과 같다.

첫 번째	5호기
두 번째	3호기
세 번째	1호기
네 번째	2호기
다섯 번째	6호기
여섯 번째	4호기

따라서 1호기는 세 번째로 검사하며 다음은 2호기, 그 다음이 6호기이므로 6호기는 다섯 번째로 검사하는 것이 맞다.

11

정답 ③

주어진 조건에 따라 레스토랑의 코스 요리를 추론해보면 다음과 같다.

1번째 코스	스프
2번째 코스	치킨 샐러드
3번째 코스	생선 튀김
4번째 코스	버섯 파스타
5번째 코스	스테이크
6번째 코스	치즈 케이크
7번째 코스	푸딩

따라서 스테이크 다음으로 나올 음식은 치즈 케이크이며, 버섯 파스타는 스테이크 이전에 나오는 메뉴이다.

12

정답 ④

주어진 조건에 따라 매대를 추론해보면 다음과 같다.

4층	사과
3층	배
2층	귤
1층	감

따라서 귤은 2층, 배는 3층, 감은 1층이므로, 귤이 배와 감 사이에 위치하는 것이 맞는 추론이다.

13

정답 ②

이 문제는 선택지를 보고 조건에 틀린 선지가 있는지 확인하며 푸는 방법이 가장 빠르다. ②만 모든 조건에 부합한다.

오답분석

①·⑤ c 다음 줄에 h가 왔기 때문에 오답이다.
③ a와 e가 짝이기 때문에 오답이다.
④ b 다음 줄에 d가 왔기 때문에 오답이다.

14

정답 ③

이 문제는 선택지를 보고 조건에 틀린 선지가 있는지 확인하며 푸는 방법이 가장 빠르다. ③만 모든 조건에 부합한다.

오답분석

① E가 두 명 탑승한 차에 있기 때문에 오답이다.
② A가 D나 F 중 어떤 사람과도 함께 타지 않았기 때문에 오답이다.
④ E가 두 명 탑승한 차에 있고, E와 F가 한 차에 탑승했는데 A와 C가 한 차에 탑승하지 않았기 때문에 오답이다.
⑤ A가 D나 F 중 어떤 사람과도 함께 타지 않았고, B와 D가 한 차에 탑승했기 때문에 오답이다.

15

정답 ④

단 한 명이 거짓말을 하고 있으므로 C와 D 중 한 명은 반드시 거짓을 말하고 있다. 즉, C의 말이 거짓일 경우 D의 말은 참이 되며, D의 말이 참일 경우 C의 말은 거짓이 된다.

i) D의 말이 거짓일 경우
C와 B의 말이 참이므로 A와 D가 모두 1등이 되므로 모순이다.

ii) C의 말이 거짓일 경우
A는 1등 당첨자가 되지 않으며, 나머지 진술에 따라 D가 1등 당첨자가 된다.

따라서 C가 거짓을 말하고 있으며, 1등 당첨자는 D이다.

16

정답 ④

규칙은 세로로 적용된다.
첫 번째 도형을 y축 기준으로 대칭 이동한 것이 두 번째 도형이고, 이를 시계 반대 방향으로 90° 회전한 것이 세 번째 도형이다.

17

정답 ⑤

규칙은 세로로 적용된다.
첫 번째 도형을 시계 방향으로 45° 회전한 것이 두 번째 도형이고, 이를 x축 기준으로 대칭 이동한 것이 세 번째 도형이다.

18

정답 ④

규칙은 세로로 적용된다.
첫 번째 도형을 시계 방향으로 180° 회전한 것이 두 번째 도형이고, 이를 y축 기준으로 대칭 이동한 것이 세 번째 도형이다.

19

정답 ④

- ◁ : 각 자릿수 +2, +1, +1, +2
- ♧ : 1234 → 3412
- ▲ : 각 자릿수 −4, −3, −2, −1
- □ : 1234 → 1324

ㄷ5ㅇ6 → ㅁ6ㅈ8 → ㄱ3ㅅ7
　　　◁　　　　▲

20

정답 ③

ㅇ2ㄴ8 → ㅇㄴ28 → 28ㅇㄴ
　　　□　　　　♧

21

정답 ④

ㅅ7ㄷ3 → ㄷ4ㄱ2 → ㄷㄱ42

▲ □

22

정답 ④

ㄱKN2 → N2ㄱK → P3ㄴM

♧ ◁

23

정답 ②

제시문은 강이 붉게 물들고 산성으로 변화하는 이유인 티오바실러스와 강이 붉어지는 것을 막기 위한 방법에 대하여 설명하고 있다. 따라서 (가) 철2가 이온(Fe^{2+})과 철3가 이온(Fe^{3+})의 용해도가 침전물 생성에 중요한 역할을 함 – (라) 티오바실러스가 철2가 이온(Fe^{2+})을 산화시켜 만든 철3가 이온($Fe3^{+}$)이 붉은 침전물을 만듦 – (나) 티오바실러스는 이황화철(FeS_2)을 산화시켜 철2가 이온(Fe^{2+}), 철3가 이온(Fe^{3+})을 얻음 – (다) 티오바실러스에 의한 이황화철(FeS_2)의 가속적인 산화를 막기 위해서는 광산의 밀폐가 필요함의 순으로 나열하는 것이 적절하다.

24

정답 ②

수직 계열화에서 사용자 중심으로 산업 패러다임이 변화되고 있음을 제시하는 (나)문단이 가장 먼저 오는 것이 적절하며, 그 다음으로 가스경보기를 예로 들어 수평적 연결에 대해 설명하는 (다)문단이 적절하다. 그 뒤를 이어 이러한 수평적 연결이 사물인터넷 서비스로 새롭게 성장한다는 (가)문단이, 마지막으로는 다양해지는 사물인터넷 서비스에 대해 설명하는 (라)문단이 적절하다.

25

정답 ④

토크빌은 시민들의 정치적 결사가 소수자들이 다수의 횡포를 견제할 수 있는 수단으로 온전히 기능하기 위해서는 도덕의 권위에 도전하는 것이 아니라 호소해야 한다고 보았다.

오답분석

① 미국의 입법부는 미국 시민의 이익을 대표하며, 의회 다수당은 다수 여론의 지지를 받는다. 이를 고려하면 언제든 '다수의 이름으로' 소수를 배제한 입법권의 행사가 가능해진다고 하였다.

② 미국의 항구적인 지역 자치의 단위인 타운, 시티, 카운티조차도 주민들의 자발적인 결사로부터 형성된 단체라고 하였다.

③ 집회로부터 선출된 지도부는 도덕적인 힘을 가지고 자신들의 의견을 반영한 법안을 미리 기초하여 그것이 실제 법률로 제정되게끔 공개적으로 입법부에 압력을 가할 수 있다고 하였다.

⑤ 다수의 횡포를 제어할 수 있는 정치 제도가 없는 상황에서 소수 의견을 가진 시민들의 정치적 결사는 다수의 횡포에 맞설 수 있는 유일한 수단이라고 하였다.

26

정답 ⑤

완전한 문자 체계란 구어의 범위를 포괄하는 기호 체계를 말한다고 했는데, 제시문에서는 고대 이집트 상형문자를 완전한 문자 체계의 하나로 보고 있다. 따라서 고대 이집트 상형문자는 구어의 범위를 포괄하고 있다고 볼 수 있다.

오답분석

① 원시 수메르인들은 거래 기록의 보존처럼 구어로는 하지 못할 일을 하기 위해서 문자를 사용했다.

② 수메르어 문자 체계가 완전하지 않아 자기 마음을 표현하는 시를 적고 싶었더라도 그렇게 할 수 없었다고 한 부분을 통해 알 수 있다.

③ 기호를 읽고 쓸 줄 아는 사람은 얼마 되지 않았다고 한 부분을 통해 알 수 있다.

④ 원시 수메르어 문자 체계는 숫자를 나타내는 데 1, 10, 60 등의 기호를 사용했고, 사람, 동물 등을 나타내기 위해 다른 종류의 기호를 사용했다고 한 부분을 통해 알 수 있다.

27

정답 ③

'소비자 책임 부담 원칙'은 소비자를 이성적인 존재로 상정하며, 소비자의 선택이 자유로움을 전제로 한다. 때문에, 실제로는 소비자가 자유로운 선택을 하기 어렵다는 주장을 통해 반박할 수 있다.

오답분석

① 소비자는 소비 생활에 필요한 상품의 성능, 가격, 판매 조건 등의 정보를 광고에서 얻을 수 있기 때문에 도움이 되지 않는 것은 아니다.
②·④·⑤ 제시문의 주장과 일치한다.

28

정답 ④

스피노자는 삶을 지속하고자 하는 인간의 욕망을 코나투스라 정의하며, 코나투스인 욕망을 긍정하고 욕망에 따라 행동해야 한다고 주장하였다. 따라서 스피노자의 주장에 대한 반박으로는 인간의 욕망을 부정적으로 바라보며, 이러한 욕망을 절제해야 한다는 내용의 ④가 가장 적절하다.

오답분석

③ 스피노자는 모든 동물들이 코나투스를 가지고 있으나, 인간은 자신의 충동을 의식할 수 있다는 점에서 차이가 있다고 주장하므로 스피노자와 동일한 입장임을 알 수 있다.

29

정답 ⑤

여씨춘추에서는 도덕적 기능이 있는 선왕들의 음악을 중시하였고, 장자 역시 선왕들이 백성들을 위해 제대로 된 음악을 만들었다고 보았다. 따라서 장자는 여씨춘추와 같이 선왕의 음악에 대한 가치를 긍정적으로 평가하였음을 알 수 있다.

오답분석

① 여씨춘추에서는 음악을 즐거움을 주는 욕구의 대상으로 보고 인간의 자연적 욕구를 긍정적으로 평가하였으나, 장자는 욕구가 일어나지 않는 마음 상태를 이상적으로 보았다.
② 여씨춘추에서는 음악이 우주 자연의 근원에서 비롯되었다고 주장하였으며, 장자 역시 음악이 우주 자연의 근원에서 비롯되었다고 보았다.
③ 여씨춘추에서 조화로운 소리는 적절함을 위해 인위적 과정을 거쳐야 한다고 주장하였고, 장자는 의미 있는 음악은 사람의 감정에 근본을 두면서도 형식화되어야 한다고 주장하였다. 따라서 장자와 여씨춘추 모두 인위적으로 창작된 음악에 대해 긍정적임을 알 수 있다.
④ 음악에 담겨야 하는 인간의 감정 수준에 대한 장자의 입장은 알 수 없으며, 여씨춘추에서는 개인적인 욕구에 따른 일차적인 자연적 음악보다 인간의 감정과 욕구를 절도 있게 표현한 선왕들의 음악을 더 중시하였으므로 정제된 인간의 감정이 담겨야 한다고 주장할 수 있다.

30

정답 ②

제시문은 박람회의 여러 가지 목적 중 다양성을 통한 주최 국가의 '이데올로기적 통일성'을 표현하려는 의도를 설명하고 있다.

ㄱ. 첫 번째 문단에서는 경제적 효과, 두 번째 문단에서는 사회적 효과, 즉 다양성을 통한 '이데올로기적 통일성'을 표현하려 한다고 했으므로 올바른 추론이다.
ㄴ. 다양성을 통해 '이데올로기적 통일성'을 표현하여 정치적 무기로 사용한다고 했으므로 올바른 추론이다.
ㄷ. 마지막 문단에서 당시의 '사회적 인식'을 기초로 해서 당시의 기득권 사회가 이를 그들의 합법적인 위치의 정당성과 권력을 위해 진행하고 있는 투쟁에서 의식적으로 조작된 정치적 무기로서 조직, 설립, 통제를 위한 수단으로 사용하고 있다고 하였으므로 올바른 추론이다.

삼성 온라인 GSAT

제3회 모의고사 정답 및 해설

제1영역 수리

01	02	03	04	05	06	07	08	09	10	11	12	13	14	15	16	17	18	19	20
①	③	③	④	③	②	②	④	①	④	⑤	④	①	③	①	②	③	③	④	②

01

정답 ①

올라갈 때 걸은 거리를 $x$km라고 하면, 내려올 때의 거리는 $(x+5)$km이므로 다음과 같은 방정식이 성립한다.

$$\frac{x}{3}+\frac{x+5}{4}=3 \rightarrow 4x+3(x+5)=36$$

$\therefore x=3$

따라서 올라갈 때 걸은 거리는 3km이다.

02

정답 ③

6개의 숫자로 여섯 자릿수를 만드는 경우는 $6!$가지이다. 그중 1이 3개, 2가 2개씩 중복되므로 $3!\times2!$의 경우가 겹친다.

따라서 가능한 경우의 수는 $\frac{6!}{3!\times2!}=60$가지이다.

03

정답 ③

A국과 F국을 비교해보면 참가선수는 A국이 더 많지만, 동메달 수는 F국이 더 많다.

오답분석

① 금메달은 F－A－E－B－D－C 순서로 많고, 은메달은 C－D－B－E－A－F 순서로 많다.
② C국은 금메달을 획득하지 못했지만 획득한 메달 수는 149개로 가장 많다.
④ 참가선수 수의 순위와 메달 합계의 순위는 동일하다.
⑤ 참가선수가 가장 적은 국가는 F로 메달 합계는 6위이다.

04

정답 ④

2010년 대비 2020년 신장 증가량은 A가 22cm, B가 21cm, C가 28cm로 C가 가장 많이 증가하였다.

오답분석

① B의 2020년 체중은 2015년에 비해 감소하였다.
② 2010년의 신장 순위는 B, C, A 순서이지만, 2020년의 신장 순위는 C, B, A 순서이다.
③ 2015년에 세 사람 중 가장 키가 큰 사람은 B이다.
⑤ 2010년 대비 2015년에 체중 증가는 A, B, C 모두 6kg으로 같다.

05

정답 ③

연령대별 조사대상자 중 개인컵 사용자 수를 구하면 다음과 같다.

- 20대 미만 : $40 \times 0.15 = 6$명
- 20대 : $55 \times 0.4 = 22$명
- 30대 : $65 \times 0.2 = 13$명
- 40대 : $40 \times 0.15 = 6$명

따라서 조사대상자 중 개인컵 사용자 수가 가장 많은 연령대는 20대이고, 개인컵 사용률이 가장 높은 연령대도 20대이다.

오답분석

① 남성과 여성의 조사대상자 중 개인컵 사용자 수는 남성은 $100 \times 0.1 = 10$명, 여성은 $100 \times 0.2 = 20$명이다. 따라서 조사대상자 중 개인컵 사용자 수는 여성이 남성의 $\frac{20}{10} = 2$배이다.

② 조사대상자 중 20・30대는 각각 55명, 65명으로 총 120명이다. 이는 전체 조사대상자인 200명의 $\frac{120}{200} \times 100 = 60\%$이다.

④ 40대 조사대상자에서 개인컵 사용자 수는 $40 \times 0.15 = 6$명으로 이 중 2명이 남성이라면, 여성은 4명이다. 따라서 여성의 수는 남성의 $\frac{4}{2} = 2$배에 해당한다.

⑤ 수도권 지역의 개인컵 사용률은 37%이고, 수도권 외 지역은 23%이므로 전자는 후자보다 14%p 높다.

06

정답 ②

2022년과 2023년 사기업의 수도권 지역과 수도권 외 지역의 월평균 방역횟수 차이를 구하면 다음과 같다.

구분	대기업	중소기업	개인기업
2022년	18−15=3회	8−4=4회	3−1=2회
2023년	21−16=5회	13−11=2회	10−6=4회

따라서 2022년 수도권 지역과 수도권 외 지역의 월평균 방역횟수의 차이가 가장 큰 곳은 중소기업이었으나, 2023년에는 대기업으로 바뀌었다.

오답분석

① 수도권 지역과 수도권 외 지역의 2022년 대비 2023년 공공기관의 월평균 방역횟수 증가율을 구하면 다음과 같다.

- 수도권 : $\frac{15-10}{10} \times 100 = 50\%$
- 수도권 외 : $\frac{7-5}{5} \times 100 = 40\%$

따라서 월평균 방역횟수 증가율은 수도권 지역이 수도권 외 지역보다 $50-40=10\%$p 높다.

③ 2023년 수도권 지역의 월평균 방역횟수가 가장 많은 곳은 병원이고, 가장 적은 곳은 유흥업소이다. 따라서 두 업소의 월평균 방역횟수 차이는 $88-3=85$회이다.

④ 2022년 수도권 지역과 수도권 외 지역의 월평균 방역횟수의 차이를 정리하면 다음과 같다.

구분	수도권−수도권 외	구분	수도권−수도권 외
공공기관	10−5=5회	카페	8−6=2회
대기업	18−15=3회	식당	11−8=3회
중소기업	8−4=4회	PC방	7−5=2회
개인기업	3−1=2회	목욕탕・찜질방	7−1=6회
학교	10−7=3회	노래방	2−1=1회
병원	62−58=4회	유흥업소	2−1=1회
학원・독서실	6−4=2회		

따라서 2022년 수도권 지역과 수도권 외 지역의 월평균 방역횟수의 차이가 가장 큰 곳은 6회인 목욕탕・찜질방이다.

⑤ 2022년 수도권 외 지역의 카페와 식당의 월평균 방역횟수의 평균횟수는 $\frac{6+8}{2} = 7$회이다. 이는 PC방의 월평균 방역횟수인 5회보다 많다.

07

정답 ②

ㄱ. 휴게소가 없는 노선 중 평택충주선의 경우 영업소의 수가 17개이므로 옳지 않은 설명이다.

ㄷ. 익산～포항선을 제외한 노선들은 모두 영업소 수가 휴게소 수보다 많으므로 영업소 수에 대한 휴게소 수의 비율인 $\frac{(\text{휴게소 수})}{(\text{영업소 수})}$가 1보다 작다. 따라서 영업소 수에 대한 휴게소 수의 비율은 익산～포항선이 $\frac{5}{5}=1$로 가장 높다.

오답분석

ㄴ. 휴게소의 수와 주유소의 수가 일치하지 않는 노선은 경부선, 88올림픽선, 호남선으로 총 3개의 노선이다.

ㄹ. 제시된 자료를 통해 알 수 있다.

08

정답 ④

2022년과 2023년에 해상을 통해 수입한 화물실적 건수의 합은 12+14=26백만 건이고, 항공을 통해 수입한 건수의 합은 34+44=78백만 건이다. 두 건수의 차는 78−26=52백만 건이다.

09

정답 ①

2022년 수출 건수 및 수입 건수의 총합은 13+46=59백만 건이므로 60백만 건 미만이다.

오답분석

ㄴ. 해상을 통한 수출 중량은 2022년에 271백만 톤, 2023년에는 282백만 톤으로 모두 290백만 톤 미만이다.

ㄷ. 2022년 대비 2023년에 항공을 통한 수출은 건수가 7백만 건에서 9백만 건으로 증가하였으며, 중량도 14백만 톤에서 18백만 톤으로 모두 증가하였다.

10

정답 ④

2023년 5월 발화요인별 화재발생 건수는 부주의가 775건으로 가장 많으며, 그 다음으로는 전기적 요인 420건, 기타 255건, 기계적 요인 190건, 교통사고 46건, 화학적 요인 32건, 가스누출 22건 순으로 많다.

11

정답 ⑤

ㄷ. 10월의 경우, 기계적 요인으로 인한 화재발생 건수는 255건으로, 기타 요인으로 인한 화재발생 건수인 245건보다 많음을 알 수 있다.

ㄹ. 2023년에 합계 값이 세 번째로 큰 발화요인은 부주의, 전기적 요인 다음으로 큰 기타 요인이다.

오답분석

ㄱ. 가스누출로 인한 화재발생 건수는 10월에 18건, 11월에 25건으로 증가하였다.

ㄴ. 2월 부주의로 인한 화재발생 건수는 807건으로, 기타 요인으로 인한 화재발생 건수의 3배인 250×3=750건보다 많다.

12

정답 ④

ㄴ. B상품에 대한 선호도는 남성(46%)보다 여성(66%)이 높으므로 남성보다 여성이 더 소비할 것임을 예측할 수 있다.

ㄷ. 빵인 B상품에 대한 남성의 선호도는 46%인 반면, 도시락인 A·D상품에 대한 남성의 선호도는 각각 74%, 61%이다. 따라서 남성의 경우, 후보 상품 중 빵보다 도시락에 대한 선호도가 더 높음을 알 수 있다.

오답분석

ㄱ. 후보 상품 중 음료는 C·E상품이며, C상품에 대한 선호도는 여성(42%)이 남성(26%)보다 높으므로 옳지 않은 설명이다.

13

정답 ①

입고 상품 선정 방식에 따라 A ~ E상품의 적합점수를 계산하면 다음과 같다.

(단위 : 점)

상품	A	B	C	D	E
사전 선호도 점수	7.4+4.1=11.5	4.6+6.6=11.2	2.6+4.2=6.8	6.1+8.4=14.5	7.8+5.2=13
예산점수	8	6	10	2	4
적합점수	19.5	17.2	16.8	16.5	17

따라서 적합점수가 가장 높은 A상품이 매장에 입고된다.

14

정답 ③

근속연수가 20년 이상인 직원들의 경우 육아 휴직 활성화에 대한 응답률(27%)이 가장 높다.

오답분석

① 근속연수별 가장 높은 응답률을 보인 항목은 5년 미만의 경우 사내 문화 개선, 5년 이상 20년 미만의 경우 임금 인상, 20년 이상의 경우 육아 휴직 활성화이므로 서로 동일하지 않다.
② 연차 사용 보장 항목을 선택한 근속연수별 직원의 비율은 서로 비교 가능하지만, 근속연수별 직원의 수는 알 수 없으므로 서로 비교할 수 없다.
④ 근속연수가 길수록 사내 문화 개선에 대한 응답률이 낮다.
⑤ 임금 인상 항목에 대한 응답률이 가장 낮으나, 이는 개선 필요성을 고려한 것일 뿐 부정적인 판단으로 볼 수 없다.

15

정답 ①

근속연수별 직원의 비율이 1 : 1 : 1이라면, 근무 형태 유연화를 선택한 직원 수는 다음과 같다.

구분 \ 근속연수	5년 미만	5년 이상 20년 미만	20년 이상	합계
직원 수	300명	300명	300명	900명
응답자 수	300×0.19=57명	300×0.23=69명	300×0.15=45명	171명

따라서 근무 형태 유연화를 선택한 직원은 150명 이상이다.

오답분석

ㄴ. 근속연수별 직원의 비율이 3 : 5 : 1이라면, 육아 휴직 활성화를 선택한 직원 수는 다음과 같다.

구분 \ 근속연수	5년 미만	5년 이상 20년 미만	20년 이상	합계
직원 수	300명	500명	100명	900명
응답자 수	300×0.11=33명	500×0.19=95명	100×0.27=27명	155명

따라서 육아 휴직 활성화를 선택한 직원 중 근속연수가 5년 이상 20년 미만인 직원의 수가 가장 많다.

ㄷ. 근속연수별 직원의 비율이 4 : 3 : 2라면, 근속연수가 20년 이상인 직원은 $900\times\frac{2}{9}=200$명이므로 이들 중 사내 문화 개선을 선택한 직원은 200×0.15=30명이다.

16

정답 ②

일반회사직 종사자는 '1시간 이상 3시간 미만'이라고 응답한 비율이 45%로 가장 높지만, 자영업자는 '1시간 미만'이라고 응답한 비율이 36%로 가장 높다.

오답분석

① 교육에 종사하는 사람은 공교육직과 사교육직을 합쳐 총 300+200=500명으로 전체 2,000명 중 $\frac{500}{2,000}\times100=25\%$에 해당한다.

③ 공교육직 종사자와 교육 외 공무직 종사자의 응답 비율을 높은 순서대로 나열하면 다음과 같다.

- 공교육직 : 5시간 이상 – 3시간 이상 5시간 미만 – 1시간 이상 3시간 미만 – 1시간 미만
- 교육 외 공무직 : 1시간 미만 – 1시간 이상 3시간 미만 – 3시간 이상 5시간 미만 – 5시간 이상

따라서 반대의 추이를 보인다.

④ 연구직 종사자와 의료직 종사자의 응답 비율의 차는 다음과 같다.

- 1시간 미만 : 67−52=15%p
- 1시간 이상 3시간 미만 : 5−1=4%p
- 3시간 이상 5시간 미만 : 7−2=5%p
- 5시간 이상 : 41−25=16%p

따라서 응답 비율의 차가 가장 큰 구간은 '5시간 이상'이다.

⑤ 제시된 자료를 통해 알 수 있다.

17

정답 ③

'5시간 이상'이라고 응답한 교육 외 공무직 비율은 18%로 연구직인 25%보다 낮다. 그러나 응답자 수는 교육 외 공무직 종사자가 400×0.18=72명, 연구직 종사자가 260×0.25=65명으로 교육 외 공무직 종사자 응답자 수가 더 많다.

오답분석

ㄱ. 전체 응답자 중 공교육직 종사자 300명이 차지하는 비율은 $\frac{300}{2,000}\times100=15\%$이고, 연구직 종사자 260명이 차지하는 비율은 $\frac{260}{2,000}\times100=13\%$이다. 따라서 15−13=2%p 더 높다.

ㄴ. 공교육직 종사자의 응답 비율이 가장 높은 구간은 '5시간 이상'으로 그 응답자 수는 300×0.5=150명이고, 사교육직 종사자의 응답 비율이 가장 높은 구간은 '1시간 미만'으로 그 수는 200×0.3=60명이므로 $\frac{150}{60}=2.5$배이다.

18

정답 ③

살인과 강간의 발생 건수와 검거 건수의 수치가 바뀌었다.

19

정답 ④

(작업인원)이 1명일 때, (생산량)이 8대이므로, $a+b^2=8$ … ⓐ

(작업인원)이 3명일 때, (생산량)이 48대이므로, $9a+3b^2=48$ … ⓑ

ⓐ와 ⓑ를 연립하면, $b^2=4$이고, $b>0$이므로 $b=2$이다.

ⓐ에 $b=2$를 대입하면 $a=4$이다.

식을 정리하면, 생산량$=4\times$(작업인원수)$^2+4\times$(작업인원수)이므로,

(작업인원)이 2명일 때, $4\times(2)^2+4\times(2)$이므로$=24$ … ㉠

(작업인원)이 5명일 때, $4\times(5)^2+4\times(5)$이므로$=120$ … ㉡

따라서 ㉠은 24, ㉡은 120이 된다.

20

정답 ②

A금붕어, B금붕어가 팔리는 일을 n일이라고 하고, 남은 금붕어의 수를 각각 a_n, b_n이라고 하자.

A금붕어는 하루에 121마리씩 감소하고 있으므로 $a_n = 1,675 - 121(n-1) = 1,796 - 121n$이다.

$1,796 - 121 \times 10 = 1,796 - 1,210 = 586$

10일 차에 남은 A금붕어는 586마리이다.

B금붕어는 매일 3, 5, 9, 15, …마리씩 감소하고 있고, 계차의 차는 2, 4, 6, …이다.

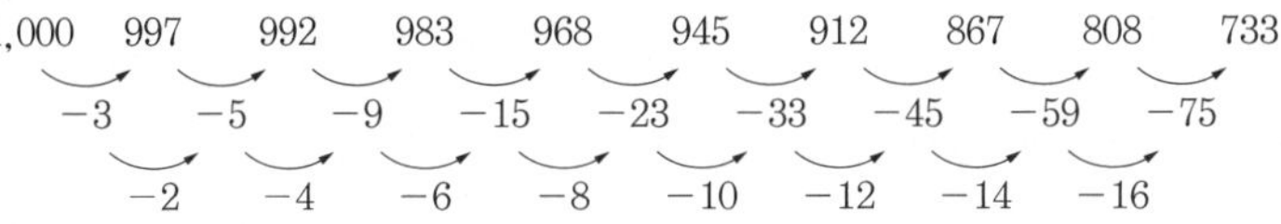

10일 차에 남은 B금붕어는 733마리이다.

따라서 A금붕어는 586마리, B금붕어는 733마리가 남았다.

제2영역 추리

01	02	03	04	05	06	07	08	09	10	11	12	13	14	15	16	17	18	19	20
⑤	⑤	③	④	⑤	①	①	④	②	①	①	④	②	②	④	⑤	⑤	②	①	④
21	22	23	24	25	26	27	28	29	30										
⑤	①	③	③	④	④	⑤	②	②	②										

01

정답 ⑤

'약속을 지킨다.'를 A, '다른 사람에게 신뢰감을 준다.'를 B, '메모하는 습관'을 C라고 하면, 전제1은 ~A → ~B, 전제2는 ~C → ~A이므로 ~C → ~A → ~B가 성립한다. 따라서 ~C → ~B의 대우인 B → C 또한 참이므로 '다른 사람에게 신뢰감을 주려면 메모하는 습관이 있어야 한다.'가 결론으로 적절하다.

02

정답 ⑤

'지구 온난화 해소'를 A, '탄소 배출을 줄인다.'를 B, '기후 위기가 발생한다.'를 C라고 하면, 전제1은 A → B, 전제2는 ~A → C이다. 전제2의 대우는 ~C → A이므로 ~C → A → B가 성립한다. 따라서 ~C → B인 '기후 위기가 발생하지 않으려면 탄소 배출을 줄여야 한다.'가 결론으로 적절하다.

03

정답 ③

'강아지를 좋아한다.'를 A, '자연을 좋아한다.'를 B, '산을 좋아한다.'를 C라고 하면, 전제1과 결론은 각각 A → B, ~B → ~C이다. 결론의 대우 명제는 C → B이므로 C → A 명제가 필요하다. 따라서 전제2에는 C → A의 대우 명제인 '강아지를 좋아하지 않는 사람은 산을 좋아하지 않는다.'가 적절하다.

04

정답 ④

D는 102동 또는 104동에 살며, A와 B가 서로 인접한 동에 살고 있으므로 E는 101동 또는 105동에 산다. 이를 통해 101동부터 (A, B, C, D, E), (B, A, C, D, E), (E, D, C, A, B), (E, D, C, B, A)의 네 가지 경우를 추론할 수 있다. 따라서 'A가 102동에 산다면 E는 105동에 산다.'는 반드시 참이 된다.

05

정답 ⑤

주어진 조건에 따라 앞서 달리고 있는 순서대로 나열하면 'A－D－C－E－B'가 된다. 따라서 이 순위대로 결승점까지 달린다면 C는 3등을 할 것이다.

06

정답 ①

네 번째 조건에 따라 C는 참여하고, D는 참여하지 않는다.
다섯 번째 조건에 따라 A는 참여한다.
세 번째 조건에 따라 B 또는 D가 참여해야 하는데, D가 참여하지 않으므로 B가 참여한다.
첫 번째 조건에 따라 E는 참여하지 않는다.
따라서 사내 워크숍 참석자는 A, B, C이다.

07

정답 ①

한 번 거주했던 층에서는 다시 거주할 수 없기 때문에 가는 3층, 나는 2층에 배정될 수 있다. 다는 1층 또는 4층에 배정될 수 있지만, 라는 1층에만 거주할 수 있기 때문에, 다는 4층, 라는 1층에 배정된다. 이를 표로 정리하면 다음과 같다.

가	나	다	라
3층	2층	4층	1층

따라서 항상 참인 것은 ①이다.

오답분석

②·③·④ 주어진 정보만으로는 판단하기 힘들다.
⑤ 매년 새롭게 층을 배정하기 때문에 나 또한 3년 이상 거주했을 것이다.

08

정답 ④

주어진 조건을 정리해보면 다음과 같다.

구분	서울	인천	과천	세종
경우 1	D	A	B	C
경우 2	D	C	B	A

따라서 항상 참인 것은 ④이다.

오답분석

①·② 주어진 정보만으로는 판단하기 힘들다.
③ 근무했던 지점에서 일을 할 수 없다.
⑤ D가 일하게 되는 지점은 서울이다.

09

정답 ②

주어진 조건에 따라 해야 할 업무 순서를 배치해보면 다음 표와 같다.

첫 번째	두 번째	세 번째	네 번째	다섯 번째	여섯 번째	일곱 번째
B	G	C	F	A	E	D

따라서 세 번째로 해야 할 업무는 C이다.

10

정답 ①

주어진 조건에 따라 거쳐야 할 과정 순서를 배치해보면 다음 표와 같다.

첫 번째	두 번째	세 번째	네 번째	다섯 번째	여섯 번째
라	마	다	바	가	사

따라서 다섯 번째로 해야 할 과정은 가이다.

11

정답 ①

주어진 조건에 따라 잡화점의 매대 구성을 추론해보면 다음과 같다.

3층	수정테이프, 색종이
2층	수첩, 볼펜
1층	지우개, 샤프

따라서 매대 1층에는 샤프와 지우개가 있다.

12

정답 ④

주어진 조건에 따라 고등학교의 학급 배치를 추론해보면 다음과 같다.

5층	8반, 3반
4층	6반, 1반
3층	2반, 5반
2층	4반, 7반
1층	학급 없음(교장실 교무실)

따라서 7반은 2층에 있으며 문제에서 1층에는 교장실과 교무실만 있고 학급이 없다고 했다.

13

정답 ②

이 문제는 선택지를 보고 조건에 틀린 선지가 있는지 확인하며 푸는 방법이 가장 빠르다. ②만 모든 조건에 부합한다.

오답분석

① 자가 5인실에 배치되었기 때문에 오답이다.
③ 가가 2인실에 배치되었고, 자가 3인실에 배치되었으며 라와 바가 다른 병실에 있기 때문에 오답이다.
④ 다와 사가 같은 병실을 쓰고 있지만, 자는 나와 같은 병실을 쓰고 있지 않아서 오답이다.
⑤ 가가 3인실이 아닌 5인실에 배치되었기 때문에 오답이다.

14

정답 ②

이 문제는 선택지를 보고 조건에 틀린 선지가 있는지 확인하며 푸는 방법이 가장 빠르다. ②만 모든 조건에 부합한다.

오답분석

① 다가 맨 뒤에 배치되었으며, 나 뒤에 바가 있기 때문에 오답이다.
③ 가가 맨 앞 또는 맨 뒤에 배치되지 않았으며, 나 뒤에 바가 있기 때문에 오답이다.
④ 마와 라가 연달아 서지 않았기 때문에 오답이다.
⑤ 가가 맨 앞 또는 맨 뒤에 오지 않았기 때문에 오답이다.

15

정답 ④

A와 C의 진술은 서로 모순되므로 동시에 거짓이거나 참일 경우 성립하지 않는다. 또한 A가 거짓인 경우 불참한 스터디원이 2명 이상이 되므로 A는 반드시 참이어야 한다. 따라서 성립 가능한 경우는 다음과 같다.

i) B와 C의 진술이 거짓인 경우
A와 C, E는 스터디에 참석했으며 B와 D가 불참하였으므로 B와 D가 벌금을 내야 한다.

ii) C와 D의 진술이 거짓인 경우
A와 D, E는 스터디에 참석했으며 B와 C가 불참하였으므로 B와 C가 벌금을 내야 한다.

iii) C와 E의 진술이 거짓인 경우
불참한 스터디원이 C, D, E 3명이 되므로 성립하지 않는다.

따라서 B와 D 또는 B와 C가 함께 벌금을 내야하므로 보기 중 옳은 것은 ④이다.

16

정답 ⑤

규칙은 세로로 적용된다.
첫 번째 도형을 180° 회전한 것이 두 번째 도형이고, 이를 색 반전한 것이 세 번째 도형이다.

17

정답 ⑤

규칙은 가로로 적용된다.
첫 번째 도형을 y축 기준으로 대칭 이동한 것이 두 번째 도형이고, 이를 x축 기준으로 대칭 이동한 것이 세 번째 도형이다.

18

정답 ②

규칙은 가로로 적용된다.
첫 번째 도형을 시계 반대 방향으로 45° 회전한 것이 두 번째 도형이고, 이를 시계 방향으로 90° 회전한 것이 세 번째 도형이다.

19

정답 ①

- ▼ : 1234 → 4321
- △ : −1, +1, −1, +1
- ● : 0, −1, 0, −1
- □ : 1234 → 1324

ㅅㄴㄹㅁ → ㅁㄹㄴㅅ → ㅁㄴㄹㅅ
(▼) (□)

20

정답 ④

isog → irof → hsng
(●) (△)

21

정답 ⑤

wnfy → yfnw → yenv
(▼) (●)

22

정답 ①

ㅈㄹㅋㄷ → ㅈㅋㄹㄷ → ㅇㅌㄷㄹ
□ △

23

정답 ③

제시문의 서론에서 지방은 건강에 반드시 필요한 것이라고 서술하고 있으며, 결론에서는 현대인들의 지방이 풍부한 음식을 찾는 경향이 부작용으로 이어졌다고 한다. 따라서 본론은 (나) 비만과 다이어트의 문제는 찰스 다윈의 진화론과 관련 있음 – (라) 자연선택에서 생존한 종들이 번식하여 자손을 남기게 됨 – (다) 인류의 역사에서 인간이 끼니 걱정을 하지 않고 살게 된 것은 수십 년의 일임 – (가) 생존에 필수적인 능력은 에너지를 몸에 축적하는 능력이었음의 순서가 적절하다.

24

정답 ③

제시문은 고전주의의 예술관을 설명한 후 이에 반하는 수용미학의 등장을 설명하고, 수용미학을 처음 제시한 야우스의 주장에 대해 설명한다. 이어서 이것을 체계화한 이저의 주장을 소개하고 이저가 생각한 독자의 역할을 제시한 뒤 이것의 의의에 대해 설명하고 있는 글이다. 따라서 (가) 고전주의 예술관과 이에 반하는 수용미학의 등장 – (라) 수용미학을 제기한 야우스의 주장 – (다) 야우스의 주장을 정리한 이저 – (나) 이저의 이론 속 텍스트와 독자의 상호작용의 의의 순서가 적절하다.

25

정답 ④

제시문에 따르면 진경 화법은 경관을 모사하는 사경에 있는 것이 아니라고 하였다.

오답분석

① 원체란 당대의 정치적 쟁점이 되는 핵심 개념을 액자화하여 과학적 방식에 의거하여 설득하려는 정치·과학적 글쓰기이다.
② 다산의 원체는 새로운 시각의 정식화라는 당대의 문화적 추세를 반영한 것이다.
③ 진경 화법은 회화적 재구성을 통하여 경관에서 받은 미적 감흥을 창조적으로 구형하는 데 있다고 하였다.
⑤ 다산이 쓴 『원정』은 기존 정치 개념의 답습 또는 모방이 아니라 정치의 정체성에 대한 질문을 통하여 그가 생각하는 정치에 관한 새로운 관점을 정식화하여 제시한 것이라고 하였다.

26

정답 ④

두 번째 문단에서 노동조합이 전반적으로 몰락한 주요 원인을 제조업 분야의 쇠퇴, 즉 서비스업 중심의 경제구조로의 변화에서 찾는 견해가 틀렸다고 하였으므로 적절하지 않은 내용이다.

오답분석

① 1973년 전체 제조업 종사자 중 39%였던 노동조합원의 비율이 2005년에는 13%로 줄어들었다는 부분에서 알 수 있는 내용이다.
② 1970년대 중반 이후 기업들이 보수적 성향의 정치적 영향력에 힘입어서 노동조합을 압도할 수 있게 되었으며, 결국 노동조합의 몰락은 정치와 기업이 결속한 결과라는 부분을 통해서 알 수 있는 내용이다.
③ 많은 제조업 제품을 주로 수입에 의존하게 되면서 서비스업 중심의 산업구조로 미국경제가 변화하였다고 하였으므로 적절한 내용이다.
⑤ 1980년대 초에 노동조합을 지지하는 노동자 20명 중 적어도 한 명이 불법적으로 해고되었다는 점에서 적절한 내용이다.

27

정답 ⑤

제시문은 전통적인 경제학을 통해 외부성의 비효율성을 줄이기 위해 정부의 개입을 해결책으로 제시하고 있다. 따라서 정부의 개입이 오히려 비용을 높일 수 있다는 주장을 반박으로 제시할 수 있다.

오답분석

①·② 외부성에 대한 설명이다.
③·④ 전통적인 경제학의 주장이다.

28

정답 ②

제시문은 자연법의 권위를 중요하게 생각하는 주장들을 담고 있다. 그러나 자연법은 인간의 경험에 근거하기 때문에 구체적으로 정의하기 어렵다는 문제점을 가지고 있다. 따라서 ②가 반박으로 적절한 주장이다.

오답분석

① 때와 장소에 관계없이 누구에게나 보편적으로 받아들여질 수 있는 정의롭고 도덕적인 법을 자연법이라 정의한다.
③ 특히 인간의 본성에 깃든 이성, 다시 말해 참과 거짓, 선과 악을 분별할 수 있는 인간만의 자질은 자연법을 발견해 낼 수 있는 수단이 된다고 밝히고 있다.
④ 근대의 자연법 사상에서는 신학의 의존으로부터 독립하여 자연법을 오직 이성으로써 확인할 수 있다고 보았다고 한다.
⑤ 그로티우스는 이성의 올바른 인도를 통해 다다르게 되는 자연법은 국가와 실정법을 초월하는 규범이라고 보았다.

29

정답 ②

제시문에서는 제품의 굽혀진 곡률을 나타내는 R의 값이 작을수록 패널이 받는 폴딩 스트레스가 높아진다고 언급하고 있다. 따라서 1.4R의 곡률인 S전자의 인폴딩 폴더블 스마트폰은 H기업의 아웃폴딩 스마트폰보다 곡률이 작을 것이므로 폴딩 스트레스가 높다고 할 수 있다.

오답분석

① H기업은 아웃폴딩 패널을 사용하였다.
③ 동일한 인폴딩 패널이라고 해도 S전자의 R값이 작으며, R값의 차이에 따른 개발 난이도는 지문에서 확인할 수 없다.
④ 인폴딩 패널은 아웃폴딩 패널보다 상대적으로 곡률이 작아 개발 난이도가 높다. 따라서 아웃폴딩 패널을 사용한 H기업의 폴더블 스마트폰의 R값이 인폴딩 패널을 사용한 A기업의 폴더블 스마트폰보다 작을 것이라고 보기엔 어렵다.
⑤ 제시문에서 여러 층으로 구성된 패널을 접었을 때 압축응력과 인장응력이 동시에 발생한다고는 언급하고 있으나 패널의 수가 스트레스와 연관된다는 사실은 확인할 수 없다. 따라서 S전자의 폴더블 스마트폰의 R값이 작은 이유라고는 판단하기 어렵다.

30

정답 ②

클라우드를 '그린 IT 전략'으로 볼 수 있는 것은 남는 서버를 활용하고 개인 컴퓨터의 가용률을 높여 자원을 유용하게 활용하기 때문이다.

삼성 온라인 GSAT

제4회 모의고사 정답 및 해설

제1영역 수리

01	02	03	04	05	06	07	08	09	10	11	12	13	14	15	16	17	18	19	20
②	③	③	②	①	③	③	②	③	④	③	④	⑤	⑤	②	①	⑤	①	②	②

01

정답 ②

전체 일의 양을 1이라고 하면 소미가 하루 동안 할 수 있는 일의 양을 $\frac{1}{12}$, 세정이와 미나가 함께 하루 동안 할 수 있는 일의 양을 $\frac{1}{4}$이다.

세 사람이 x일 동안 일한다고 하면 $\left(\frac{1}{12}+\frac{1}{4}\right)\times x=1$

$\therefore x=3$

따라서 세 사람이 다 같이 일하면 3일이 걸린다.

02

정답 ③

S사의 전 직원을 x명이라고 하자. 찬성한 직원은 $0.8x$명이고, 그중 남직원은 $0.8x\times 0.7=0.56x$명이다.

구분	찬성	반대	합계
남자	$0.56x$	$0.04x$	$0.6x$
여자	$0.24x$	$0.16x$	$0.4x$
합계	$0.8x$	$0.2x$	x

따라서 여직원을 뽑았을 때, 이 사람이 유연근무제에 찬성한 사람일 확률은 $\frac{0.24x}{0.4x}=\frac{3}{5}$이다.

03

정답 ③

2017년 대비 2023년에 발생률이 증가한 암은 폐암, 대장암, 유방암인 것을 확인할 수 있다.

오답분석

① 위암의 발생률은 점차 감소하다가 2022년부터 다시 증가하는 것을 확인할 수 있다.

② 전년 대비 2023년 암 발생률 증가폭은 다음과 같다.

- 위암 : 26−25=1%p
- 간암 : 21−20=1%p
- 폐암 : 24−22=2%p
- 대장암 : 9−8=1%p
- 유방암 : 6−3=3%p
- 자궁암 : 5−5=0%p

폐암의 발생률은 계속적으로 증가하고 있지만, 전년 대비 2023년 암 발생률 증가폭은 유방암이 가장 크므로 옳지 않은 설명이다.

④ 2023년에 위암으로 죽은 사망자 수를 알 수 없으므로 옳지 않은 설명이다.

⑤ 제시된 자료를 통해 알 수 있다.

04

정답 ②

유통업의 경우 9점을 받은 현지의 엄격한 규제 요인이 가장 강력한 진입 장벽으로 작용하므로 유통업체인 S사가 몽골 시장으로 진출할 경우, 해당 요인이 시장의 진입을 방해하는 요소로 작용할 가능성이 가장 큰 것을 알 수 있다.

오답분석

① 초기 진입 비용 요인의 경우 유통업(5점)보다 식·음료업(7점)의 점수가 더 높고, 유통업은 현지의 엄격한 규제 요인(9점)이 가장 강력한 진입 장벽으로 작용한다.
③ 몽골 기업의 시장 점유율 요인의 경우 제조업(5점)보다 유통업(7점)의 점수가 더 높으며, 제조업은 현지의 엄격한 규제 요인(8점)이 가장 강력한 진입 장벽으로 작용한다.
④ 문화적 이질감이 가장 강력한 진입 장벽으로 작용하는 업종은 해당 요인에 가장 높은 점수를 부여한 서비스업(8점)이다.
⑤ 서비스업은 초기 진입 비용이 타 업종에 비해 적게 든다.

05

정답 ①

2020년의 전년 대비 가격 증가율은 $\frac{230-200}{200}\times100=15\%$이고, 2023년의 전년 대비 가격 증가율은 $\frac{270-250}{250}\times100=8\%$이므로 옳지 않다.

오답분석

② 재료비의 증가폭은 2022년에 11(99 → 110)로 가장 큰데, 2022년에는 가격의 증가폭도 35(215 → 250)로 가장 크다.
③ 인건비는 55 → 64 → 72 → 85 → 90으로 꾸준히 증가했다.
④ 재료비와 인건비 모두 '증가 – 증가'이므로 증감 추이는 같다.
⑤ 재료비와 수익 모두 '증가 – 감소 – 증가 – 증가'이므로 증감 추이는 같다.

06

정답 ③

ㄴ. 연령대별 아메리카노와 카페라테의 선호율의 차이를 구하면 다음과 같다.
- 20대 : 42%−8%=34%p
- 30대 : 47%−18%=29%p
- 40대 : 35%−28%=7%p
- 50대 : 42%−31%=11%p

따라서 아메리카노와 카페라테의 선호율 차이가 가장 적은 연령대는 40대임을 알 수 있다.

ㄷ. 20대와 30대의 선호율 하위 3개 메뉴는 다음과 같다.
- 20대 : 핫초코(6%), 에이드(3%), 아이스티(2%)
- 30대 : 아이스티(3%), 핫초코(2%), 에이드(1%)

따라서 20대와 30대의 선호율 하위 3개 메뉴는 동일함을 알 수 있다.

오답분석

ㄱ. 연령대별 아메리카노 선호율은 20대 42%, 30대 47%, 40대 35%, 50대 31%로 30대의 선호율은 20대보다 높음을 알 수 있다.
ㄹ. 40대와 50대의 선호율 상위 2개 메뉴가 전체 선호율에서 차지하는 비율을 구하면 다음과 같다.
- 40대 : 아메리카(35%), 카페라테(28%) → 63%
- 50대 : 카페라테(42%), 아메리카노(31%) → 73%

따라서 50대의 선호율 상위 2개 메뉴가 전체 선호율에서 차지하는 비율은 70%를 넘지만, 40대에서는 63%로 70% 미만이다.

07

정답 ③

2월의 유입인원은 550−270=280만 명으로 1월에 비해 290−280=10만 명 감소하였다.

오답분석

① 수송인원은 증가와 감소 모두 나타나고 있다.
② 8월의 수송인원은 310+360=670만 명이므로 3분기 수송인원은 643+670+633=1,946만 명이다. 따라서 1,950만 명보다 적다.
④ 11월의 승차인원은 670−380=290만 명으로 6월보다 310−290=20만 명 적고, 승차인원이 가장 적은 달은 270만 명인 2월이다.
⑤ 8월의 수송인원은 670만 명으로 10월(687만 명), 12월(690만 명)보다 적다.

08

정답 ②

S기업의 하청업체 중 낸드플래시 생산 분야의 응답 수는 179개로 다른 분야에 비해 가장 많지만, 복수응답이 가능하므로 하청업체의 수가 가장 많은지는 알 수 없다.

오답분석

① 세 가지 생산 분야 모두 개선필요사항에 기타로 응답한 하청업체의 수가 낸드플래시는 2개, DRAM은 2개, 기타 분야는 3개로 가장 적다.
③ 파견 직원의 처우개선을 개선필요사항으로 응답한 업체 수 중 DRAM 생산 분야의 하청업체 수는 22개로, 28개인 낸드플래시 생산 분야의 하청업체 수보다 적다.
④ 납품기한의 변동을 줄여야 한다고 응답한 하청업체의 수는 55+48+22=125개로, 다른 어떤 응답에 비해서도 더 많았다.
⑤ 전체 하청업체 개수는 300개인데 응답 개수는 430개이므로, 총 130개의 하청업체가 복수응답을 하였다.

09

정답 ③

ㄱ. 자료에 따르면 낸드플래시 생산 분야에 있어서 '하청단계별 업무범위 명확화'에 응답한 하청업체의 수는 13개로 다른 응답에 비해 적은 편이다. 따라서 S기업은 낸드플래시 생산에 있어서 하청단계별 업무범위를 명확히 하는 것이 가장 시급하다는 설명은 옳지 않다.
ㄷ. S기업의 낸드플래시 생산 분야와 DRAM 생산 분야의 하청업체의 수가 동일한 경우도 가능하지만, 자료만으로는 알 수 없다.

오답분석

ㄴ. 자료에 따르면 DRAM 생산 분야에 있어서 '납품기한의 변동성 완화'에 응답한 하청업체의 수가 48개로 가장 많으므로 해당 분야에서 개선 필요성이 높음을 알 수 있다. 따라서 S기업은 DRAM 생산에 있어서 납품기한의 정정을 줄이기 위해 생산계획 단계에서부터 대응성을 높일 필요가 있다.

10

정답 ④

세로로 합계에서 나머지 수를 빼면 빈칸의 수치를 구할 수 있다.
㉣ : 145−21−28−17−30−20=29

오답분석

① ㉠ : 866
② ㉡ : 73
③ ㉢ : 202
⑤ ㉤ : 147

11

정답 ③

ㄴ. 2021년 고덕 차량기지의 안전체험 건수 대비 인원수는 $\frac{660}{33}=20$명으로, 도봉 차량기지의 안전체험 건수 대비 인원수인 $\frac{432}{24}=18$명보다 크다.
ㄷ. 2020년부터 2022년까지 고덕 차량기지의 전년 대비 안전체험 건수와 인원수는 '증가 – 감소 – 감소'로 동일하다.

오답분석

ㄱ. 2020년 방화 차량기지 견학 안전체험 건수는 2019년보다 증가한 73건(㉡)이므로 옳지 않은 설명이다.
ㄹ. 신내 차량기지의 안전체험 인원수는 2019년 대비 2023년에 $\frac{650-390}{650}\times100=40\%$의 감소율로 감소하였다.

12

정답 ④

ㄴ. 대구광역시의 냄새에 대한 민원건수는 360건으로 강원도의 $\frac{360}{36}=10$배, 제주특별자치도의 $\frac{360}{20}=18$배에 해당한다.

ㄷ. 세종특별자치시와 대전광역시의 민원내용별 민원건수의 합계와 부산광역시의 수치를 정리하면 다음과 같다.

(단위 : 건)

구분	낮은 수압	녹물	누수	냄새	유충
대전광역시	133	108	56	88	18
세종특별자치시	47	62	41	32	9
대전+세종	180	170	97	120	27
부산광역시	248	345	125	274	68

따라서 세종특별자치시와 대전광역시의 민원내용별 민원건수의 합계는 부산광역시보다 작음을 알 수 있다.

오답분석

ㄱ. 경기도의 민원은 총 (110+220+70+130+20)=550건으로 이 중 녹물에 대한 민원 비율이 $\frac{220}{550}\times100=40\%$이다.

ㄹ. 수도권인 서울특별시, 경기도, 인천광역시에서 가장 많은 민원건수가 발생한 것은 녹물에 대한 것이다. 그러나 가장 적은 민원건수가 발생한 것은 경기도와 인천광역시는 유충에 대한 것이고, 서울특별시는 누수에 대한 것이다.

13

정답 ⑤

자료상 유충에 대한 민원건수는 알 수 있지만, 실제로 유충이 발생한 건수에 대한 것은 알 수 없다.

14

정답 ⑤

2022년에 위험물안전관리자 선임자 수가 가장 많은 행정구역은 688명인 경기도이며, 가장 적은 행정구역은 37명인 세종특별자치시이다. 따라서 선임자 수 차이는 688−37=651명이다.

15

정답 ②

2023년에 제조소 수가 세 번째로 적은 행정구역은 130개인 제주특별자치도이다.

오답분석

ㄱ. 제조소 수가 500개 이상인 행정구역은 2022년과 2023년 모두 울산광역시, 경기도, 충청북도, 충청남도, 전라남도, 경상북도, 경상남도로 7곳으로 동일하다.

ㄴ. 2022년과 2023년에 제조소 수가 가장 많은 행정구역은 모두 경기도로 동일하다.

16

정답 ①

연령대별 남성과 여성의 소득 대비 주식투자비율의 차이를 구하면 다음과 같다.

- 20대 : 34−22=12%p
- 30대 : 37−18=19%p
- 40대 : 26−10=16%p
- 50대 : 18−4=14%p
- 60대 : 11−2=9%p

따라서 남성과 여성의 소득 대비 주식투자비율 차이가 가장 큰 연령대는 19%p로 30대이고, 가장 작은 연령대는 9%p로 60대이다.

오답분석

ㄱ. 남성의 소득 대비 주식투자비율은 20대(34%)가 30대(37%)보다 낮고, 30대 이후부터 연령대가 높아질수록 소득 대비 주식투자비율이 낮아지고 있음을 확인할 수 있다.

ㄷ. 전체 20대의 소득 대비 주식투자비율은 30%이고, 60대는 5%이다. 따라서 20대의 수치는 60대의 $\frac{30}{5}=6$배이다.

17

정답 ⑤

자료를 참고하여 표의 ㉠~㉤을 구하면 다음과 같다.

구분	20대	30대	40대	50대	60대
평균 연소득(만 원)	3,200	5,000	6,500	8,800	9,000
주식투자비율(%)	30%	25%	20%	10%	5%
주식투자금 (만 원)	㉠ 3,200×0.3 =960	㉡ 5,000×0.25 =1,250	㉢ 6,500×0.2 =1,300	㉣ 8,800×0.1 =880	㉤ 9,000×0.05 =450

따라서 ㉠~㉤을 큰 순서대로 나타내면 ㉢-㉡-㉠-㉣-㉤ 순이다.

18

정답 ①

3월과 4월의 총 합수가 서로 바뀌었다.

(단위 : 건)

구분	합계	1월	2월	3월	1분기	4월	5월	6월	7월	8월	9월	3분기	10월	11월	12월
합계	8,608	374	230	303	-	809	2,134	1,519	626	388	346	-	596	599	684
2019년	2,247	94	55	67	216	224	588	389	142	112	82	336	156	148	190
2020년	1,884	85	55	62	202	161	475	353	110	80	74	264	131	149	149
2021년	1,629	78	37	61	176	161	363	273	123	67	69	259	95	137	165
2022년	1,561	57	43	69	169	151	376	287	148	63	70	281	135	86	76
2023년	1,287	60	40	44	144	112	332	217	103	66	51	220	79	79	104

19

정답 ②

원판의 개수가 1개 늘어날 때마다 최소 이동 횟수의 증가 수치는 2배씩 늘어난다.
원판이 5개일 때 늘어난 최소 이동 횟수가 31−15=16회이므로
원판의 개수가 6개일 때 최소 이동 횟수는 31+16×2=63회이고,
원판의 개수가 7개일 때 최소 이동 횟수는 63+32×2=127회이고,
원판의 개수가 8개일 때 최소 이동 횟수는 127+64×2=255회이다.

20

정답 ②

주어진 식을 다시 정리하면 (영업이익)$=\frac{(\text{점포 수})^2}{a^2}+(\text{점포 수})^b$이다.

(점포 수)가 1호일 때, (영업이익)이 1.25억 원이므로 $\frac{1}{a^2}+1=1.25$억 원

$\therefore a^2=4$

(점포 수)가 8호일 때, (영업이익)이 528억 원이므로 $\frac{8^2}{4}+8^b=528$억 원 → $8^b=512$억 원 → $(2^3)^b=2^9$ → $2^{3b}=2^9$

$\therefore b=3$

따라서 식을 정리하면 (영업이익)$=\frac{(\text{점포 수})^2}{4}+(\text{점포 수})^3$이므로, 점포 수가 6호일 때의 영업이익은 225억 원이 된다.

제2영역 추리

01	02	03	04	05	06	07	08	09	10	11	12	13	14	15	16	17	18	19	20
④	③	⑤	①	①	③	③	⑤	②	①	②	①	④	①	⑤	④	②	⑤	②	⑤
21	22	23	24	25	26	27	28	29	30										
③	①	⑤	③	④	①	④	①	④	①										

01

정답 ④

'문제를 빠르게 푸는 사람'을 A, '집중력이 좋다.'를 B, '침착한 사람'을 C라고 하면, 전제1은 A → B, 전제2는 ~C → ~B이다. 전제2의 대우는 B → C이므로 A → B → C가 성립한다. 따라서 A → C인 '문제를 빠르게 푸는 사람은 침착한 사람이다.'가 결론으로 적절하다.

02

정답 ③

낙서가 된 벽지는 모두 분홍색이므로, 분홍색 벽지의 집에는 벽에 낙서가 되어 있다.

03

정답 ⑤

디자인팀의 팀원을 '디', 포토샵 자격증을 가지고 있는 사람을 '포', 컴퓨터 활용능력 자격증을 가지고 있는 사람을 '컴'이라고 하자.

구분	명제	대우
전제1	디 → 포	포× → 디×
결론	컴× → 디×	디 → 컴

전제1의 대우가 결론으로 연결되려면, 전제2는 컴× → 포×가 되어야 한다. 따라서 전제2는 '컴퓨터 활용능력 자격증을 가지고 있지 않은 사람은 포토샵 자격증을 가지고 있지 않다.'인 ⑤이다.

04

정답 ①

홍대리가 건강검진을 받을 수 있는 요일은 월요일 또는 화요일이며, 이사원 역시 월요일 또는 화요일에 건강검진을 받을 수 있다. 이때 이사원이 홍대리보다 늦게 건강검진을 받는다고 하였으므로 홍대리가 월요일, 이사원이 화요일에 건강검진을 받는 것을 알 수 있다. 나머지 수・목・금요일의 일정은 박과장이 금요일을 제외한 수요일과 목요일 각각 건강검진을 받는 두 가지 경우에 따라 나눌 수 있다.

i) 박과장이 수요일에 건강검진을 받을 경우
   목요일은 최사원이, 금요일은 김대리가 건강검진을 받는다.

ii) 박과장이 목요일에 건강검진을 받을 경우
   수요일은 최사원이, 금요일은 김대리가 건강검진을 받는다.

따라서 반드시 참이 될 수 있는 것은 ①이다.

05

정답 ①

세영>희정, 세영>은솔・희진으로 세영이가 가장 높은 층에 사는 것을 알 수 있으며, 제시된 사실만으로는 가장 낮은 층에 사는 사람을 알 수 없다.

06

정답 ③

오전 9시에 B과 진료를 받으면 10시에 진료가 끝나며, 셔틀을 타고 본관으로 이동하면 10시 30분이다. 이후 C과 진료를 이어보면 12시 30분이 되고, 점심시간 이후인 오후 1시 30분부터 바로 A과의 진료를 본다면 오후 2시에 진료를 다 받을 수 있다. 따라서 가장 빠르게 진료를 받을 수 있는 경로는 B－C－A 순이다.

07

정답 ③

주어진 조건을 정리해보면 다음과 같다.

구분	가	나	다	라
경우 1	호밀식빵	우유식빵	밤식빵	옥수수식빵
경우 2	호밀식빵	밤식빵	우유식빵	옥수수식빵

따라서 항상 참인 것은 ③이다.

오답분석

①·②·④·⑤ 주어진 조건만으로는 판단하기 힘들다.

08

정답 ⑤

주어진 조건에 따라 거쳐야 할 과정의 순서를 배치해보면 다음 표와 같다.

구분	첫 번째	두 번째	세 번째	네 번째	다섯 번째	여섯 번째	일곱 번째
경우 1	C	A	E	G	F	D	B
경우 2	C	A	E	G	F	B	D

따라서 네 번째로 해야 할 과정은 G이다.

09

정답 ②

주어진 조건에 따라 A가 해야 할 일의 순서를 배치해보면 다음 표와 같다.

구분	월	화	수	목	금	토	일
경우 1	d	c	f	a	i	b	h
경우 2	d	c	a	f	i	b	h

따라서 화요일에 하게 될 일은 c이다.

10

정답 ①

주어진 조건에 따라 시험 과목의 순서를 배치해보면 다음 표와 같다.

구분	첫 번째	두 번째	세 번째	네 번째	다섯 번째	여섯 번째
경우 1	ㅁ	ㄹ	ㄱ	ㄴ	ㅅ	ㅂ
경우 2	ㅁ	ㄹ	ㄱ	ㄴ	ㅂ	ㅅ

따라서 ㄱ 다음에 보게 될 시험 과목은 ㄴ이다.

11

정답 ②

주어진 조건에 따라 회사의 옥상 정원 구조를 추론해보면 다음과 같다.

1줄	은행나무, 벚나무
2줄	플라타너스, 단풍나무
3줄	소나무, 감나무
4줄	밤나무, 느티나무

따라서 벚나무는 은행나무와 함께 맨 앞줄에 심어져 있다.

12

정답 ①

주어진 조건에 따라 비품실의 선반 구조를 추론해보면 다음과 같다.

6층	화장지
5층	보드마카, 스테이플러
4층	종이
3층	믹스커피, 종이컵
2층	간식
1층	볼펜, 메모지

따라서 종이는 4층에 위치하며, 종이 아래에는 믹스커피, 종이컵, 간식, 볼펜, 메모지가 있다. 따라서 ①이 정답이다.

13

정답 ④

이 문제는 선택지를 보고 조건에 틀린 선지가 있는지 확인하며 푸는 방법이 가장 빠르다. ④만 모든 조건에 부합한다.

오답분석

① 여성만 세 명인 조와 남성만 세 명인 조가 있어서 오답이다.
② 인원수가 균등하지 않고, 남성만 세 명인 조가 있어서 오답이다.
③ C와 F가 같은 조인데, G는 H와 같은 조에 배정받지 않았고, A와 E가 같은 조에 배정받아서 오답이다.
⑤ B와 D가 다른 조이고, I가 A와D 둘 중 한 명과 조를 하지 않아서 오답이다.

14

정답 ①

이 문제는 선택지를 보고 조건에 틀린 선지가 있는지 확인하며 푸는 방법이 가장 빠르다. ①만 모든 조건에 부합한다.

오답분석

②·③ d가 e와 f 중 아무도 같은 테이블에 앉지 않았고, g가 두 명 테이블에 배정되었다.
④ h가 a와 같은 테이블에 앉았기 때문에 오답이다.
⑤ a와 c가 같은 테이블에 앉지 않았기 때문에 오답이다.

15

정답 ⑤

병과 무의 진술에 따르면 무가 열쇠를 잃어버렸으므로 병과 무는 동시에 거짓을 말하거나 진실을 말한다.

i) 병과 무가 거짓말을 했을 경우
병과 무의 진술에 따라 무는 열쇠를 잃어버리지 않았으며, 진실인 을의 진술에 따라 열쇠를 잃어버린 사람은 정이 된다. 그러나 이때 진실인 정의 진술에 따르면 열쇠를 잃어버린 사람은 갑과 을 중 한 명이어야 한다. 결국 을과 정의 진술이 모순되므로 성립하지 않는다.

ii) 병과 무가 진실을 말했을 경우
병과 무의 진술에 따라 무가 열쇠를 잃어버렸으므로 을과 정의 진술은 거짓이 된다.

따라서 을과 정이 거짓말을 하고 있으며, 열쇠를 잃어버린 사람은 무이다.

16

정답 ④

규칙은 세로로 적용된다.

첫 번째 도형을 시계 반대 방향으로 60° 회전한 것이 두 번째 도형이고, 이를 시계 방향으로 120° 회전한 것이 세 번째 도형이다.

17

정답 ②

규칙은 세로로 적용된다.

첫 번째 도형을 180° 회전한 것이 두 번째 도형이고, 이를 x축 기준으로 대칭 이동한 것이 세 번째 도형이다.

18

정답 ⑤

규칙은 가로로 적용된다.

첫 번째 도형을 시계 방향으로 45° 회전한 것이 두 번째 도형이고, 이를 시계 방향으로 90° 회전한 것이 세 번째 도형이다.

19

정답 ②

- ♧ : 각 자릿수 +0, +1, +2, +3
- ♣ : 각 자릿수 +0, +1, +0, −1
- ◎ : 1234 → 1243
- ● : 1234 → 3412

S7BS → S7SB → SBS7
◎ ●

20

정답 ⑤

WW4W → 4WWW → 4XYZ
● ♧

21

정답 ③

EDRO → EETR → TREE
♧ ●

22

정답 ①

CH25 → CH52 → 52CH → 53CG
◎ ● ♣

23

정답 ⑤

(나) 문제제기 : 인구 감소 시대에 돌입
(라) 문제분석 : 공공재원 확보, 확충의 어려움
(가) 문제해결 : 공공재원의 효율적 활용 방안
(다) 향후과제 : 공공재원의 효율적 활용 등에 대한 논의 필요

24

정답 ③

먼저 이산화탄소 흡수원의 하나인 연안 생태계를 소개하는 (다) 문단이 오는 것이 적절하며, 다음으로 이러한 연안 생태계의 장점을 소개하는 (나) 문단이 오는 것이 적절하다. 다음으로는 (나)에서 언급한 연안 생태계의 장점 중 갯벌의 역할을 부연 설명하는 (가) 문단이 오는 것이 적절하며, (가) 문단 뒤로는 '또한'으로 시작하며 연안 생태계의 또 다른 장점을 소개하는 (라) 문단이 오는 것이 적절하다. 따라서 (다) – (나) – (가) – (라) 순으로 연결되어야 한다.

25

정답 ④

한국에서 서구의 개인주의 문화가 정착하지 못한 것은 근대화가 급속하게 압축적으로 진행되었기 때문이지 가족주의 문화 때문이 아니다. 가족주의는 근대화 과정에서 파생된 산물이라고 볼 수 있다.

오답분석

① 근대화 과정을 거치면서 직계가족이 가치판단의 중심이 되는 가족주의가 강조되었다고 하였으므로 참인 내용이다.
② 전통적 공동체 문화가 학연과 지연을 매개로 하여 유사가족주의 형태로 나타났다고 하였으므로 참인 내용이다.
③·⑤ 근대화 과정에서 한국의 가족주의 문화와 서구의 개인주의 문화는 전통적 사회구조가 약화되면서 나타나는 사회적 긴장과 불안을 해소하는 역할을 해왔다.

26

정답 ①

1971년 미국의 프로그래머가 잊혀지다시피 하였던 @키를 살려내기 전까지 @키는 자리를 지키고 있었다. 단지 사용 빈도가 점차 줄어들었을 뿐이다.

오답분석

② 제시문에서 6세기에 @이 라틴어 전치사인 'ad'를 한 획에 쓰기 위한 합자로 사용되었음을 알 수 있으므로 @이 사용되기 시작한 것은 1,000년은 넘었다는 것을 알 수 있다.
③ '토마토 15개@3달러'라는 의미는 개당 달러인 토마토가 15개라는 의미이므로 전체 가격은 45달러였을 것이다.
④ 제시문을 통해 ad는 현대 영어의 'at' 또는 'to'에 해당하는 전치사, 부피, 질량의 단위, 이메일 기호로 사용되었음을 알 수 있다.
⑤ 스페인과 포르투갈의 상인들은 @를 질량의 단위인 아로바를 나타내는 기호로 사용하였는데, 스페인에서의 1아로바는 현재의 9.5kg에 해당하며, 포르투갈에서의 1아로바는 현재의 12kg에 해당한다고 하였다. 따라서 두 나라의 상인이 측정단위로 사용했던 1@는 질량이 동일하지 않을 것이다.

27

정답 ④

제시문은 소음의 규제에 대한 이야기를 하고 있다. 따라서 소리가 시공간적 다양성을 담아내는 문화 구성 요소라는 주장을 통해 단순 소음 규제에 반박할 수 있다.

오답분석

① 관현악단 연주 사례를 통해 알 수 있는 사실이다.
②・③・⑤ 제시문의 내용과 일치하는 주장이다.

28

정답 ①

간접 경험에서 연민을 갖기 어렵다고 치더라도 고통을 대면하는 경우가 많아진 만큼 연민의 필요성이 커지고 있다. 따라서 이러한 주장을 현대인들이 연민을 느끼지 못한다는 것에 대한 반박으로 들 수 있다.

오답분석

②・③・⑤ 제시문의 내용과 일치하는 주장이다.
④ 학자들이 주장하는 연민의 조건 중 하나로 반론으로는 적절하지 않다.

29

정답 ④

의병장들은 대부분 각 지역에서 사회・경제적 기반을 확고히 갖춘 인물들이었다. 따라서 자신의 지역적 기반을 유지하려는 현실적 이해관계가 얽혀 의병 활동에 참여한 것으로 보인다.

오답분석

①・② 전쟁 당시 조정에 대한 민심은 부정적이었다. 따라서 나라에 대한 충성심보다는 자신과 주변을 지키기 위한 목적이 크다.
③ 의병들은 의병장의 명령에 따라 지역적으로 움직였다.
⑤ 조정에서는 의병장에게 관직을 부여함으로써 의병의 적극적인 봉기를 유도하기도 했다는 걸로 보아 관직이 의병장들에게 매력적이었던 것으로 파악된다.

30

정답 ①

ㄱ・ㄴ. 제시문을 통해 알 수 있다.

오답분석

ㄷ. 세계는 감각으로 인식될 때만 존재한다. 따라서 책상은 인식 이전에 그 자체로 존재할 수 없다.
ㄹ. 사과의 단맛은 주관적인 속성으로, 둥근 모양은 객관적으로 성립한다고 여겨지는 형태에 해당하지만, 버클리는 주관적 속성으로 인식했다.

온라인 GSAT

문제풀이 용지

삼성 온라인 GSAT		
영역	문항 수	제한시간
수리	20문항	30분
추리	30문항	30분

※ 본 문제풀이 용지는 도서에서 제공되는 모의고사와 함께 사용할 수 있도록 총 4회분을 제공하였습니다.

※ 여분의 문제풀이 용지는 SD에듀 홈페이지에서 다운받을 수 있습니다.

〈문제풀이 용지 다운받는 방법〉

▶ SD에듀 도서 홈페이지 접속(www.sdedu.co.kr/book)

▶ 상단 카테고리 「도서업데이트」 클릭

▶ 「삼성 문제풀이 용지」 검색 후 다운로드

삼성 온라인 GSAT 수리 문제풀이 용지

성명 : **수험번호 :**

①	②
③	④
⑤	

수리

※ 본 문제풀이 용지는 온라인 GSAT 수검용으로 온라인 모의고사 응시 시 활용하기 바랍니다.

삼성 온라인 GSAT 수리 문제풀이 용지

성명 : **수험번호 :**

⑥	⑦
⑧	⑨
⑩	

※ 본 문제풀이 용지는 온라인 GSAT 수검용으로 온라인 모의고사 응시 시 활용하기 바랍니다.

삼성 온라인 GSAT 수리 문제풀이 용지

성명 : **수험번호 :**

⑪	⑫
⑬	⑭
⑮	

※ 본 문제풀이 용지는 온라인 GSAT 수검용으로 온라인 모의고사 응시 시 활용하기 바랍니다.

삼성 온라인 GSAT 수리 문제풀이 용지

성명 :

수험번호 :

⑯	⑰
⑱	⑲
⑳	

※ 본 문제풀이 용지는 온라인 GSAT 수검용으로 온라인 모의고사 응시 시 활용하기 바랍니다.

삼성 온라인 GSAT 추리 문제풀이 용지

성명 : 　　　　　　　　　　　　　　 **수험번호 :**

①	②
③	④
⑤	⑥

※ 본 문제풀이 용지는 온라인 GSAT 수검용으로 온라인 모의고사 응시 시 활용하기 바랍니다.

삼성 온라인 GSAT 추리 문제풀이 용지

성명 : **수험번호 :**

⑦

⑧

⑨

⑩

⑪

⑫

※ 본 문제풀이 용지는 온라인 GSAT 수검용으로 온라인 모의고사 응시 시 활용하기 바랍니다.

삼성 온라인 GSAT 추리 문제풀이 용지

성명 : **수험번호 :**

⑬	⑭
⑮	⑯
⑰	⑱

추리

※ 본 문제풀이 용지는 온라인 GSAT 수검용으로 온라인 모의고사 응시 시 활용하기 바랍니다.

삼성 온라인 GSAT 추리 문제풀이 용지

성명 : **수험번호 :**

⑲	⑳
㉑	㉒
㉓	㉔

※ 본 문제풀이 용지는 온라인 GSAT 수검용으로 온라인 모의고사 응시 시 활용하기 바랍니다.

삼성 온라인 GSAT 추리 문제풀이 용지

성명 :

수험번호 :

㉕	㉖
㉗	㉘
㉙	㉚

※ 본 문제풀이 용지는 온라인 GSAT 수검용으로 온라인 모의고사 응시 시 활용하기 바랍니다.

삼성 온라인 GSAT 수리 문제풀이 용지

성명 : **수험번호 :**

①	②
③	④
⑤	

수리

※ 본 문제풀이 용지는 온라인 GSAT 수검용으로 온라인 모의고사 응시 시 활용하기 바랍니다.

삼성 온라인 GSAT 수리 문제풀이 용지

성명 : **수험번호 :**

⑥	⑦
⑧	⑨
⑩	

※ 본 문제풀이 용지는 온라인 GSAT 수검용으로 온라인 모의고사 응시 시 활용하기 바랍니다.

삼성 온라인 GSAT 수리 문제풀이 용지

성명 : **수험번호 :**

⑪	⑫
⑬	⑭
⑮	

※ 본 문제풀이 용지는 온라인 GSAT 수검용으로 온라인 모의고사 응시 시 활용하기 바랍니다.

삼성 온라인 GSAT 수리 문제풀이 용지

성명 : **수험번호 :**

⑯	⑰
⑱	⑲
⑳	

※ 본 문제풀이 용지는 온라인 GSAT 수검용으로 온라인 모의고사 응시 시 활용하기 바랍니다.

삼성 온라인 GSAT 추리 문제풀이 용지

성명 : **수험번호 :**

①	②
③	④
⑤	⑥

추리

※ 본 문제풀이 용지는 온라인 GSAT 수검용으로 온라인 모의고사 응시 시 활용하기 바랍니다.

삼성 온라인 GSAT 추리 문제풀이 용지

성명 : **수험번호 :**

⑦	⑧
⑨	⑩
⑪	⑫

추리

※ 본 문제풀이 용지는 온라인 GSAT 수검용으로 온라인 모의고사 응시 시 활용하기 바랍니다.

삼성 온라인 GSAT 추리 문제풀이 용지

성명 : 수험번호 :

⑬

⑭

⑮

⑯

추리

⑰

⑱

※ 본 문제풀이 용지는 온라인 GSAT 수검용으로 온라인 모의고사 응시 시 활용하기 바랍니다.

삼성 온라인 GSAT 추리 문제풀이 용지

성명 : **수험번호 :**

⑲	⑳
㉑	㉒
㉓	㉔

※ 본 문제풀이 용지는 온라인 GSAT 수검용으로 온라인 모의고사 응시 시 활용하기 바랍니다.

삼성 온라인 GSAT 추리 문제풀이 용지

성명 : **수험번호 :**

㉕	㉖
㉗	㉘
㉙	㉚

※ 본 문제풀이 용지는 온라인 GSAT 수검용으로 온라인 모의고사 응시 시 활용하기 바랍니다.

삼성 온라인 GSAT 수리 문제풀이 용지

성명 : **수험번호 :**

①	②
③	④
⑤	

※ 본 문제풀이 용지는 온라인 GSAT 수검용으로 온라인 모의고사 응시 시 활용하기 바랍니다.

삼성 온라인 GSAT 수리 문제풀이 용지

성명 : **수험번호 :**

⑥

⑦

⑧

⑨

수리

⑩

※ 본 문제풀이 용지는 온라인 GSAT 수검용으로 온라인 모의고사 응시 시 활용하기 바랍니다.

삼성 온라인 GSAT 수리 문제풀이 용지

성명 : **수험번호 :**

⑪	⑫
⑬	⑭
⑮	

※ 본 문제풀이 용지는 온라인 GSAT 수검용으로 온라인 모의고사 응시 시 활용하기 바랍니다.

삼성 온라인 GSAT 수리 문제풀이 용지

성명 : **수험번호 :**

⑯

⑰

⑱

⑲

수리

⑳

※ 본 문제풀이 용지는 온라인 GSAT 수검용으로 온라인 모의고사 응시 시 활용하기 바랍니다.

삼성 온라인 GSAT 추리 문제풀이 용지

성명 : 수험번호 :

①	②
③	④
⑤	⑥

추리

※ 본 문제풀이 용지는 온라인 GSAT 수검용으로 온라인 모의고사 응시 시 활용하기 바랍니다.

삼성 온라인 GSAT 추리 문제풀이 용지

성명 : **수험번호 :**

⑦	⑧
⑨	⑩
⑪	⑫

※ 본 문제풀이 용지는 온라인 GSAT 수검용으로 온라인 모의고사 응시 시 활용하기 바랍니다.

삼성 온라인 GSAT 추리 문제풀이 용지

성명 : **수험번호 :**

⑬

⑭

⑮

⑯

추리

⑰

⑱

※ 본 문제풀이 용지는 온라인 GSAT 수검용으로 온라인 모의고사 응시 시 활용하기 바랍니다.

삼성 온라인 GSAT 추리 문제풀이 용지

성명 : **수험번호 :**

⑲

⑳

㉑

㉒

추리

㉓

㉔

※ 본 문제풀이 용지는 온라인 GSAT 수검용으로 온라인 모의고사 응시 시 활용하기 바랍니다.

삼성 온라인 GSAT 추리 문제풀이 용지

성명 : **수험번호 :**

㉕	㉖
㉗	㉘
㉙	㉚

※ 본 문제풀이 용지는 온라인 GSAT 수검용으로 온라인 모의고사 응시 시 활용하기 바랍니다.

삼성 온라인 GSAT 수리 문제풀이 용지

성명 : **수험번호 :**

①	②
③	④
⑤	

※ 본 문제풀이 용지는 온라인 GSAT 수검용으로 온라인 모의고사 응시 시 활용하기 바랍니다.

삼성 온라인 GSAT 수리 문제풀이 용지

성명 : **수험번호 :**

⑥	⑦
⑧	⑨
⑩	

※ 본 문제풀이 용지는 온라인 GSAT 수검용으로 온라인 모의고사 응시 시 활용하기 바랍니다.

삼성 온라인 GSAT 수리 문제풀이 용지

성명 : **수험번호 :**

⑪	⑫
⑬	⑭
⑮	

※ 본 문제풀이 용지는 온라인 GSAT 수검용으로 온라인 모의고사 응시 시 활용하기 바랍니다.

삼성 온라인 GSAT 수리 문제풀이 용지

성명 :

수험번호 :

⑯	⑰
⑱	⑲
⑳	

※ 본 문제풀이 용지는 온라인 GSAT 수검용으로 온라인 모의고사 응시 시 활용하기 바랍니다.

삼성 온라인 GSAT 추리 문제풀이 용지

성명 : **수험번호 :**

①	②
③	④
⑤	⑥

추리

※ 본 문제풀이 용지는 온라인 GSAT 수검용으로 온라인 모의고사 응시 시 활용하기 바랍니다.

삼성 온라인 GSAT 추리 문제풀이 용지

성명 : **수험번호 :**

⑦	⑧
⑨	⑩
⑪	⑫

※ 본 문제풀이 용지는 온라인 GSAT 수검용으로 온라인 모의고사 응시 시 활용하기 바랍니다.

삼성 온라인 GSAT 추리 문제풀이 용지

성명 :

수험번호 :

⑬

⑭

⑮

⑯

추리

⑰

⑱

※ 본 문제풀이 용지는 온라인 GSAT 수검용으로 온라인 모의고사 응시 시 활용하기 바랍니다.

삼성 온라인 GSAT 추리 문제풀이 용지

성명 : **수험번호 :**

⑲

⑳

㉑

㉒

추리

㉓

㉔

※ 본 문제풀이 용지는 온라인 GSAT 수검용으로 온라인 모의고사 응시 시 활용하기 바랍니다.

삼성 온라인 GSAT 추리 문제풀이 용지

성명 : 　　　　　　　　**수험번호 :**

㉕	㉖
㉗	㉘
㉙	㉚

추리

※ 본 문제풀이 용지는 온라인 GSAT 수검용으로 온라인 모의고사 응시 시 활용하기 바랍니다.